¿EL REGRESO DEL LEANDER? REPENSANDO LA HISTORIA INSTITUCIONAL DE HISPANOAMÉRICA

MOISÉS LAGUNA GARVETT

authorHOUSE

AuthorHouse™
1663 Liberty Drive
Bloomington, IN 47403
www.authorhouse.com
Teléfono: 833-262-8899

Publicada por AuthorHouse   06/26/2021

ISBN: 978-1-6655-3022-4 (tapa blanda)
ISBN: 978-1-6655-3023-1 (tapa dura)
ISBN: 978-1-6655-3029-3 (libro electrónico)

Numero de la Libreria del Congreso: 2021913114

Información sobre impresión disponible en la última página.

TABLA DE CONTENIDO

SEGUNDA PARTE
EL PERSPECTIVISMO HISTÓRICO

TERCERA PARTE
LA DOCTRINA DE LA COMPLICIDAD SOCIAL

CUARTA PARTE

DEDICATORIA

A ellos:

Cuatro mujeres: Mi madre celestial, Blanca; Mi Musa; mi hija bella, Bellaheruma y; mi nieta, Yumita.

Cuatro hijos varones; Moisés, David, Samuel e Ivo; jóvenes que me iluminan.

Ocho hermanas: amigas de toda la vida, que cabalgan sobre las lecciones de mi madre.

Dos hermanos: mis aliados, pocos, pero, muchos para mí.

A mi amigo eterno: Don Sebastián Riballo.

A mi amiga Sandra Barberán Monteverde

INTRODUCCION

E l venezolano Francisco de Miranda, precursor de la independencia del continente en Hispanoamérica; se retira de Caracas en 1771, para regresar en 1812 remozado por las ideas iluministas del siglo XIX que determinaron el juego del poder del viejo mundo y su influencia en el crecimiento político y militar para el nuevo mundo.

Poder que como tal surgido entre 1500 y 1700 bien correlacionada en lo político y económico por la metrópolis española, incidió a modificar la agenda política del gobierno colonial del siglo XVIII provocando importantes cambios en relación con la geopolítica de Europa y sus colonias en la América Hispana.

En ese contexto histórico ocurre la transición del orden virreinal al colonial y dado el reparto geopolítico del viejo mundo por los tratados de Westfalia, Utrecht Viena, y el Tratado de Aranjuez colaborarían en la formulación de la visión política futura de Francisco de Miranda vista la necesidad de impulsar el proceso de cambios sociales.

Su trabajo consistiría a grandes pasos en adelantarse con un plan integral que buscaba poner al servicio del continente la libertad política, la identidad territorial y la igualdad social como principios invocando los derechos fundamentales del hombre para combatir el colonialismo desde las fronteras de México con Estados Unidos hasta la Patagonia conduciéndose desde el exilio el fatigoso proceso de impulsar cambios en la formación social y política en las colonias por la libertad.

Es así como los conflictos entre las corporaciones militares y religiosas coloniales manipulados por la monarquía y su oligarquía harán valer su poder de distintas formas para contener la fuerza ideológica de su propuesta, llevándole inclusive a pronunciarse con juicios viciados por la corrupción de la que escapa para la felicidad de la libertad de los pueblos de América.

En la obra se plantea sin previos antecedentes científicos sobre el asunto de su gestión por la libertad y su estudio, entre otros aspectos de su ideología; las digresiones o inconsistencias de una sociedad enferma en relación a su personalidad en lo militar, político y religioso que busca explicar el porque su estigmatización con argumentos que lo prejuician sin importancia para el crecimiento de los pueblos de erótico, trágico y aventurero; donde lo necesario es en su lugar abordarle como servidor político que ha sido intencionalmente alejado de la meta historia filosófica y de la metafísica de la historia con la filosofía de la historia y la crítica de la cultura; advirtiéndose además que con su legado como capital político para el continente la historia en Hispanoamérica puede ser cómplice de vencedores al impedir ver a las víctimas del pasado.

Su riqueza sociológica adquirida por cuatro décadas en Europa y sometido a las inconveniencias políticas nos proveen de los fundamentos teóricos suficientes para la formulación de la teoría del perspectivismo histórico, en cuyo caso el espíritu, principio y generalidades de su arquitectura política, es visible en los proyectos políticos de 1790 y de 1801 con su empirismo histórico y la moral practica o justicia social, en perspectiva con la libertad; representando en esta obra para la teoría propuesta el conocimiento sensible, reflexivo y, moral, mas conveniente aplicando sus operadores filosóficos el conocimiento de y, la experiencia para.

En la búsqueda de la verdad como objetivo principal sobre nuestro pasado histórico la teoría a que me refiero se explica con recursos filosóficos sobre la doxa y el episteme, elaborando sus registros originales en base a nuestra realidad fundamentalmente por medio de la contemplación de la crisis de pueblo ya como unidad historiológica que describe la inestabilidad de las instituciones por una corta comprensión de la libertad política; para ese caso, a verbigracia el modelo de Venezuela y sus revoluciones en estudio equivalen y se representa en una sociedad accidentada como el resto de Hispanoamérica con un hombre accidentado que se yergue atrapado por las redes de corrupción colonial originada mucho antes con características sociales aun muy específicas presentes en la carrera política con las armas de la guerra de consecuencias desatinadas para las generaciones de relevo.

El regreso del Leander, titulo de la obra representa aquel barco rentado por Francisco de Miranda, hoy insignia por la libertad política, el Leander; el cual revela en su itinerario la necesidad de un cambio profundo institucional que incluya levantar el velo político del fenómeno de la complicidad social sobre una sociedad que agoniza desde siglos hasta el presente; que obviamente no le resta importancia a la voluntad, a la participación y a la responsabilidad del hombre en esta sociedad tan arrebatada como la colonial de la historia y mayor conveniencia acerca de las formas de gobierno y de Estado sugeridas por la influencia de Francisco de Miranda en los proyectos políticos constructoras con seguridad de sus derechos políticos en su oportunidad.

En concreto, las razones de esta obra parten del comportamiento político histórico de los pueblos hispanoamericanos ya visto como un accidente humano en una sociedad enferma que como tal al estudiarse el estado de sus cosas políticas podemos ver a una sociedad afectada por la desproporcionalidad objetable a través del estudio del perspectivismo histórico con Francisco de Miranda y, facilitadora de la complicidad social como fenómeno en el conflicto social.

La obra dividida en cuatro partes esta enfocada en el planteamiento de un problema supremo del hombre nuevo en el Nuevo mundo que persiste en la actualidad y se refiere a las instituciones y su repuesta social extemporánea con respeto a la practica de la libertad política; para esta situación, se propone una evaluación racional a partir del conocimiento político adquirido por Francisco de Miranda durante cuarenta y cinco años presentándose en el marco del conocimiento la doctrina de la complicidad social vinculada con el perspectivismo histórico, la cual se retribuye como parte de la cultura manifiesta en los hábitos políticos de una sociedad con insatisfechas repuestas sociales.

En la primera parte, la obra expone una Europa sometida a partir del siglo XV a sus propias fuerzas en pugna por el dominio del mundo occidental y parte de Asia que la llevaría un poco mas allá del siglo XVIII a definir sus limites políticos entre familias que manejaban el poder político y se arrodillan en componendas al religioso.

Para ese momento se crea una geografía nueva del poder vinculada a pactos entre familias y tratados entre naciones o estados que solucionaron temporalmente el capitulo de las guerras mas importantes y también mas influyentes que hicieron posible la conformación de las cúpulas del poder gracias a las estrategias propias de la diplomacia de la ilustración; que aun como perfectas para los dos siglos que preceden a la llegada de Francisco de Miranda a Europa le darían el beneficio de enriquecerle sus experiencias acerca del poder una vez en territorio europeo.

Desde aquí se puede apreciar un Francisco de Miranda experimentado y colaborador en sus comisiones militares desde Cuba para una España después de la transición de la neutralidad por la guerra de sucesión entre Francia e Inglaterra lista a defenderse inclusive por alianzas diplomáticas y militares; además de fijar sus estrategias ante la amenaza al equilibrio de fuerzas deteriorado con la ocupación de Quebec, en la que ganara la experiencia militar y la política y se descubren sus energías por la libertad política obligándolo a huir del poder de la iglesia católica con la inquisición y su maridaje con la monarquía e iniciar con pie firme la ruta emancipadora por la libertad de Hispanoamérica.

La segunda parte trata sobre el liderazgo político asumido por Francisco de Miranda en su carrera militar a la ordenes de España por la causa de la libertad de las 13 colonias británicas apoyando el desalojo de los ingleses en la América del norte en las Antillas, Pensacola y Georgetown; participaciones en las que se gana también una corriente de criticas religiosas, militares y políticas dispuestas a causar el olvido de sus acciones en periodos posteriores entre pensadores muy comprometidos.

La tercera parte expone la teoría del perspectivismo histórico y sus fundamentos teóricos abordando como tal el espíritu, principios y generalidades que la acompañan y, una disertación aproximada al resultado de la libertad política. Como fuente de conocimiento en todos los casos de investigación se requiere del método científico y, es razón por la cual también se revelan algunos resultados que provienen de aplicar el método hipotético deductivo de Karl Popper convencidos de poder llamarles consecuencias observacionales y observaciones pertinentes bien expuestas y características de la realidad hispanoamericana.

La cuarta parte, se refiere a la doctrina de la complicidad social, la cual es la pieza maestra de la obra con la cual se describe su fenomenología

PREFACIO

La sociedad hispanoamericana a partir del siglo XV rompe sus vínculos sociales ancestrales dándole así la oportunidad a un esquema de experiencias de alto costo político ajenas de las que sabemos a ciencia cierta el grado de compromiso e injerencia sobre el continente que ocuparon por cuatro siglos de dominación las corporaciones militares al principio y, luego ellas mismas después con las religiosas; para hacer posible los delirios monárquicos de las potencias europeas de la época en sus sueños de grandeza imperiales.

El mundo occidental representado allí por España, Francia, Inglaterra y Portugal giraba a un ritmo distinto al oriente del planeta; con Colon una vez descubierto el nuevo mundo se inicia la labor de colonizar y conquistar para el hombre del viejo mundo estas nuevas tierras; mientras que, por ejemplo, en oriente ya Japón que llevaba casi los cien años de luchas por su reconstrucción política llegaría antes y en su oportunidad pero que aun con mucho pesar no hemos llegado en una gran parte del occidente.

Las diferencias de ese hombre son notables por la opresión europea, el avance tecnológico en oriente y el conocimiento avanzado de los nativos americanos; cada uno de ellos con estructuras de orden superpuestas y visiones fundamentadas en el poder político, pero experimentadas a su manera a la que me referiré centrándome en el ultimo incorporando la libertad política como necesidad hacia el cambio por las miserias del hombre del viejo mundo exportadas al nuevo mundo.

En consecuencia, vale decir que en la America Hispana del proceso de cambios lento que le tomo 400 años de dominio por la vía del ensayo y el error político de familias vinculadas al poder aristocrático de la vieja Europa surgieran hombres dispuestos a construir el progreso humano por la conquista de la libertad política y por la incorporación a la sociedad de los derechos humanos del hombre como modelo integral de transición a una vida mas humana. No cabe duda alguna, que el crecimiento del hombre se origina de la miseria a la que se ha enfrentado respondiéndole con temeridad contra una calamitosa lucha de intereses ente la sociedad que le pertenece y las pugnas con las corporaciones militares y religiosas del siglo XVII al XIX.

Esta estructura, sucumbe ante la presión social por el cambio hacia las instituciones que antes y después de la revolución francesa respondieron con cada vez mas fuerzas y en muchos casos sostenida por la diplomacia de la ilustración en Europa, enfocada en la integración de fuerzas políticas; el equilibrio del poder y; la no intromisión en sus asuntos regida por los pactos de familias que buscaron garantizar de alguna manera la unidad en la perpetuidad del poder político; y que obedecía en primer lugar, por la necesidad de protección de los intereses económicos de la metrópolis y en la periferia y, en segundo lugar, por la urgencia de gobernar con autonomía en la periferia; estas condiciones, representan hoy los extremos de una complicada situación social y política tanto para la metrópolis como la periferia que eclosionaría en cualquier instante.

Como podemos ver entre esas latitudes hay dos elementos importantes hombres y sus realidades, pero en las Américas hay una emergencia, a la que llamare la libertad política con el orden sobre el hombre; que respondería en los hechos como en efecto ocurrió con las 13 colonias inglesas en América del Norte en Filadelfia en 1774; las revueltas y rebeliones de Paris en la Francia de 1789 y; en América del Sur con la declaración de independencia de Venezuela en Caracas en 1810; con tres revoluciones en el mundo occidental dadas en 36 años de historia que se hicieron posible por la influencia del espíritu de los derechos del hombre la libertad política.

Aun así, esa libertad diría no la es del todo como se representa y tampoco ha sido suficiente como propósito concretado para la

América Hispana debido en gran medida a que el centro de influencia política desde Filadelfia y Paris en America del Norte y Europa, obedeció a intereses distintos a la de Caracas para America del Sur; por cuanto, su esfera de acción aunque estaba regida y mas determinada por la diplomacia de la Ilustración de Carlos III — quien ya desde Nápoles como Carlos VII de Borbón y antes de ser rey de España recogía frutos de su cosecha — tenia definida una estrategia y perfeccionada su estructura de relaciones exteriores antes de ser rey como plataforma política consolidada que atendió a esas diferencias ente hombres de las Américas; Francisco de Miranda, lo enfrentaría por la libertad sin dominarla al salir de la Capitanía General de Venezuela a España en 1771, pero si mas de allí hasta permanecer en Cuba en 1783 quien ya con mas conocimiento de causa seguiría en adelante por 33 años mas hasta fallecer en Cádiz en 1816.

Esta particularidad, es decir la de insertar a Francisco de Miranda, hace que se destaque la obra y al mismo tiempo indicarle que se inspira en la creación de un ideal por la libertad política desarrollada por él en unas circunstancias adversas en ocasión a la política de Carlos III a quien se le requiere conocerse que no solo el día 10 de agosto de 1759 muere Fernando VI y el 6 de octubre parte de Nápoles Carlos VII de Borbón rey de Nápoles rumbo a la Península para ser el rey Carlos III de España en la que permanecerá como tal hasta 1788; si no que, también doce (12) años después como rey se enfrentaría contra él y Carlos IV, Francisco de Miranda por (diecisiete) 17 años consecutivos a la diplomacia europea o de la ilustración entre cuyas consideraciones generales existían tres duras condiciones en un sistema pluralista de Estados a saber: (a) oposición a la hegemonía y a toda forma de supra Estado que buscara refirmarse sobre el mismo Estado; (b) que esos Estados, girarían entre si manteniendo relaciones con arreglo a ciertas reglas reciprocas y aceptando el equilibrio de Estados para mantener la paz internacional y; (c) que el protagonismo de la vida internacional pasase del príncipe y del monarca, al Estado en la vida internacional; todas ellas funcionando para legitimar la opresión y el rechazo de cualquier esfuerzo emancipador en las Américas.

Convendrá tener presente que entre la adversidad ofrecida por el sistema pluralista de Estados por la Monarquía Española heredada en su política internacional por la paz, además se suma a Carlos III que asume también los resultados del Tratado de Utrecht de 1713 a 1715 cesante de la guerra de sucesión española y, el Tratado de Westfalia de 1648 de la guerra de los 30 años; que incluyeron (a) de España el perder todos sus dominios extra peninsulares incluidos los que restaban de Carlos V y de la herencia italiana de la Corona de Aragón y ver disminuida sustancialmente su participación en los grandes problemas continentales de la política internacional; (b) de Inglaterra adquirir el dominio de Menorca y Gibraltar que será para los tres siglos siguientes el territorio mediterráneo que la ligaría a través del Canal de Suez con las Indias; y (c) que el deterioro territorial por cesión de España no afecto a las Indias, pero las bondades de su economía quedaron afectadas por los tratados de comercio contraídos con Inglaterra de 1713.

Una España en estas condiciones se resistiría siempre a los intentos por conquistar la libertad de América con Carlos III como rey de España, quien se ha propuesto a dirigir la diplomacia española con la visión de una Nueva España del otro lado del Atlántico, al igual que lo hacían los ingleses con una Nueva Inglaterra y los franceses con una Nueva Francia en Canadá y Luisiana; basadas todas, en el interés por las materias primas que no abundaban entre ellas y porque el final de la guerra de los siete años entre Inglaterra y Francia, hacía depender el destino de ellas en la América Septentrional situada el Norte de la Nueva España donde se ejercía la neutralidad de España en el conflicto y se practicaba el equilibrio de fuerzas imperiales; todas las consideraciones y reglas y, condiciones existentes; harían cambiar a Carlos III, su panorama político al conocerse la caída de Quebec ante los Ingleses en la víspera de su mudanza de Nápoles a Madrid como rey de España.

Toda esta dinámica implica que el caudal de información requerido para comprender la estructura política de España para esos días es no solo importante para el estudio geopolítico de las relaciones Metrópolis- periferia en occidente; sino también, digno de quien la pudo evaluar políticamente de la mejor manera posible en su tiempo para el beneficio de la libertad en Hispanoamérica, sobre todo con aquellas instituciones que merecen ser repensadas en la actualidad siguiendo los fundamentos del capital político delegado por Francisco de Miranda y su obra como fuente de inspiración y creación de su empresa emancipadora.

Vale la pena destacar y así lo creo que la transición desde la neutralidad de España con Fernando VI a la alianza con Francia de Luis XIV que cubre el reinado de Carlos III con el Tercer Pacto de Familia de 1761 hasta su ruptura en 1808, es muy singular; por cuanto, la conquista de Quebec por los ingleses ante Francia significo una radical postura inglesa al equilibrio Franco-británico en las Indias Occidentales quedando bajo amenazas la seguridad de los virreinatos españoles en la Indias Occidentales, razón que resultaría ser otro motivo de preocupación para Carlos III y catalizador de las acciones ofensivas y defensivas contra cualquier proyecto liberador o cualquier intención de liberarse los pueblos. Teniendo en cuenta estos hechos y la posición de Inglaterra sabemos que esto hizo pensar a Carlos III sobre la inestabilidad al equilibrio existente y la posibilidad de fraguarse una hegemonía británica en el marco de las Indias occidentales; obligándole a diseñar entre sus propias formas de contención la de sumar fuerzas entre los mas débiles como estrategia.

Ya sabemos por los hechos que en las Américas, la libertad es estrecha y dependería de muchos factores y será Carlos III quien asumirá en consecuencia de los hechos una alianza con Francia por el Tercer Pacto de Familia y, ser el protagonista en casi todas sus dimensiones para hacer valerse de la urgente necesidad de salvaguardar el equilibrio de las potencias y enfrentar el hegemonismo marítimo y mercantil ingles; enfocado esta vez hacia el mediterráneo, con un acercamiento razonable al Reino de las Dos Sicilias y de Parma y recuperar a Gibraltar y Menorca; y en el Atlántico, dedicarse a la defensa de las Indias amparada por un equilibrio franco-británico y una alianza con Francia para detener la hegemonía naval y comercial de Gran Bretaña.

Desde esta perspectiva en la obra se plantean los hechos mas relevantes de la historiografía europea que incidieron en la gestión de la política de la monarquía de la España de Fernando VI, Carlos III y Carlos IV enriquecedores de la diplomacia de la ilustración o de la política internacional de España; todos los cuales, bien como alianzas o tratados incidieron en el proceso de gestión por la independencia política de las Américas; sin embargo, también se destacan instrumentos valiosos dados de la experiencia de los hombres mas ilustrados de la época en América que contribuyeron con sus instituciones al proceso de liberación.

El mas ilustrado de los hispanos de la época y entre otros mas, es el caraqueño Francisco de Miranda, quien recoge de lo político y social el conocimiento mas contemporáneo de su época y lo divulga para impulsar un proyecto de emancipación política para toda la América Hispana que lo conduce desde 1771 hasta 1816 sometido a los principios rectores de la vida política para los pueblos de América llámense libertad política, igualdad social e identidad territorial que hizo posible la tercera revolución del mundo occidental.

Como bien sabemos el cuerpo de las instituciones coloniales se corresponden a sus propias circunstancias muy diferenciadas a lo que hoy ellas representan; sin embargo, la critica mas importante que recae sobre ellas es su notable atraso en relación con sus fundamentaciones históricas y su correspondencia con una realidad social divorciada en su contexto a la cual se somete estudiarla para observar como ese capital político de Francisco de Miranda la afecta en su funcionamiento.

La obra en el marco de esas instituciones incluye un examen sobre su implicación en las políticas actuales desde la colonia o periferia tomando en cuenta el caudal político que nos ofrece Francisco de Miranda en sus proyectos políticos y propone; por una parte, la teoría del perspectivismo histórico con Francisco de Miranda determinante para explicar que esa realidad colonial aun se sostiene aplicando los instrumentos filosóficos provistos por su trabajo sociológico y; por la otra parte, la doctrina de la complicidad social que intenta demostrar en el campo de la cultura aquellos elementos que por hábitos o costumbres son adversos en la contribución para la conducción del sujeto social que preserve sus libertades políticas entre sus limites además de conocer todas las posibilidades aplicando el método científico que colabore a la interpretación de los hechos sociales deteriorantes de las capacidades de una sociedad altamente conflictiva.

Finalmente habría de mencionar durante el tiempo que me tomo este proyecto, diez años a lo sumo, de manifestar mi profundo agradecimiento a Duillo Medero, quien por este lapso y antes me brindo todas las sugerencias conductoras y atinadas al buen destino del trabajo que hoy les presento.

Como paradoja, siempre hay alguna razón en la vida que nos conduce a involucrarnos en el mundo de las historias y relatos, pero este caso, representa mas que eso un grano de arena en el desierto que busca poner en la mesa propuestas que cambien la vida del hombre partiendo de esa historia para lograr la objetividad del futuro.

PRÓLOGO

La intensa significación que entraña Francisco de Miranda ha cobrado un gran peso en el debate y en el discurso crítico e historiográfico de los últimos años. Los mejores términos para presentar esa circunstancia serían que se trata de una cita necesaria para un momento tardío. Debió aparecer una situación extrema en la historia contemporánea para que irrumpiera en el orden de las necesidades una pléyade de próceres que se hallaban confinados al plano patrimonial simbólico, en el que habían sido despojados de los efectos políticos con que deberían haber gravitado en la acción social e institucional de la Venezuela del siglo XX.

La crisis con la que cerraría aquella centuria representó el agotamiento de un modelo societal —la del llamado Pacto de Punto Fijo—, todo lo cual llevaría algo de categórica relevancia: un proceso de ruptura, el de la Revolución Bolivariana; una urgencia de recomposición en el tejido social, y una acción de redescubrimiento de signo genético e inspiracional. Todo ello en respuesta a la exploración de claves explicativas a un devenir nefasto, a la vez que la redefinición y reemplazamiento de valores cardinales para una visión global y de largo aliento, de todo lo cual ha estado dramáticamente necesitada la sociedad venezolana en estos más de veinte años de lo que va de siglo. Pero el proceso tiene implicaciones que van más allá del ámbito interno, pues allende las fronteras, decir América Latina, es inevitablemente pensar en búsquedas difíciles, arduas, pero esperanzadoras; es constatar la magnitud epopéyica de múltiples tragedias sociopolíticas y la escala de enfrentamientos en los que lo histórico se reactualiza, con fuerza acusadora.

Moisés Laguna Garvett, en su empeño de investigar la épica figura de Francisco de Miranda, se mueve por entre una copiosa y respetable cantidad de datos históricos y sociológicos, obedeciendo tal esfuerzo a la necesidad de entender las múltiples fuerzas que operaron en un siglo en extremo conflictivo, en que se forman estructuras y se recompone la morfología societal en la América Hispana, orientándose dificultosamente hacia la forma republicana.

Esta preocupación empuja a Moisés Laguna Garvett a un afán: dilucidar hechos ciertamente remotos en el tiempo, y que por derivación incidirán causalmente en condicionamientos cuyos resultados no siempre se transparentan en el tejido social, en el orden establecido ni en el *modus operandi* de estructuras de poder, como el mismo Estado. También se ha propuesto el autor esclarecer inquietudes, para dar salida creadora a su propia acción social e intelectual ante los angustiosos problemas de este tiempo que le ha tocado vivir. Dicha acción la hace desde dos órdenes de compromiso: su ámbito profesional —el de la tributación—; y el de su condición de estudioso del campo humanístico. Respecto al primero, lo tributario, es contexto muy sensible a los mecanismos de la justicia social y el Derecho Administrativo, donde el Estado es eje central, custodio del bien común y detentador de la función de gobierno. En tal sentido, el autor de sobra conoce los males que conspiran en los mecanismos destinados a ejercer la legalidad del mundo tributario, evasiones fiscales, ocultamiento, disimulos, cohechos, «mordidas», sobreprecios... todo un fatídico espectro de formas dolosas e ilegales que en América Latina siempre han sido abundantes y proclives a proliferar y metamorfosearse, con actores públicos y privados, hábiles para escabullirse, menoscabando el erario nacional y convirtiendo la justicia en ficción o privilegio elitista.

Bien conoce Moisés Laguna la dilatada historia de estas anomalías, de una existencia cuyo origen colonial no ha dejado de persistir, desbordándose después de 1830 en la esterilidad de gobiernos fugaces, tanto como en los apetitos dictatoriales que medraron una y otra vez en décadas sucesivas; igualmente conoce el autor la tremenda capacidad de tales fenómenos para hacer adaptaciones acordes con su propia lógica y según la dialéctica entre poder y estructuras de enriquecimiento ilícito. De hecho, la reforma de Carlos III debió confrontar urgencias, en un intento no sólo de modernización del vasto imperio administrativo del Reino en tierras americanas, sino de saneamiento de un sistema burocráticamente vulnerable, en el que llegó a darse aquel extravagante *dictum* funcionarial de «se acata pero no se cumple». Ello no podía augurar eficiencia ni calidad en el servicio público, y más bien sembraba pésimos ejemplos para la evolución de las nacientes repúblicas, en las que cundirá el mal manejo de los dineros públicos, algo que denunciará sin cesar el Libertador y que lo empujará incluso a dictar decretos de pena de muerte, que, por arte de los manejos políticos y burocráticos, nunca se aplicarán, fructificando así uno de los más dañinos ingredientes que él englobará bajo la temida anarquía, y de cuya nocividad dejará vaticinios dramáticos y dolorosos para el futuro continental.

Este género de problemas en el campo tributario y en su contextura colonial, en el terreno sociocultural tan fecundo en modalidades derivadas del «compadrazgo», en el alarmante desfase entre una historia intensa y la pobreza de sus resultados institucionales, serán rastreados por el autor, recogerá incidencias para hacernos entender la razón de ser de determinadas pautas que operan históricamente en ciertas actuaciones del ejercicio del poder en el Estado venezolano, muy a merced de la inestabilidad gubernamental del siglo XIX, de la exacerbación de desenlaces militares, con aquel maniático flujo de revoluciones y asonadas, y en el que otras permeabilidades y morbos harán su aparición a lo largo de todo el siglo siguiente.

Ahora bien, ¿hasta dónde entendió Francisco de Miranda el laberíntico devenir de aquella totalidad histórica a la que estaba entregando lo mejor de sí? Como visionario, ¿fue lo bastante preclaro o no? Y al Precursor de la Independencia Americana, encarado con aquellas estructuras y sistemas coloniales, marcado por el caos de 1812, ¿qué sentido tiene relacionarlo con estas dos décadas del siglo XXI, en una América Latina cada vez más convulsa? ¿Alguna expectativa cierta abriga la metáfora de indagar sobre el *Leander* y su eventual regreso? La empresa investigativa de Moisés Laguna es precisamente ésa, y para lograrlo nunca él soslayó la agobiante dificultad de abordar aquel período decimonónico, tan luminoso pero a la vez tan intrincado y plagado de contradicciones, potenciales conflictivos que harían eclosión menos de cien años después, tiempo en que los imperialismos desataron el máximo de depredación para repartirse los continentes, dando a su ejercicio del poder una enorme efectividad para alcanzar sus objetivos estratégicos, algo que Miranda aprendería en carne viva: pretendió usar el poder británico para su empresa libertadora y resultó siendo objeto de los manejos de la Corona; el ilustre venezolano participó activamente en la Independencia de los EEUU y ese país resultó al poco un abusador ante la lucha independentista de Simón Bolívar, despojando, por añadidura, a México en 1848, de Texas, Nuevo Méjico, Arizona, California, Nevada y Colorado, ¡la mitad de su territorio! Por lo tanto, el autor desanda un camino difícil, ubicando implicaciones, hipótesis, acciones, en las que Miranda representa una voz dramática y enérgica, atravesada también de aquellas contradicciones que a fuego vivo marcarán a muchos de los Próceres. De allí, el autor nos irá señalando los puntos de contacto, los nodos sociohistóricos de los que se desprenden esos efectos de larga duración que fueron, y aún lo hacen, el devenir de Venezuela y de otros países latinoamericanos y caribeños. En lo profundo de tanta negatividad, persistirá en demasiados agentes del poder, el desconocimiento, la indiferencia, las conjuras de los silencios contra el Precursor y el Libertador; se hará extensivo contra la impresionante legión de los Próceres. Y lo que yace bajo la superficie, es proferido por Moisés Laguna para movernos a indignación: «el desconocimiento deliberado a todas costas de nuestros precursores». He allí el pecado original de donde dimana la fatalidad de la región.

El Miranda que nos presenta Moisés Laguna, está situado como partícipe de un quiebre de paradigma hegemónico, en que se debía dar una doble y difícil exigencia: continuidad y ruptura, a sabiendas de que el proyecto liberador necesitaba operar dentro de las convulsas realidades de los poderes internacionales y en cuyo eje Londres-París se desenvolverá con habilidad, teniendo como caro objetivo la independencia ante España.

Es de enfatizar que el de Moisés Laguna es un ejercicio en el que se exploran diversos aspectos que no son los habituales para referirse a los próceres hispanoamericanos. Y hay que admitir que el estilo en lo que lo hace da como resultado un libro que quizás no sea de fácil lectura, su argumentación es densa, con enunciados a veces intrincados, por lo que pierde en didactismo en aras de un alto nivel de abstracción. Para Moisés Laguna, lo endeble de la arquitectura institucional latinoamericana se hace no sólo estructural sino endémica, para cuya indagación él procede en los predios de la sociología y filosofía políticas; de igual modo se detiene en el fenómeno del historicismo y su relación con Francisco de Miranda, explicitando algunos problemas debatidos en la historiografía, al calor de los cuales han surgido carencias y equívocos para enjuiciar y encasillar al Generalísimo, complejidad que el autor no rehúye sino que sale a su encuentro para reinsertarse en una problemática latinoamericana en la que después del 2000 la historia ha vuelto a cobrar fuerza y resonancia. En ella intenta el autor deslastrar las desvaloraciones que han alterado la comprensión cabal del pensamiento y obra mirandinos, inscribiéndolo en las coordenadas de la Ilustración, donde ejerce con exuberancia el empuje de lo original, encarnando ciertos valores reivindicativos y programáticos como los representaron los Enciclopedistas, apuntando al mejoramiento práctico de la existencia de los pueblos, superación de la que tan urgida se hallaban las sociedades americanas, avasalladas por relaciones de subordinación y explotación donde no eran posibles las luces del progreso.

En ese contexto, el autor cumple con inscribir a Miranda en una efectiva y temprana perspectiva de geopolítica de la liberación latinoamericana —proyecto emancipador—, en términos que trascienden a la propia modernidad, sustrayéndose su acción en gran medida al desenvolvimiento de la misma Ilustración, pues a pesar de que los conceptos de igualdad, fraternidad y libertad gravitarán con enorme fuerza en el discurso y praxis decimonónicos, la realidad del Nuevo Mundo desvirtuará sin cesar cuanta formulación concreta ejercite la retórica de la Razón en estas latitudes.

Tratar de las formas de gobierno es algo de lo que no se hablaba mucho desde la publicación de la *Filosofía Constitucional* de Gil Fortoul publicada en 1898, puesto que la lógica organizativa de los sistemas y tipologías allí planteados estaban bien asentados en las naciones a comienzos del siglo XX. De hecho, esas verdades, desde los días en que Bolívar postulaba la urgencia de un Poder Ejecutivo fuerte, no suscitaban debates, y por supuesto que estimulaban los criterios de escritores y estudiosos positivistas en tiempos de Juan Vicente Gómez, en particular al influjo de Vallenilla Lanz, Arcaya, Ernst y el mismo Gil Fortoul; aunque bajo la recia e inconmovible hégira de un verdadero dictador no hay muchos filosofemas que valgan. Lo mismo cabe para la Separación de Poderes, otro campo zanjado desde que el impacto de Montesquieu fue asimilado por los tratadistas constitucionales, siendo más bien los reparos y objeciones la excepción a la regla. Sugestivo en extremo resulta que los ataques contra los gobiernos progresistas latinoamericanos desde el 2000, que conformaron la oleada antineoliberal, han vuelto cotidiano el apelar a ese factor, esgrimiéndolo como justificativo de cuanta maquinación se trama contra el Gobierno nacional, que ni falta haría si se tratase de una autoridad sumisa al hegemonismo imperial, a los poderes oligárquicos y del capital transnacional, proclives a convertir la arena parlamentaria como escenario cómodo para subvertir el orden constitucional y la democracia, y allí están Venezuela, Argentina, Bolivia, Ecuador y Brasil para patentizarlo.

Esto nos lleva a no perder de vista, que civilidad, ciudadanía, en tanto que razón civilizatoria, poseen umbrales ontológicos que no acaban de cristalizar, por los que se escapa la facultad del buen vivir en sociedad; y en cuanto a lo sistémico, la incompletitud acelera su entropía. En tal sentido, Moisés Laguna en ningún momento se declara postmodernista, pero es consciente de las crisis que esa teoría ha dejado al descubierto, y ante las cuales hay que adoptar posiciones, puesto que las prácticas sociales y políticas en las que transcurre nuestra contemporaneidad en nada pueden sustraerse a sus efectos. También es consciente de que tales crisis suscitan desvíos, se han perpetuado significaciones que entrañan relaciones de poder. Ante esa convicción, el autor sabe ser audaz, no vacilando en acudir a Hegel a la hora de las interpretaciones filosóficas; y a la sociología política ante el hecho de las imprecaciones y denuncias, necesarias de asumir ante tanta confusión y peligro actuales.

El otro plano en el cual Moisés Laguna se instala, el humanístico, expresado en su rica cultura y sensibilidad, nos permite hallar en él una disposición muy particular hacia la reforma social y la filosofía moral, dos tópicos por cierto muy apreciados en el siglo XIX y que marcaron el quehacer intelectual de los próceres hispanoamericanos y las generaciones que los sucedieron. De allí ese impacto ejercido por figuras de la talla de Rousseau, John Stuart Mill, Bentham, Proudhon, Owen, Comte, etc., ante los cuales nadie permanecerá indiferente, por lo que a la larga nunca podrían quedar confinados a la Teoría Social ni a la Filosofía Política. Cuánto más ante el peso moral de lo que significa la enorme responsabilidad de la construcción de la identidad y conciencia nacionales en las jóvenes repúblicas; ante el duro desafío de erigir el *episteme* de la americanidad. Los actuales procesos revolucionarios en Latinoamérica nos lo recuerdan con coraje. Ruptura y rebeldía son indisociables, de allí lo estimulante que resulta el que el autor incluya en su exploración el texto que fue en 1792 pionero de un linaje: «Carta a los Americanos», de Juan Pablo Vizcardo y Guzmán.

En Miranda y Bolívar, su búsqueda titánica de la mejor actitud a seguir los lleva a asumir roles modeladores de las sociedades de su tiempo, conscientes de la proyección que estaba en juego; se expresarán en textos constitucionales, en ejecutorias y en toda clase de manifestaciones e idearios conducentes a sentar principios cardinales de organización republicana. En tal sentido, debemos lamentar que el autor no hubiese mostrado cómo las disposiciones contenidas en los artículos de los proyectos de Miranda en relación al Gobierno Provisorio y el Provisional, llegaron a constituir sustancia finalmente incorporada en ulteriores instrumentos legales, o si nunca figuraron en alguno de ellos. De haberlo hecho, el lector habría tenido un cómodo manejo comparativo de tales tópicos, de su pertinencia y de la trascendental implicación política y jurídica que habrían de tener, o, por el contrario, ponderaría con facilidad su ausencia.

No obstante, en ese caudal documental y doctrinario se sumerge con buen tino el autor —incitándonos a seguirlo—, identificando puntos sensibles, en torno a los que ensayará la detección de carencias recurrentes en la turbulenta marcha histórica latinoamericana, y al calor de su centralidad mirandina concentrará su ímpetu en descifrar estructuras y secuelas, que engloba bajo las categorías críticas de «sociedad de cómplices» y «perspectivismo histórico», referentes a una realidad persistente y lacerante en la que pareciera que todos los esfuerzos de los sistemas de gobierno fueran impotentes y que habrán de arrastrar sin remisión, sin importar la lucidez, alcance y buenas intenciones de sus respectivos proyectos societales.

DUILIO MEDERO B.

PRIMERA PARTE

EL JUEGO DEL PODER DEL VIEJO MUNDO

CAPÍTULO 1

Europa y su estructura política entre 1500 y 1700

Preliminares

Sin abstracción de la edad antigua dos siglos a partir de 1500 definen el curso de Inglaterra, Francia, Portugal y España para conservar la hegemonía política y económica del poder, las cuales se explican por sus hechos para la historiografía y por su influencia notoria en la determinación de sus políticas y relaciones entre la metrópolis y periferia, o, mejor dicho, imperio y sus colonias.

Vale decirse sobre el particular, que tanto Felipe II —casa de los Habsburgo— reinando para España entre 1556 a 1598 como Isabel I de Inglaterra — dinastía Tudor— quien gobernó entre 1558 a 1603 enfrentados por las circunstancias de la historia; serán testigos tanto de la inestabilidad del poder político de Portugal — representado por los reinos de Juan III hasta 1557, Sebastián I de 1557 a 1578, Enrique I de 1578 a 1580, y de Felipe II de 1580 a 1598 — como de Francia — representada por los reinos de la dinastía Valois de Enrique II hasta 1559, Francisco II de 1559 a 1560, Carlos IX de 1560 a 1574 y de Enrique III de 1574 a 1589 — que llevaría a España algunos años antes y otros después del periodo entre 1556 a 1598 a dominar por un lado de 1580 a 1640 a Portugal y su imperio —construido entre 1414 a 1571— agregándose a sus rutas comerciales como propias parte de Asia, México, Brasil, Filipinas, Timor Oriental, Angola, Mozambique,

1

Guinea, África del Este, Sudeste de Asia, Países Bajos y, algunos ducados de Francia e Italia; y por otra parte, ser protagonistas del establecimiento del Estado moderno y del control y tutela política de los imperios.

El ambicioso programa de expansión de los imperios hizo que el de España creciera desde el descubrimiento de América en 1492, edad clásica, y durante todo el siglo de oro abarcando extensos territorios en el noroeste —Alaska y Columbia Británica— y suroeste — Luisiana — de Estados Unidos, Centroamérica, casi toda la América del Sur y, las Indias Orientales Españolas —Filipinas y las Marianas—, entre otras.

Mientras que Francia, por su lado centraría su política al interior de Europa y estaría presente con posesiones en Nueva Francia — Canadá—, el sur de Norte América, las Islas Occidentales — Santo Domingo, Guayana Francesa, Haití, Guadalupe, Dominica— en África con Senegal, en la India con Bengala, Pondicherry, Yanaon y, por último, en el Océano Indico con las islas Bourbon, France y Seychelles.

Esa política global de España, Francia y Portugal, la haría suya también los ingleses con resultados importantes debido en buena fortuna a la gestión de Enrique VII y Enrique VIII fundada sobre una marina de doble propósito orientada a la defensa territorial y a la evolución económica inglesa. Vale decirse, que estos conflictos suscitados se clausuraran a favor de los ingleses con el Tratado de Paris de 1763[1] por la guerra de los siete años[2] y con el Tratado de

---

[1] Tratado por el cual Francia, España, Portugal y Gran Bretaña se suscriben el 10 de enero de 1763 firmando también Austria, Prusia y Sajonia de la Paz de Hubertsburgo; para finalizar firmando la Guerra de los Siete años de altos costos para Inglaterra a la que el Rey Jorge III le dedico su preocupación a partir de la muerte de Jorge II en1760.

[2] Surge como consecuencia del Pacto de Familia del 26 de agosto de 1761 por alianzas político-militares de familia y fue firmado entre Carlos III de España con Luis XV de Francia por la ocupación británica de las costas de Honduras y Gibraltar que afectaba el control del comercio en las Antillas y el comercio de esclavos. Allí participaron desde 1756 a 1763 dos coaliciones de Estado se vieron involucradas, una integrada por Francia, España, Austria, Rusia, Suecia y Sajonia y la otra, por Prusia e Inglaterra.

Utrecht[3] de 1713 con la guerra de sucesión de España[4]; por cuanto con el primero Inglaterra gano todo el territorio francés al este del Rio Mississippi; España retendría a Cuba a cambio de Florida y; los territorios franceses al oeste del Mississippi junto a Nueva Orleans pasarían a España y; Francia recuperaría la Islas del Caribe ocupada por los británicos a cambio de los territorios de la India, África, y Menorca. Con respecto al segundo, España perdería territorios cediéndoles Menorca y Gibraltar y los Países bajos españoles, pasarían a Austria y Sicilia, al duque de Saboya.

La correlación de fuerzas en la guerra y su equilibrio con la diplomacia política como puede observarse en estas cruzadas, deciden con su gestión de gobierno el destino de estas potencias con sus pueblos y sus relaciones socio económicas; donde los ingleses ahora con mayor poder político alcanzan más territorios con crecientes ventajas económicas para competir con España en sus colonias logrando al mismo tiempo contener las ambiciones de Luis XIV de Francia.

---

3   Los antecedentes de este tratado de paz se encuentran en los preliminares de Londres del 8 de octubre de 1771 como dos tratados, en los cuales uno de ellos Luis XIV de Francia y Ana de Inglaterra pactaron que Gran Bretaña recibía las islas de Gibraltar y Menorca, la concesión por treinta años del Asiento de Negros y la exención de pagos arancelarios en el Puerto de Cádiz; además de que Luis XIV aseguraba que las Coronas de España y Francia nunca se reunirían en una sola. Estos preliminares fueron ratificados por Francia el 11 de abril de 1713 mediante un tratado de paz por Francia e Inglaterra, Holanda, Portugal, ducado de Saboya y Prusia en Utrecht; por España el 27 de marzo de 1713 ratificado en Utrecht el 13 de julio de 1713 entre España e Inglaterra. Por este instrumento, Felipe V reconocido como rey acepto a las condiciones impuestas por Inglaterra y renuncio a los derechos al trono de Francia.

4   A la muerte del monarca español Carlos II "El hechizado" sin descendencia, se plantea el reinado Carlos de Austria, hijo de Leopoldo, para asegurar el sistema de alianzas europeas y la continuidad de la casa de los Habsburgo como una nueva dinastía en Felipe de Anjou, nieto de Luis XIV y partidario de la línea de Fernando el Católico; aun conociéndose que Carlos II había declarado heredero a Felipe V. Las potencias rechazaron esta decisión, por cuanto pensaban que su designación recogía la unión de dos potencias en una misma dinastía, la Borbón; con lo cual se conformo la Gran Alianza de la Haya en 1701 con Austria, Dinamarca, Inglaterra, Portugal, Prusia, Países bajos y Saboya; quienes le declararon la guerra a Francia y España.

La hegemonía de Inglaterra y la tutela política

Estas consideraciones con sabor a pueblo se reproducen en los siguientes periodos por la voluntad política depositada en la Carta Magna o de Runnymede[5] que modificó el compromiso del soberano, al respeto de los fueros civiles y a las inmunidades tributarias y penales del barón. Vale decir, por esto que las crisis de gobierno en forma de guerras civiles demandaron cambios por parte de los barones atados a contratos feudales de posesión de tierras de soberanos y de grandes señores a cambio de (a) fidelidad y obediencia, (b) proporcionar caballeros para el servicio militar y (c) asistir a las asambleas convocadas por el señor de los reino; que terminaron ajustando entre algunas condiciones la leva financiera matrimonial, perder el derecho de sucesión, la coacción sobre la tutela del menor, y la sustitución de ofrendas materiales por dinero, entre otros.

Dichas demandas por cedula real de Runnymede el 15 de junio de 1215 o carta magna, satisfechas establecieron el derecho a elegir la iglesia a sus representantes sin interferir el poder real, a la libertad de comercio, las garantías del derecho a la justicia y a los derechos personales, y la abolición del pago de tributos feudales.

De esta forma, vale decirse que el dominio político durante siglo el XV de la cosa pública agregó ricas experiencias al gobierno inglés como serían las provenientes con la ocupación romana y la normanda desde el siglo V al X; la inestabilidad política por la guerra civil de Juan Sin Tierra y el Tratado de Westminster de 1153[6] y; el establecimiento de la tutela política y control monárquico por la carta magna de 1215.

---

[5] Cedula real del 15 de junio de 1215 de 63 cláusulas que el Rey Juan Sin Tierra de Inglaterra por la cual otorgo a los nobles el compromiso de respetar sus fueros civiles e inmunidades y a no disponer de la muerte, prisión ni de la confiscación de sus bienes.

[6] Tratado de Wallignford, de Winchester o de Westminster como también se le conoce quedo suscrito en diciembre de 1153 con el cual se puso fin a la guerra civil de Inglaterra tras la disputa entre Matilde la emperatriz con su primo Esteban de Blois, por el reinado ingles; este tratado obligó al ultimo a reconoce a Enrique II, duque de Normandia y Conde Anjou y de Maine como su heredero, hasta la muerte de Esteban de Blois

En retrospectiva, la Bretaña del siglo V incomparable con el siglo X lo será en tanto podemos conocer acerca de los normandos vencidos por Guillermo el Conquistador y de que Enrique I y Enrique II lo hicieron con la inestabilidad política, al igual que desde Enrique II y Enrique el joven hasta Ricardo Corazón de león y Juan Sin Tierra, empeñados por el futuro político de las naciones; comprendieron el porqué de las exigencias de la nobleza de su independencia y del control político y social. Lo trascendente de estas demandas políticas se relaciona en las guerras civiles inglesas y en los principios ideológicos que guiaron dando repuestas a la útil restricción de control político y social del reino.

A verbigracia podemos comprender esto dadas las inconsistencias entre Carlos IV y Eduardo III por las privaciones de familia que enfrentarían más tarde a Inglaterra contra Francia por el ducado de Aquitania cual al ser invadido por Felipe IV de Francia provocó a Eduardo III de Inglaterra reclamar la Corona de Francia; dando lugar a ese paradigma de la poca estabilidad política inadmisible a la autoridad tutorial.

Esto ratifica de algún modo el carácter militar y político del hombre entre los pasillos comprometidos a un conflicto de independencia ausente durante 100 años sin incluir las guerras religiosas de 1562 a1598 y en la de los 30 años con España de 1618 hasta 1638.

En síntesis, la Inglaterra del siglo de oro por alianza entre la aristocracia, sus terratenientes y comerciantes y por el valor político de la carta magna y sus principios políticos; cimento sus bases económicas y sociales a lograr ganar importantes enclaves comerciales dominados por Francia y España ordenando su economía al servicio de sus colonias y sus fronteras.

El poder militar de Francia

Francia, atrasada por una burocracia y aristocracia representada por el ejército, la corte y la provincia adversa al trabajo empresarial dedicó una numerosa fuerza militar de 400.000 hombres a la defensa de 20.000.000 de habitantes, sus fronteras con Inglaterra y España y a sus mercados ibéricos.

Sus burócratas, élite ilustrada modificó su estructura económica para proteger su industria, aunque en lo político se enfocó a la conquista por Europa, Islas occidentales y orientales con menos convencionalidades que los ingleses y españoles.

Es importante aclarar que las pretensiones de esta obra están alejadas de la historiografía exhaustiva y, se limitan por lo tanto el volumen de su contenido en harás de simplificar los hechos históricos asociados a los más significativo y de interés al tema en estudio, motivo por el cual Francia, se desarrolla al lado de España.

El Estado moderno de España

Los combates militares durante la guerra de los cien años entre Inglaterra y España afectaron la geografía política de las potencias de Europa, causando desajustes sociales internos y coloniales durante casi todo el siglo de oro y muy a finales de 1700; cuestión que hace recordarnos por su importancia en el ordenamiento del mundo occidental la participación de España en la consolidación de territorios durante la reconquista por parte de Fernando VII su aporte del Estado Moderno a la cultura política.

No obstante, la misión se hace más significativa después la muerte de Fernando VI de España por cuanto su nieto Carlo I de Austria, seria heredero de: (a) Borgoña en los Países Bajos y de Austria, gracias a la política de integración familiar del matrimonio entre hijos herederos de soberanos de Inglaterra, Borgoña y Austria; (b) las Coronas de Castilla y Aragón con sus posesiones en América, (c) las del Mediterráneo Ibérico y el Italiano; (d) las tierras de los Habsburgo en Austria, y (e) del Sacro Imperio Romano ascendió a emperador como Carlos V de Alemania.

Ante esta riqueza el riesgo político del poder para sostener las estrategias de expansión colonial lo conducen ajustar su gobierno, prefiriendo en lugar de aislar a Francia y hacerle frente al Imperio Otomano, expandirse a las Indias Occidentales sin agotarse contra el monopolio de genoveses y venecianos además de haber reconocido las experiencias de Portugal a las indias orientales; dándole sentido al compromiso de consolidar el Estado moderno existente que prosperaba con sus conquistadores fundando y poblando territorios en nombre de la Corona, pese a que las amenazas sobre su cabeza se ciernen por un parte al Francia invadir a Italia y por la otra, al avecinarse los disturbios de la reforma protestante en Alemania y las del islamismo en el resto de Europa entre 1540 y 1550.

Luego aparecen otras condiciones que recaen en Felipe II, hijo de Carlos I sobre todas las derivadas de conflictos religiosos provenientes de reclamos en Francia por parte de la nobleza que estaba habituada al control político otorgado por Francisco II y Carlos IX de Francia y que ahora por agite de la Liga Católica y los Hugonotes desembocaría en la guerra de los cien años entre España e Inglaterra durante 1562 y 1598.

El heroísmo religioso desatado por el apoyo de España a los católicos y de Inglaterra a los protestantes; incluyendo la guerra de los 80 años que daría la libertad a la Provincias Unidas de los Países Bajos y la guerra de los treinta años; terminaron de arruinar las finanzas públicas de España a finales del siglo XVIII.

Vale acotar que España para fin de 1700 afectada por las plagas y epidemias, la emigración forzosa de ejércitos, la expulsión de judíos y moros, y la fuga de cristianos y moriscos; sustentada sobre una economía de exportación agrícola de vinos, lanas, sedas y, otros productos de origen primario y de importación de metales preciosos y otros minerales[7] proveniente de sus colonias; ya venía contraída

---

[7] Las riquezas minerales entre 1525 y 1575 que se descubren son las grandes minas de plata hispanoamericanas, tales como Morcillo (1525), Potosí (1543), Zacatecas (1546), Pachuca (1551), Real del Monte (1552), Castrovirreyna (1569), Oruro (1557), Batopilas (1632). Las otras explotaciones, fueron las de cobre y son: Tasco (1529) en México y las de Nuestra Señora de la Caridad del Cobre (1530), en Cuba; entre las de esmeraldas se encuentran las de Colombia con Chivor (1537) y Muzo (1551). Ellas estaban reguladas en el siglo XVI por la Premática y las Ordenanzas de Minas de Felipe II en 1563 con un impuesto, llamado el *quinto,* que terminó destruyendo en 1630 casi toda la actividad textil española de Sevilla, Toledo, Ávila, Segovia y Burgos, y otras localidades, en parte por la competencia ofrecida desde Italia, Francia, Inglaterra y Holanda

desde la segunda mitad del siglo XVI hasta el siglo XVIII y, auxiliada desde sus colonias y, dependía de los comerciantes de Castilla del Consulado; la Casa de Contratación y de las restricciones por las Leyes de Indias.

Esta confrontación ofrece saberse de España su apoyo a los católicos y de Inglaterra a los protestantes, y que más tarde con la guerra de los 80 años llegue la libertad a la Provincias Unidas de los Países Bajos de interés para Felipe II de España; así como también la guerra de los treinta años causara más perjuicios a las finanzas públicas de España a finales del siglo XVIII, situación por la que en 1648 en Westafalia cesarían las hostilidades por los acuerdos de paz con los neerlandeses y la participación Felipe IV de España sucesor de Felipe III.

Con esta razones, podemos explicar para finales del siglo XVII con la monarquía de Carlos II, hijo de Felipe IV en crisis; que Francia e Inglaterra, recuperaban sus economías y que sería con Felipe V, nieto de Luis XIV, que España por el Tratado de Utrecht de 1713 termine en la paz, cediéndole a Inglaterra, Sicilia, parte de los territorios del Milenaso a Saboya, Gibraltar y Menorca y, a Austria, Nápoles, Milán, Cerdeña y los Países bajos españoles; quedando separadas las Coronas de Francia y España con la renuncia de Felipe V de España a sus derechos franceses.

La crisis de Portugal

Portugal que dominaría el Océano Índico y el paso a China y Japón, con su comercio de sedas y porcelanas compitiendo con el imperio Otomano y con poca presencia en América, excepto por sus posesiones en Brasil; determinó que su estrategia era más comercial e interesante era aliarse a Inglaterra debido a la amenaza de ocupación franco-española con el Tratado de Methuen de 1703.

Europa y su legado para el mundo y sus colonias en Hispanoamérica

Estos asuntos, sobre las tres etapas del hombre europeo — (a) antes de Colon descubrir el nuevo mundo, (b) luego hasta 1516 y (c) el siglo de oro desde esa misma fecha hasta 1700— comprueban la ambiciosa estructura política y social del hombre presente en esa época al que los clásicos griegos y romanos recetan sin mayores ambigüedades; se enfrentó a diferencias accidentales con pluralidad ante su cercana realidad.

Hemos observado, desde el siglo V al XVIII que el hombre a través de sus representaciones objetivas de gobierno y control social es omnímodo, total, absoluto y puro; y es también razón, por una parte, para indicarle que representaba el Estado moderno como institución sobre el cuerpo de la gestión social, a su tiempo, y sin constituir sustitución de formas políticas; y por la otra, que sobre él se sobrepuso la tutela y el control político monárquico con carácter subjetivo.

En resumidas cuentas, la conveniencia de revisar las reflexiones acerca de la historia institucional de Hispanoamérica es recoger del pasado algún conocimiento corrector del presente y el futuro sobre la institución del Estado moderno de España y, la libertad política de Inglaterra; la primera original y genial y, la segunda, extraordinaria y humana; todas inquietantes para construir juicios.

CAPÍTULO 2

LOS CAMBIOS IMPERIALES

El hombre periférico

A finales del siglo XVII la monarquía de España con Carlos II, hijo de Felipe IV en crisis económica extendida hasta Felipe V de España, termino de negociar un tratado de paz con Inglaterra y Francia, perdiendo territorios y derechos y, manteniéndose en sus posesiones de América.

Años después, estas medidas empujaron a España a infundirle a sus hombres exigencias de raza y color de piel y protocolos de pureza de sangre y de religión, para darles confianza en el tránsito a la posesión de riqueza económica y poder social; manifestándose en la metrópolis con los terratenientes, mineros, clero y la alta burocracia y, en la colonia con aquellos pobladores rurales agrupados en haciendas o plantaciones, separándolos en dos estratos, los burócratas y un bajo cero. Un hombre más dogmático, que el peninsular, detentó el poder y se protegió con el gran hacendado y los mineros y sus capellanes imponiéndoseles con castigo al renuente y recompensa al obediente en sus funciones.

Establecer juicios sobre esa autoridad institucional establecida para la colonia y creada con el propósito de asegurar obediencia libre de restricciones, será designarle ser modelo disruptor de las instituciones nacidas en aquella Europa del XVII en franca agonía política durante el siglo XVIII.

En consideración a esta autoridad es obediencia al tiempo por llegar determinada por rasgos de nacionalismo, efímero regionalismo; esencial para la consolidación y legitimidad de grupos de interés, quienes empoderados por alianzas entre las corporaciones militares y religiosas actuaron subordinadas y a discreción del poder local en pro de riquezas materiales, tributos y fuerza de trabajo, por el cohecho y el tráfico de influencias con las autoridades representadas en la audiencia, los oidores, los fiscales y el secretario virreinal.

Entre otras evidencias de similares características vale citarse el alcalde o Corregidor asociado a la caterva de comerciantes de Madrid, Sevilla, México, o de Lima, administrando la recluta amerindia como fuerza de trabajo en las minas de plata empleando la extorsión y el soborno.

Vale la pena, establecer que el vicioso transito del fenotipo español y la importación de hábitos antiéticos; transformó la fe religiosa del hombre y su ideología; en primera instancia, con el conquistador y luego éste, lo ajustó al Estado moderno a su conveniencia; uniendo la fe religiosa con la lealtad ante el Estado; donde ser algo distinto a otro, se estimó de traición al Estado y desobediencia de hereje.

El nuevo Estado colonial.

Esta transformación del pensamiento del hombre colonial se recrea desde el siglo XVII hasta el siglo XVIII y puede ser comparable, por ejemplo, al enfrentamiento de las corporaciones, la nobleza y los grupos de presión contra los terratenientes andaluces y comerciantes gaditanos haciéndose valer en México y Lima, además de agentes de Cádiz: para imponer sus prerrogativas con el comercio en Francia, Inglaterra, Holanda; y presionando en muchas oportunidades para evitar modificarse las condiciones de los corregidores o alcaldes bien establecidos a su servicios, o, de exigir flotas hacia las colonias o abrir más puertos marítimos.

Vale la pena acotar, que la importancia de los comerciantes de Cádiz, como centro de los negocios de España con las colonias fue capitalizar todo el comercio con sus asociados de México y Lima y, se oponían con fuerza al comercio entre colonias; dándoles preferencias en sus negocios a mercaderes de Francia e Inglaterra, más que a los propios españoles. De los gaditanos, vale decirse que ddesde el siglo XVIII trasladaron el monopolio del comercio colonial de Sevilla a Cádiz, e intentaron varias veces conservar su mayorazgo mercantil como herencia de dos siglos de conquista y colonización en América.

El desafío proveniente de esa transformación daría lugar para entender las complejas partes sociales y económicas y la dirección y gobierno político en estas condiciones específicas; a la necesidad del cambio entre decidir conservar la estructura de la colonia o favorecer a la metrópolis.

Aun cuando el juicio que pudo ser definitivo era conservar la estructura de la colonia, debido a la apertura de nuevos puertos y rutas comerciales con repuntes comerciales de aumento en la producción de bienes agrícolas, como el café, tabaco, azúcar y, los curtidos y el interés por las materias primas —metales— que termino atrayendo la atención del resto de las potencias; ésta propuesta perdería su sentido, ya que las buena razones del gobierno metropolitano español en las colonias de la segunda mitad del siglo XVIII estaban idealizadas con el nacionalismo económico y la obediencia institucional como autoridad.

Una razón más para estas pretensiones de España era legitimar sus intereses comerciales compartiendo con Francia e Inglaterra poder, gobierno y privilegios heredados y buscar impedir la perdida de sus enclaves coloniales en América a manos de Francia.

La otra razón, consistió en controlar la economía de las colonias buscando la autonomía política ante el conflicto entre Francia e Inglaterra, esfuerzo que más tarde fracaso debido a las ataduras fiscales y económicas que los acompañaban y la ampliación de servicios financieros no desarrolladas con la disciplina inglesa.

Sin embargo, la decisión se produce por manipulación de las circunstancias que obligaron retroceder a España y romper su alianza con Francia, favoreciendo en consecuencia a Inglaterra a quien le era preferible obstaculizar a Francia en lugar de servirle a España; de modo que podemos concluir que, si podían debilitar a España, dominaran sus colonias y España terminaría renovando más luego sus lazos con Francia como en efecto ocurrió en 1796 hasta que en 1808 terminó invadida.

Una revolución en camino

La necesidad del cambio, entre aquellas dos alternativas bien conservar la estructura colonial o favorecer a la metrópolis, se inclinó por la segunda; por la cual la aristocracia española se ocupó en lo domestico; mientras que el nacionalismo en la colonia construiría su aparato político forjando la obediencia institucional para consolidar los grupos de interés con autoridad para gobernar sobre una sociedad de complejas diferencias sociales creada por España.

Francisco de Miranda, ocupado por la agitación política y social en Hispanoamericana del siglo XVIII y del estudio del estado de cosas en las relaciones imperio y colonias del siglo XIX; elaboraría su teoría conspirativa conducente a la tercera revolución del mundo occidental para la liberación de los pueblos de América Hispana apoyada en los fundamentos de las instituciones políticas clásicas y modernas del siglo XVIII.

CAPÍTULO 3

REINOS, VIRREINOS, POST VIRREINOS Y LA COLONIA

El reparto territorial del Nuevo Mundo

L a Europa desde el siglo V hasta el XVII dominaría el mundo occidental concentrando fuerzas políticas experimentales y justificables en los fundamentos del Estado moderno con la consolidación de territorios durante la reconquista española; por los requerimientos de la nobleza inglesa para el futuro de la naciones en beneficio de la independencia política de sus decisiones y el control político y social; y al trasladar el fenotipo español propio de la reconquista a sus colonias transformando la autoridad y conducta social con un efímero nacionalismo; las cuales reaccionarían en adelante por alianzas entre España y Francia contra Inglaterra apoyando la revolución de las trece colonias inglesas en América de 1779, la de Aranjuez en España por Francia en 1789 y la de Venezuela en 1810.

Estos procesos de independencia política separo también las colonias de Inglaterra, España, Francia y Portugal del siglo XVIII al XIX, entre las naciones de Estados Unidos de América, México, Haití, las Provincias Unidas de América Central, la Gran Colombia, Perú, Chile, Argentina, Paraguay y Brasil; y algunas de ellas en otras naciones desde las cuales surgirían de a) Gran Colombia: Venezuela, Colombia y Ecuador; b) de Centro América: Guatemala, El Salvador,

Honduras, Nicaragua y Costa Rica; c) de Uruguay: Argentina y Brasil; d) Texas, se separa violentamente de México; e) de la antigua isla de La Española se originan República Dominicana y Haití, en un conflicto en el que Francia tiene parte; f) mientras que, Cuba y Puerto Rico dependerían de España hasta 1898; g) y Panamá logra en 1903 su separación de Colombia; con excepción de Canadá *y las* Islas Británicas Orientales que desobedecerían las líneas políticas de las trece colonias de Nueva Inglaterra y el caso de Francia, Gran Bretaña y Holanda, que continuaron sometiendo territorios en el Caribe y algunas porciones continentales como sucedió con la Honduras Británica, hasta finales del siglo XX.

Tratado de Aranjuez del 12 de abril de 1779

Esas fuerzas en distensión son el producto del juego de intereses por ambiciosos proyectos de la monarquía española representadas con Felipe II, III y IV durante el siglo XV y XVI; quienes en su afán exploratorio colonizaron la costa noreste de estados Unidos, México, Centroamérica, el Caribe y, casi toda Sur América; extendiendo fronteras para la Corona de Castilla y de Aragón hasta conformar los Virreinatos de Nueva España y de Perú y el de Río de La Plata, en territorios que ocuparon de unos 25.000.000 de kilómetros cuadrados emancipados, como hemos indicado.

La importancia que puede apreciarse de esta expansión territorial es que el reagrupamiento en su modo transicional del orden virreinal de los siglos XVI y XVII al colonial en el siglo XVIII es un pasaje de energía y, sus razones al pacto político contra Inglaterra por el «Tratado de alianza ofensiva y defensiva entre las Coronas de España y Francia contra la de Inglaterra firmado en Aranjuez el 12 de abril de 1779»[8] por la independencia de las trece colonias en los Estados

---

[8] Véase, sus originales en la recopilación: Tratados, convenios y declaraciones de paz y comercio que han hecho con las potencias extranjeras los monarcas españoles de la Casa Borbón desde 1700 hasta el día. Don Alejandro del Cantillo, Madrid, Imprenta de Alegría y Champlain, 1843, p. 552.

Unidos, constituye ser antecedente del conflicto de dinastías[9] entre Borbones y los Habsburgo, además de ayudarnos a comprender como la Guerra de Sucesión a la Corona de España concluida con el Tratado de Utrecht en 1713 contribuyo a la hegemonía política y familiar de los reyes católicos[10].

Este tratado, de claros fundamentos políticos en el siglo XVIII es la declaratoria original para enfrentar a los ingleses en los Estados Unidos y en Europa continental, en su propósito de separar las colonias

---

[9] El espacio para acotar a beneficio de este plan y sus antecedentes como conflicto, es que, al ascender al trono de España, Felipe de Anjou o Felipe V, nieto de Luis XIV de Francia y bisnieto de Felipe IV, dejó a los Borbones, sin aspiraciones a la dinastía, a la de los Habsburgo. En consecuencia, el archiduque Carlos de Habsburgo, sale a su paso y se enfrenta en una guerra desde 1701 que concluye en 1713, en la cual Felipe V resulta reconocido en su imperio y Carlos de Habsburgo se retira heredando el Imperio Alemán. He aquí, que del resultado Inglaterra y Holanda verían como aliados de Carlos de Habsburgo, la posible unión de España y Austria, como una corona común.

[10] Las razones del conflicto en puerta por resolverse son de antigua data, y se relacionan desde aquella Castilla, en la que había pasado a significancia política el juego de la sucesión hereditaria por parte de los reyes católicos con sus hijos: a) Isabel I, caso con Manuel de Portugal, El afortunado, después de enviudar se casa con Alfonso; b) los amores fallidos de Juan de Asturias, con la archiduquesa de Austria; c) la boda de María, hermana de Isabel I, fallecida, con su cuñado Manuel El afortunado, del cual nacieron entre otros: Juan III y Enrique I, reyes de Portugal: e Isabel, en matrimonio con Carlos V, reina de Castilla y Aragón; d) la infanta Juana I, La loca, unida con Felipe de Habsburgo, El hermoso y gobernante de Borgoña, con quien procreó a: Catalina, reina de Portugal; Fernando, sucesor de su hermano Carlos; Leonor, reina de Portugal y Francia; Carlos, rey de Castilla y Aragón; Isabel, reina de Dinamarca; y María, reina de Hungría, Bohemia y regente de los Países Bajos; e) la infanta Catalina, casada con Enrique VIII de Inglaterra, hijo de Enrique VII, convirtiéndose épicamente en Reina de Inglaterra, después de haber combatido los amores de María Bolena, y de proteger al Papado, en su lucha contra el protestantismo. La pareja imperial, los reyes católicos Isabel y Fernando, serán responsables por la conquista del Nuevo Mundo, heredando el conflicto bien datado en su política exterior contra Francia también la Península Itálica; e imponiendo sus raíces familiares entre las dinastías reinantes en Inglaterra, Borgoña y Austria; con el objeto de disminuir el poder de Francia, que más tarde giró en sentido contrario.

de España y Francia, que buscaban impedir que la autoridad recayera sobre un mismo monarca y de suprimir los privilegios comerciales que disfrutaban los franceses de España en las Indias; además, de imponer barreras a Francia buscando que Austria se constituyera en heredera de España; pero, lo más cierto de todo, fue que Inglaterra desarticularía la Triple Alianza y buscaría esa paz para alcanzar sus metas sustituyendo la política de coalición contra Luis XIV por una de hegemonía profundamente británica en el continente europeo que más adelante observaremos.

Su vital significación para la futura geografía política de la América Hispana descansa en el hecho de atacar la hegemonía inglesa sobre aquella ordenación jurídica y territorial europea, que se justificó responder a los planes de la política exterior de reparto de Guillermo III.

El Tratado de Utrecht y la sustitución de políticas inglesas

La diplomacia que se expone en los tratados Utrecht y de Aranjuez, el primero vinculante del segundo, transforma el caos en un producto político que los ingleses dirigieron en su afán de sustituir la política de coaliciones contra Luis XIV por la hegemonía inglesa; pero, centrándose en hacer valer las condiciones de los «Preliminares de Londres de 8 de octubre de 1711» que incluyo a) la continuidad de la dinastía con el reconocimiento formal de la Reina Ana; b) adoptar un tratado mercantil y de comercio apropiados; c) la aceptación de Luis XIV y de Felipe V, de la ocupación inglesa de Gibraltar y de Mahón; d) comprometer a Luis XIV; (e) impedir la unión de las Coronas de Francia y España, en un solo monarca; y (f) finalmente establecer barreras políticas facilitantes de la hegemonía de Inglaterra en el continente.

Lo cual en sus aspectos globales significa riqueza cultural propia de enciclopedia consecuente con la búsqueda de la paz que se dio en los Estados Generales en Utrecht el 12 de enero de 1711 y, a la convocatoria de las potencias beligerantes a medir sus mejores esfuerzos que fracasaron en todas las aspiraciones —Holanda, Austria, Francia e Inglaterra—; dejando sola a Inglaterra encomendada de la mediación política, mediante los armisticios desde julio de 1712 hasta abril de 1713 estudiados como antecedentes a los tratados de Utrecht del 11 de abril de 1713.

Vale la pena acotar que el fin de sustituir la política de coaliciones valiéndose de las Preliminares de 1711 por la mediación inglesa y el debilitamiento político de Francia y de la Triple Alianza; además del fracaso del Congreso de Utrecht, facilito la nueva ordenación política y territorial de Europa continental fundamentada en los «Preliminares de Londres» como documento incorporado en los Tratado de Utrecht entre los aliados y Francia, del 11 de abril de 1713 y, en Tratado de Utrecht entre los aliados y España; agregándosele el Tratado de Rastadt que un año después del de Utrecht ratifica la paz entre Francia y España entre Luis XV y Carlos VI poniéndole final a la Guerra de Sucesión por el trono de España entre Francia y Austria, en el cual España perdió sus posesiones italianas—Nápoles, Cerdeña, Milán y Toscana—.

Así tenemos que Inglaterra comprometida con la aspiración de Austria en la herencia de los Países Bajos de España y de Italia, encerrará a Francia en sus fronteras el conflicto entre los Borbones y los Habsburgo; haciendo ver la posibilidad de intervenir incluso fuera del continente mediante el dominio de zonas estratégicas o barreras; que consistían en establecer zonas fortificadas destinadas a detener las fuerzas de Francia de Luis XIV atribuyéndole a una pequeña potencia asignaciones superiores a sus propias fortalezas; de tal modo, que ante la debilidad se necesitaría ese tercero para completar la protección deseada reduciendo con este método eficaz a los Borbones y Habsburgo, en los conflictos Alpinos, los Países Bajos y aquellos controlados como Holanda y Saboya.

Las consecuencias del Tratado tanto de Utrecht como el de Rastadt para España son notorias; por cuanto, el tráfico marítimo y el control de las comunicaciones europeas se quedó sin su influencia en el Mediterráneo; Italia quedo en manos de Austria y Menorca junto a Gibraltar, e hizo lo mismo con Inglaterra que mantendrá el control marítimo militar de los estrechos daneses que comunican el Mar del Norte con el Báltico; el estrecho de Gibraltar, con acceso del Atlántico al Mediterráneo; y el Canal de Sicilia y el estrecho de Messina.

En ese conjunto de privilegios territoriales merece destacarse la pérdida de influencia de España, en las comunicaciones marítimas sobre Gibraltar con tres enclaves que facilitan los accesos del Atlántico al Mediterráneo: El primero, Portugal, con una política exterior subordinada a Londres, hará posible ser cabeza de ella en la Península Ibérica y además facilita el tránsito a Sur América por el Puerto de Lisboa y ser escala hacia el Mediterráneo; el segundo, Gibraltar, representa la amenaza militar para España y puesto de vigilancia sobre el Mediterráneo; y el último, Menorca (en las Baleares), puesto de observación de las rutas originadas desde España y Francia, hacia Italia.

El fracaso de la política de España inspirada desde 1635 y la crisis de una política mediterránea que la han conducido al desastre, favoreciendo la diplomacia y al arte de la guerra inglesa hacia la hegemonía en la paz y en la guerra como lo concibieron hizo realidad el interés sobre las rutas marítimas para Inglaterra de carácter comercial como su preocupación del siglo XVIII transformada en política; la cual era cubrir los mercados del mundo en beneficio de los industriales y banqueros británicos.

Guerra de Sucesión y el Tratado de París

A partir de ese siglo XVIII para América Hispana, cuando cesa la Guerra de Sucesión de España es cuando se comienzan a ver los caminos a la expansión mercantil de Europa hacia las Indias Orientales, con el Mar de China; y a las indias Occidentales, con el Mar del Sur, con lo cual nace un proceso de cambios en lo económico y político que van a sacudir el nuevo y viejo mundo. El mundo repartido en colonias como hemos apreciado, entre los imperios con dificultades ya caracterizadas de esa época: francés, español, portugués y el inglés; pierden competencias económicas y políticas, debido a las presiones explicadas entre las relaciones de la metrópolis y las colonias, que colisionan al final del siglo con los resultados políticos expuestos al principio.

Francisco de Miranda por fortuna de la vida y no para su desgracia ni la nuestra, derrotada la tragicidad desde su partida de Cuba, conocía desde las Indias Occidentales el dominio de España desde Cabo de Hornos hasta México; desde el Atlántico hasta el Pacífico; y desde las inmensas selvas y cordilleras sometidas al coloniaje; y fue capaz de interpretar la importante formación de centros político a los virreinatos y provincias;

Desde ese lugar, pudo conocer el resultado de la Guerra de Sucesión y el Tratado de París y, supo que los intentos ordenadores de la comunidad europea fueron fatales para España; por cuanto, siendo Westfalia una paz francesa determinó para los españoles el fracaso de la política continental; Utrecht, desintegro la comunidad hispana de Aragón, asentada en el Mediterráneo con la penetración inglesa, convirtiéndolo en una crisis de política mediterránea; y Viena, que será la restauración en Europa, después de Napoleón provocará, como ya dijimos, la fragmentación política de los virreinatos hispánicos, y acelerará el hundimiento de la política ultramarina española. El mundo occidental, ha sido afectado por los Tratados de Utrecht de 1713 y el de Rastadt de 1714 con el de Aranjuez de 1779 como hemos podido apreciar, debido a las consecuencias de una política por la hegemonía del poder político en Europa por el propósito de dominar en el viejo y nuevo mundo las dinastías europeas y la capacidad de transformación política inglesa para la ocupación de territorios y la imposición de barreras políticas y comerciales, como recurso para el control político de la metrópolis y sus colonias

Pues a lo dicho, cierto ya que esa dinámica diplomática implico naturalmente la agitación política en las colonias o periferia en parte por la necesidad de transformar las perspectivas de la dominante y dominado, requiriendo de alguien que se ocupara para el continente hispanoamericano

CAPÍTULO 4

FRANCISCO DE MIRANDA Y LA REVOLUCIÓN HISPANOAMERICANA

Liderazgo político

E l precusor de la tercera revolución en el mundo occidental, Francisco de Miranda, se despide de Venezuela en 1771 triunfando en las artes militares desde 1773 hasta 1775 en Granada y Melilla y de 1775 a 1778 en Cádiz y Madrid; partiendo de allí a Cuba y luego de Matanzas el 28 de abril de 1780 a los Estados Unidos.

Sus salidas de Venezuela y de Cuba, entre 1771 y 1780 constituyen decisiones importantes para la salud política del continente; por cuanto, se encuentran en correspondencia la necesidad de los pueblos con él mismo en sus pensamientos y, el espíritu del derecho a la libertad del hombre y su independencia política.

Vale decirse, entonces que las señales del predio social y político provenientes de las colonias, hicieron efecto en su formación política hacia la descolonización política de Hispanoamérica ya que a interés propio decide consagrar su vida por la libertad política; vale explicarse esto con las palabras de Federico García Lorca en el nuevo mundo: la musa, como la inteligencia; el ángel, como la inspiración; y el duende, de nuestro interés; donde puede advertirse que si él «… no llega si no ve la posibilidad de muerte, si no sabe que ha de rondar su casa, si no tiene seguridad que ha de mecer esas ramas que todos llevamos y que no tienen, no tendrán consuelo».[11]

Esto significa que la inteligencia, la inspiración y el interés de muchos años a esa causa le valen opiniones en la historiografía mundial como aquel destacándole «...que en última instancia él era importante no porque él mismo trajo la independencia a sus conciudadanos sino porque les convenció que podían hacerlo por sí mismos», (Spanish) «Ultimately, he was important not becasuse he himself brought Independence do his fellow citizens but because he convinced them that they could do it for temselves.» (engllsh) [12]

Y otras tan importantes como esta se refieren que «...aunque él fracasaría en sus esfuerzos para liberar a la América española, Francisco de Miranda supo abrir la ruta de los Libertadores criollos que tendrían éxito en la creación de dieciséis nuevas naciones por la década de 1840» ««Althought he would fail in his effort to liberate Spanish América, Francisco de Miranda would blaze the path for the creole liberators who would succeed in creatiry sixteen new nations the 1840s»[13]

No obstante, algunas opiniones latinoamericanas lo anteponen de erótico, trágico y aventurero entre ritos ceremoniales aledaños alejándolo; de la realidad de haber edificado el patrimonio político para la hispanidad.

Pensacola y Yorktown

En conclusión, sus registros consolidados como patrimonio público para la humanidad representan la necesidad por el cambio

---

[11] Federico García Lorca: *Poesía completa*. Vintage español. Edición y prólogo de Miguel García Posada. New York p. 9. Todas las citas referentes a García Lorca se harán a partir de esta edición.

[12] Karen Racine: Francisco de Miranda, A Transatlantic Life in the Age of Revolution, Wilmington, Delaware, Scholarly Resources Books, 2003, p. xix. Todas las citas referentes al texto principal se harán a partir de esta edición, con traducción propia.

[13] Marshall C. Eakin: The History of Latin America. Collision of Cultures, Palgrave Mac Millan, New York, NY, 2007, 1ª edition, p. 179.

institucional de una sociedad agotada por hábitos feudalistas en situación de emergencia, que lograría orientada por su ideología a la independencia política.

El tránsito por la libertad de los pueblos de América desde la frontera de México con Estados Unidos hasta la Patagonia se inicia en la Capitanía General de Venezuela el 25 de enero de 1771 al marcharse a Cádiz y agregarse como Capitán de Infantería al Regimiento de Infantería de la Princesa permaneciendo entre esta ciudad y Málaga en 1775 hasta establecerse en 1778 en la Guarnición de La Carraca con Pedro de Ceballos, su comandante y Virrey interino del Río de la Plata.

De conformidad con el tiempo y las reglas del orden que darían cabida al cambio de una realidad histórica hacia la revolución política su visión se amplía en Cádiz al conocer de la Declaración de Independencia de Estados Unidos el 4 de julio de 1776 el argumento de los actos intolerables por hostilidad contra el Congreso Continental que deliberaba el 10 de mayo y había resuelto en el Segundo Congreso del 5 de julio que decidiría asumir el control total del gobierno con el ejército continental contra la desmoralizante actitud de George III bajo la delegatoria de George Washington [14] experiencia que representó de importancia al observarse la toma de los cabildos de Carcas y otras ciudades en 1808.

Como he mencionado el 28 de abril de 1780 de Cádiz a Cuba se trasladó ignorando que 11 de noviembre de 1778 el tribunal de la inquisición de Sevilla le acusaba con cargos ante el Consejo de la Suprema Inquisición de Madrid por delitos religiosos y conspiratorios de ejecución antes del 8 de enero de 1779; arribando en esas condiciones junto a José Solano y Bote el 5 de agosto de 1780 a la ciudad de San Cristóbal de La Habana de Cuba; un importante bastión militar español y principal centro financiero y comercial a las órdenes de Bernardo Gálvez, gobernador de Louisiana.

La intensidad de las sospechas aumentó sin afectar el cumplimiento de sus deberes asociados a los acuerdos políticos suscrito entre España

---

[14] Ron Chernow: Alexander Hamilton, Penguin Books, New York, 2004 pp. 65-66.

y Francia; entre los cuales hay dos asignaciones que se describen a continuación.

En atención a la cronología de los hechos la primera misión está conectada con la Batalla de Pensacola el 9 de abril de 1780 en la expedición compuesta por los navíos San Francisco de Paula, San Nicolás, San Francisco, Guerrero, Serpent, Intrepide y el Lebretre de los regimientos: Rey, Soria, Guadalajara, España, Navarra, Hibernia, Aragón, Cataluña, Flandes y Fijo de La Habana; donde él y Juan Manuel Cajigal logran la rendición el 9 de mayo a las 3:00 pm del General inglés John Campbell y el Almirante Chester con 1.113 soldados prisioneros.

La otra de gran importancia es su cooperación militar en la Batalla de Yorktown a solicitud de George Washington del cual sabemos ser «él quien trato con un almirante francés, en aguas de Cuba, de las provisiones y auxilios que deben llevarse a los colonos norteamericanos en la Bahía de Chesapeake, y quien actúo en los convenios que incorporan a la corona española las Islas Bahamas».[15]

La importancia de la victoria en esta batalla es tanto militar y política como corresponderse con la necesidad en América de que «… en lugar de tenerlo todo dispuesto para ir a la campaña, no tenemos nada; y en vez de temer la previsión de una gloriosa campaña ofensiva ante nosotros, no tenemos sino una confusa y defensiva, a no ser que recibamos poderosa ayuda en barcos, tropas de tierra y dinero de nuestros generosos aliados»[16] razón por la que la colaboración de sus aliados le era urgente.

Vale la pena acotar sobre esta petición de colaborar con George Washington la participación de ayuda del Mariscal francés Jean-Baptiste Donatien de Vimeur, Conde de Rochambeau desde Wethersfield en Connecticut para enfrentar a Charles Cornwallis, Primer Marqués de Cornwallis y sus 7.500 hombres apostados en Yorktown en las riberas del río York en el Estado de Virginia

---

[15]   Mariano Picón Salas: Francisco de Miranda, Colección Histórica N° 6, UCAB, Caracas, 2009, p. 25.
[16]   Samuel Eliot Robinson: Historia del Pueblo Americano, Barcelona, Ganduxer, 1972, p. 315.

cumpliendo órdenes de Henry Clinton; para recibir ayuda militar de la marina inglesa en la Bahía de Chesapeake situación de la cual George Washington conocía y sabía que el almirante francés François-Joseph Paul, Marqués Grasse Tilly fondeaba sus buques a favor en la bahía por vía del Conde de Lafayette Marie-Joseph Paul Yves Roch Gilbert du Motier de Lafayette quien ya le había trasmitido.

Existen fuentes sobre estos hechos indicando la participación de Francisco de Miranda en tres cartas fechadas del 28 de mayo al 11 de junio de 1781 enviadas por el Mariscal francés Jean-Baptiste Donatien de Vimeur, Conde de Rochambeau al Almirante francés Marqués François-Joseph Paul, Marqués Grasse Tilly que contenían tres peticiones distintas; la primera, el ataque a las naves inglesas en las aguas atlánticas de la Bahía Chesapeake; la segunda, el refuerzo con tropas y armas; y la tercera, la necesidad de dinero para el pago de las tropas solicitado; todas ellas llegarían a Cape François en Santo Domingo a principios de julio de 1781.

Ellas describen la urgencia del ejercito continental corroborable por Emmanuelli Loliannette,[17] Charles Lee Lewis,[18] y Jonathan R. Dull quien así documentan el asunto acerca de la tercera petición satisfecha al afirmar que « De Grasse se detuvo en Matanzas, Cuba, y navegó vía América el 5 de agosto, después que *El Concorde*, en Julio, había traído la petición de 1.200.000 libras de Rochambeau; y que la encomienda fue cumplida, una vez que la fragata *Aigrette* recogiera en La Habana, la contribución de 1.000.000 de piastres de los ciudadanos en un solo día, llevándolo a la Bahía de Chesapeake el 30 de agosto».[19] (Traducción nuestra).

---

[17] Véase Emmanuelli Loliannette Ferrer: Spanish diplomatic policy and contribution to the United States Independence, 1775-1783, pp. 187-191. [Tesis doctoral, 1990]. Todas las citas referentes al texto principal se harán a partir de esta edición.

[18] Véase Charles Lee Lewis: Admiral De Grasse and American Independence, Naval Institute Press, Annapolis, Maryland, 2014, pp. 137-139.

[19] Jonathan R. Dull: The French Navy and American Independence: A study of arms and diplomacy, 1774-1787, Princeton University Press, Princeton, NJ, 1975, p. 245.

Vale la pena acotar que el requerimiento provendría del Mariscal francés Jean-Baptiste Donatien de Vimeur, Conde de Rochambeau al Almirante Marqués de François-Joseph Paul, Marqués Grasse Tilly quien una vez agotadas todas las posibilidades busca en Santo Domingo a Francisco de Saavedra y Sangronis y éste al Gobernador de Cuba, Juan Manuel Cagigal para asignar la misión de recaudar los fondos a Francisco de Miranda del cual conocemos que fue el «…quien trata con un almirante francés [Rochambeau] en aguas de Cuba, de las provisiones y auxilios que deben llevarse a los colonos… en la Bahía de Chesapeake».[20].

La misión de Francisco de Miranda de recaudar fondos tal como indican la carta de «Pownall a Pitt del 7 de agosto de 1790»[21] y las referencias de Emmanuelli Loliannett[22] y de Charles Lee Lewis ayudan a comprender que «…el dinero requerido por Washington hasta Rochambeau, dirigido finalmente a De Grases, que fue quien manejó el asunto arriesgando su patrimonio en las plantaciones de Santo Domingo, lo obligó a tratar con el director de aduanas, residente en Cabo Francés, persuadiendo al Sr. Saavedra a obtenerlo, y fue despachado en la fragata *Aigrette* con la suma de 1.200.000 libras para Rochambeau».[23] (Traducción nuestra); comprueba sus funciones de alta responsabilidad y valor patriótico.

El liderazgo político de él en su compromiso por la libertad de América, en estas dos oportunidades contra los ingleses y su ofensiva queda demostrado puesto que «…cinco horas después del arribo de la fragata *Aigrette que* marchó con la suma de 1.200.000 libras a bordo para Rochambeau»[24] llevaría la colaboración requerida para batalla de Yorktown y lograr la capitulación de Charles Cornwallis el 9 de octubre de 1781; tal como lo describen la carta citada por Caracciolo Parra Pérez dirigida por Thomas Pownall a Pitt del 7 de agosto de

---

20 Mariano Picón Salas: Op. cit., p. 25.
21 Caracciolo Parra Pérez: Miranda y la Revolución Francesa, Tomo I, Ediciones Culturales del Banco del Caribe, Caracas, 1966, p. 95.
22 Emmanuelli Loliannette Ferrer: Op. cit., p.191.
23 Charles Lee Lewis: Op. cit., pp.138-139.
24 Ibid. p. 138

1790; solicitud de ayuda dirigidas a Rochambeau por «Grases del 6 de junio»[25] con el «Memorándum»[26] explicando su contenido y el despacho con carta de agosto de 1781 a las que se refieren Charles Lee Lewis y Stephen Bonsal;[27] y el testimonio de Francisco de Miranda en el juicio francés que se le siguió en el cual General Jean Skei Eustace declaro que fue el quién «…planeó y realizó en beneficio de los Americanos, estando bajo su mando auxiliar las fuerzas de los mismos y las españolas juntas, la conquista de la Providencia y de las islas Bahamas»[28] además de haber sido «…él fue quien favoreció, en La Habana, a los Americanos con los inmensos recursos que ellos aprovecharon, el que facilitó al Sr. De'Grasse, medios para que éste entrara en la Chesapeake, lo cual permitió, como es sabido, la toma de York-Town»[29].

La Ruta a la independencia de Hispanoamérica

Describir a Francisco de Miranda desde 1771 hasta 1780 sin desorientar este trabajo, requiere reconocer aptitudes sobresalientes para hacer su trabajo ponderando la barbaridad política del poder del viejo mundo, las causas y consecuencias de la acción del hombre metropolitano en la periferia y las posibilidades nuevo orden político después del coloniaje.

En conclusión desde Cuba y para Pensacola, Yorktown y el Caribe puso sus mejores voluntades contra las servidumbre política y en provecho de lo inmediato de la tolerancia política y la ética militar definidas con alta cultura para debilitar la amenaza del poder religioso y los funestos intereses de las minorías y conservo como

---

[25] Ibid. p. 121.
[26] Ibid. p. 122.
[27] Véase Stephen Bonsal: *Where the French were here*, Doubleday, Doran and Company, Inc., Garden City, New York, 1945, pp.115-118.
[28] Francisco de Miranda: *América espera,* Biblioteca Ayacucho, Caracas, 1982, p. 160. Todas las citas referentes al texto principal se harán a partir de esta edición.
[29] Caracciolo Parra Pérez: *Op. cit.,* p. 29

extranjero la rebelión de los comuneros desde Bogotá hasta los Andes venezolanos; el alzamiento de Perú, y la rebeldía de la oligarquía venezolana representada por Juan Vicente Bolívar, Martín Tovar y Tovar, Marqués de Mijares y otros más,

En la morada de la mitología griega los dioses harían que a Juan Manuel Cagigal en 1782 se le rechazara impedir el arresto ordenado por Bernardo de Gálvez junto con su apelación ante el rey y que resulto imposible además que la fragata para el por mal tiempo no pudo zarpar permitiéndole esto a abandonar Cuba con apuros dejando constancia en su partida que «…no queriendo marchar como desertor, informó a Cagigal de su resolución por carta el 16 de abril de 1783»[30].

La buena suerte de la América Hispana estaba a favor pues «…al otro día, primero de junio, parte rumbo a los Estados Unidos, desde La Habana, en la balandra norteamericana *Prudent*, auxiliado por sus amigos, Ignacio Menocal y James Seagrove»[31] ; mientras que en esa misma fecha sale otra escuadra española llevando «… en uno de sus barcos va el general Juan Manuel Cagigal»[32] cual condenado a prisión en su casa y privado de bienes y de renta durante cuatro años, hasta ser liberado con la muerte del tirano « Ministro Gálvez »[33] fue prófugo inclusive después de « dieciséis años, por el que los tribunales españoles declararán que Cagigal y Miranda fueron inocentes»[34].

---

[30] Caracciolo Parra Pérez: *Óp.… cit.,* p. 31.
[31] Alfonso Rumazo González: *Grandes Biografías,* Tomo II, Ediciones de la Presidencia de la República, Caracas, 1993, p. 60.
[32] Ibíd., p. 61.
[33] Ibíd., p. 61.
[34] Ibíd., p. 61.

CAPÍTULO 5

LA HISTORIOGRAFÍA E HISTORIOLOGÍA, COMO REFUGIO

Desde el siglo V al XVIII la humanidad cobra el control y tutela de la monarquía recreando un comportamiento político distinto con respecto a la sociedad del pasado y además explicando su progreso social por la trasmisión del conocimiento críticamente elaborado y por el poder de comprensión histórica y cultural; asegurando para sí y, de esa manera los cambios feudales que sucumben a finales del siglo XV.

A partir de esta conjetura, puede decirse que la trasmisión y comprensión no solo determinan el proceso del mito como origen de la historia y como fuente; sino que, motivan a conocerse más aun acerca de todos los aspectos que tratan sobre su separación sobre todo haciendo énfasis en los pactos metodológicos que dividen los argumentos reales de los placenteros para explicar la historia de las naciones.

Vale aclarar, sobre lo particular que aplicar las técnicas de análisis para conocer la verdad de los hechos nos acerca al proceso continuo de la historia en el devenir del ser humano; apoyado en la premisa, de que todo lo que el hombre es lo experimenta a través de su propia historia con lo cual da paso al historicismo[35] que permite distinguir

---

[35] Esta corriente del pensamiento filosófico que proviene de Benedetto Croce y Leopold Von Ranke se representa con Wilhelm Dilthey en el siglo XIX y en Alemania opuesta al Idealismo y sostiene que la verdad es relativa a

entre la propia naturaleza y la cultura, sus expresiones sociales o históricas y sus vínculos en cuanto a costumbres, hábitos y mitos; incluyendo además de establecer las diferencias entre las relaciones de las ciencias naturales y sociales y el rol que juegan para la cultura a través de las expresiones y, contribuir a la revisión crítica de la realidad histórica.

Sin embargo, la importancia de este pensamiento al examinarse la trasmisión y comprensión y su relación con el método científico; es que permite, separar los argumentos placenteros de los reales aun cuando su utilidad sea construir una teoría en la que no se imponga el pasado y donde todas las manifestaciones del hombre son hechos donde el pasado habla por ellos.

Vale decir, que al considerársele, el historicismo quiero decir, en sus planos perspectivos será posible inferir que conduzca a la nada cuando cesa como hecho porque no trasmite más de lo necesario ó, que probablemente puede ser trascendente para un fin cierto, porque allí termina su razón; instantes entre los cuales, la ciencia de la historia somete como objeto de estudio el pensamiento de los pueblos y naciones y su desarrollo cultural y político desde la perspectiva derivada por la trasmisión y comprensión del conocimiento para determinar si la realidad o el devenir histórico cesa o es trascendente.

Esta declaración por sus fines acerca de la realidad y el rol del historicismo en sus planos no excluyentes; advierte, sobre si dicho conocimiento que no reconoce los argumentos placenteros y si la realidad por la razón, ayudar mucho en determinar al final sobre los hechos cesantes o trascendentes que si se trata de una mera reducción

cada época y no a la manifestación de lo esencial o absoluto de otra esencia rechazando el fin último y trascedente de la historia. La realidad es producto del devenir histórico que distingue las ciencias de la naturaleza y las del espíritu considerando las diferencias ontológicas entre lo natural y lo histórico, ultimo este al que le estipula ser consecuencia de la acción del hombre por hechos representados al momento en que se producen y la relación que puede haber entre su pasado y el presente, es la que puede permitir comprenderse. En síntesis, esta tendencia considera toda la realidad como el resultado del devenir histórico donde éste es un proceso temporal que no responde a la razón concebido como historia apoyada por la ciencia del espíritu.

a elementos lingüísticos y culturales puede ser y es epistemología de la historia o meta historia filosófica o si por el contrario, es y será metafísica de la historia o meta historia teológica, si proporciona principios y fundamentos que conducen a la doxa de esa realidad.

En consecuencia, teniendo en cuenta que la perspectiva histórica es la realidad o el devenir histórico que puede cesar en su doxa o superar su estado original con resultados reducidos en cuanto a su origen o bien superados; esto podría indicarnos que el conocimiento histórico con Francisco de Miranda se aleja del devenir histórico en Hispanoamérica causado por el proceso lacónico de estigmatización que lo separa de la meta historia filosófica y de la metafísica de la historia, como consecuencia de someterle a argumentos complacientes impulsados en la historiografía hispanoamericana por las elites políticas, las cuales se explican en adelante como digresiones para excluirlo.

Francisco de Miranda, es sujeto de ese pasado a cuya realidad o devenir histórico estuvo sometido por pertenecerle y, se separa por trasmisión y comprensión solo con los argumentos reales que le resuelven por la razón ante una realidad que le es y fue trascendente.

La perdida de memoria de Francisco de Miranda

En razón a lo descrito sobre tales prejuicios o digresiones y a la conclusión sobre de su trascendencia en el devenir histórico correspondido; es necesario explicar la pérdida de memoria historiográfica e interrupción historiológica de Francisco de Miranda en el proceso de independencia del continente impuesta por las elites militares y religiosas españolas antes y después del proceso de independencia política; debido por un lado al constante trabajo ideológico de cuarenta y dos años por la independencia política de Hispanoamérica de España y, por el otro a la resistencia contra sus proyectos constitucionales por la oligarquía española enfocada en el monopolio de la distribución territorial del poder político en Hispanoamérica; quien lo adversaria en todos los espacios haciendo imposible sembrar a tiempo en el seno de la sociedad su capital político representado en sus proyectos con los principios sobre igualdad social, identidad territorial y la libertad política.

Vale decir que su trabajo en contra del sometimiento de su espíritu revolucionario ante los intereses del poder de turno y por su razón acerca del devenir histórico, resulto alterado significativamente; en primer lugar, por las estrategias militares y religiosa de las corporaciones en lo religioso, cultural, militar y personal en su contra y, en segundo lugar, al juntarse éstas al desconocimiento de su capital político posteriormente; contribuyendo así con el pobre avance político que aún subsiste en la región, materia a la cual nos referiremos en adelante con dos temas de estudio que pueden explicar sus resultados y que revisaremos a continuación; uno de ellos, es con la Critica de la idea del progreso continuo de la filosofía de la Historia y, la otra con la Crítica de la cultura.

En cuanto al primero, habría de responder que la idea del progreso continuo en la cultura occidental cristiana parte del dualismo de Platón y termina con la de Agustín; quienes se acercan a lo que llamaríamos una utopía marcada entre dos mundos; uno el de Platón, quien lo hace concibiendo una ruta entre el mundo sensible y el de las ideas y, el otro de Agustín, entre el cielo — el del deseo— y la tierra — el real— ; donde la distancia que los separa a ambos, es el mundo histórico —utópico— lugar en el cual el hombre busca lograr desde esa utopía la superioridad de su estado original a la que llamaremos progreso, bien para redimirse en la salvación de Agustín o en el cambio del hombre para Platón.

No obstante, entre la redención cristiana y la historia observaremos una contradicción que nos interesa conocer con respecto a el progreso; por cuanto, en Agustín la superación del mundo histórico ocurre fuera de la historia, en un mundo que no es este; pero podríamos concluir que contribuye su dualismo a la búsqueda de la superioridad utópica hacia la realidad como deseo en un mundo en el cual el hombre no puede construir su paraíso en la tierra.

Aquí el problema de la idea del progreso y de la misma Filosofía de la historia, reside en que el hombre es perfectible, pero no se cumple todo a satisfacción; he allí entonces como aparece el cambio o la revolución, en cuyo caso lo inalcanzable para el hombre será siempre reemplazado y el dualismo de Agustín pasará a la modernidad secularizado.

Pues, sabiendo que toda Filosofía de la Historia en Occidente proviene de una representación cristiana, en la que el Paraíso se esfuma; entonces podemos indicarle como hemos dicho al dualismo de Agustín una contradicción; por cuanto ese mundo al que se refiere no es éste y, está fuera de la historia; es decir, para él aparece la salvación cristiana del hombre como idea del progreso y se representa de ahora en adelante más bien como idea en la revolución que las incluye en todas sus clases en el propósito de resucitarse en el mundo de Dios.

Esa contradicción como vemos es antinómica del progreso, ya que no se corresponde con la superación del mundo histórico y es a todas luces utópica; pero determina que la revolución o el cambio es problemática, ya que salvar al hombre en un lugar no es perfectible; con lo cual podríamos decir que se repetirá tantas veces como sea posible por un nuevo ideal de perfección expresada en redención cuyo vínculo con la historia es de movimiento y esta secularizada como he mencionado en lo moderno.

De acuerdo con estos criterios preliminares habría que plantear que la historia de la humanidad, ha estado fundamentada además en la Ilustración la que a su vez suele ser entendida con la idea del progreso continuo hacia lo mejor — con y por las ya razones expuestas —; dentro de la cual, implican conocerse para bien dos ideas fundamentales; la primera idea, es lo modificado tomando de la Filosofía del Espíritu de Hegel "el espíritu absoluto"[36]; quien expone

---

[36] Este se desenvuelve en tres estados: (a) "en sí", es la conciencia; (b) "por sí", es la autoconciencia; y (c) "para sí", es el espíritu. Para Hegel, la verdad es subjetiva, rechazando en consecuencia todo conocimiento objetivo y haciendo saber que todo conocimiento es humano. Para el, los estados funcionan de la siguiente manera: La conciencia, hace saber que toda filosofía comienza por la sensación o la certeza sensible, luego pasa a la percepción que es la sensación múltiple del objeto como unidad y finalmente llega al entendimiento que es realmente el que piensa sobre el objeto. La autoconciencia, es aquella que ocurre cuando

que lo propio del espíritu, no se reduce a la capacidad de conocer o razonar, sino que implica ir más allá de los límites de su finitud y abrirse a otros que incluyen otros seres espirituales finitos y sobre todo al espíritu infinito de Dios; dejando a salvo, las diferencias no solo entre espíritu y naturaleza, sino también entre libertad e historia y, entre Estado y la moral. La revolución para Francisco de Miranda, en estas circunstancias está a salvo de especulaciones arbitrarias y no se aleja de la contradicción creada por el dualismo de Agustín, porque su mundo estaba aquí, en la tierra.

En ese mismo orden de ideas, vale la pena aclarar para su mayor comprensión con Hegel que la fundamentación del espíritu absoluto o infinito —visto como la gran síntesis universal del espíritu hacia si mismo que se manifiesta en la conciencia del hombre pensante— como una de las partes de la división de su filosofía donde encontraremos además el espíritu objetivo que concibe la agrupación de religiones — naturales, estéticas y reveladas— propio de las actividades sociales y morales y el espíritu subjetivo propio de los seres pensantes; se plantea en la conciencia humana como una relación de conocimiento libre con el infinito y además de muchas posibilidades de conocimiento racional del espíritu en su absoluta infinitud que se traducen en sus términos como libertad o independencia, los cuales coinciden con los principios políticos de Francisco de Miranda en su más absoluta dimensión social, pero en revolución.

La otra idea que complementa este planteamiento está vinculada con "la razón dialéctica" de Hegel, en el sentido de que la contradicción para él es inmanente a la razón donde la realidad o el devenir llega a ser lo que es, por su movimiento. Sera entonces, posible afirmar que, si la realidad es dialéctica, la libertad del hombre y sus cambios dejará de ser continuamente lo que era antes para ser otra; de tal modo, que será racional y tiene un orden. Aquí encontramos el orden, la brújula que Francisco de Miranda tendrá presente en el proceso de crear una

---

la conciencia se repliega sobre si misma, y representa el saber de si mismo en relación con la conciencia, que es el saber de otro, del conocimiento implícito de la conciencia pasa al explicito de la auto conciencia, a las que el resume como Razón por síntesis de ambas, conciencia y autoconciencia.

revolución cobrando su vigencia en el cómo dirigirse a los hombres y el orden de obrar que cambie una realidad por otra, en este caso la de la esclavitud política por la libertad.

Desde esta postura, vale decir con Francisco de Miranda que la historia y las manifestaciones del hombre resultan ser complejas materias que la naturaleza no puede dominar; pero, acaso no coincide esto con aquello de que la identidad del sujeto y objeto con Hegel el objeto deviene del sujeto; la realidad, el progreso o el devenir histórico, logra conciencia de sí en el sujeto, donde la naturaleza deviene en cultura.

En sintonía con lo expuesto, la dialéctica en Francisco de Miranda, puede entenderse en la historia política institucional de Hispanoamérica, desde aquel momento en que se puede afirmar la ausencia de unidad clásica entre la institución de la polis de los griegos — participación ciudadana en los asuntos de interés común— y la falta de reconocimiento de esa autonomía del imperio de los romanos — dispositivo legal o ley —; tarea por la cual, Francisco de Miranda observa que es el Imperio o Corona en este caso quien lo resuelve conformando en la periferia grupos de polis y otras instituciones asociadas por una sola ley a través de la institución de la Iglesia, a las que termina dándole facultades extraordinarias tanto al imperio para manejar a la polis y a la iglesia para controlar el derecho romano con una pobre participación ciudadana, planteándose así la esclavitud religiosa al servicio político del Imperio en nombre de la Corona.

En consecuencia, vale decir, que la idea del progreso continuo y la razón dialéctica de Hegel, pueden ser útiles para reconocerle a Francisco de Miranda en sus proyectos constitucionales el conocimiento necesario que tenía sobre el progreso en la visión de la cultura occidental cristiana hacia la de la modernidad tradicional; por lo que, a bien, muy mal le resulto al oponerse a las corporaciones militares y religiosas con sus intenciones por controlar al hombre nuevo de la periferia.

Mucho antes y más luego, el tránsito hacia la modernidad significo una realidad creada en ocasión al descubrimiento del Nuevo Mundo marcada por las revoluciones de Galileo, Descartes y Bacon, en la astronomía, geografía y otras ciencias, que conducirán a las críticas más modernas sobre el progreso con las teorías decoloniales hoy en práctica como categoría que tiene una dimensión colonial en el pensamiento de la post colonia en América Latina.

La otra idea fundamental, que tiene que ver en esto es la Critica de la Cultura vinculada con la visión del progreso continuo y su visión tradicional y moderna y las observaciones sobre el proceso decolonial; cual, formulada con criterios interesantes plantea categóricamente que la historia puede ser cómplice de vencedores al impedir ver a las víctimas del pasado; como en efecto lo ha sido; debido a la pérdida de memoria de la historia con la participación activa de Francisco de Miranda, a quien se le estigmatiza para secularizar la problemática de la historia permitiendo que el gran relato histórico justifique la homogeneidad moderna.

Esta propuesta expone en gran parte de la evolución humana y de la historia, su problemática y junto al discurso histórico en la modernidad de Hispanoamérica; como he mencionado, seculariza los resultados culturales y los mensajes que proviene desde esa realidad expresando mayores incapacidades de los pueblos de generar formas culturales adecuadas a su destino histórico.

En el final de las ideas, es importante aclarar que, en el debate de los hechos históricos surgidos al desatender el patrimonio político de Francisco de Miranda, por las razones expuestas, surgen inquietudes que podrían responderse con la formulación de las siguientes interrogantes: ¿qué metas no se realizaron en el pasado?; ¿cuáles son no realizables en el presente? y, ¿cuáles deberían realizarse en el futuro.?

En consecuencia, vista la materialidad de la historia política en Hispanoamérica con Francisco de Miranda, las siguientes digresiones o prejuicios explican parcialmente algunas características que demuestran que la historia los pueblos en Hispanoamérica es cómplice de vencedores al impedir ver a las víctimas del pasado.

Fractura de elementos o Disgresiones

La fractura de elementos políticos por la cultura religiosa

Después del 11 de noviembre de 1778 y de la decisión del 28 de octubre de 1782 del tribunal de la Inquisición de la iglesia católica que condena a Francisco de Miranda junto a Juan Manuel Cagigal en servicios en Cuba, le haría «… marchar como desertor, [aun cuando le] informó a Cagigal de su resolución por carta el 16 de abril de 1783»[37] quien al «…otro día, primero de junio, parte rumbo a los Estados Unidos, desde La Habana, en la balandra norteamericana Prudent, ayudado secretamente por sus amigos, Ignacio Menocal y James Seagrov

e»[38] y logra que para «…esa misma fecha [en que] sale una escuadra española; [donde] en uno de sus barcos va el general Juan Manuel Cagigal. El [Miranda es] uno de los amigos [que] entra en los derroteros de la libertad; [mientras que] el otro [su superior Cagigal] será declarado preso en su casa, y privado de bienes y de renta, durante cuatro años. La muerte del ministro Gálvez le significarla liberación. [solo a Cagigal] [ya que hubo que esperar] un día al cabo de dieciséis años, los tribunales españoles declararan que Cagigal y Miranda fueron inocentes"[39]; con lo cual, aun inocente para 1812, por cuanto para 1798 era declarado inocente, su detención y destierro representa el resultado de los ataques sistemáticos dirigidos por las corporaciones militares y religiosas del siglo XVIII en contra de sus proyectos políticos.

Esto sin otro fundamento distinto al político pertenecen a la perjuiciosa y dogmática diarquía Iglesia – Rey; y obedecen por una parte, al castigo por las criticas acerca del reemplazo de las revelaciones bíblicas, denunciar la representación humana y no divina del papa

---

[37] Carracciolo Parra Pérez: *Óp.. cit.,* p. 31.
[38] Alfonso Rumazo González: *Grandes biografías,* Tomo II, Ediciones de la Presidencia de la República, Caracas, 1993, p. 60.
[39] Alfonso Rumazo González: *Óp.... cit.,* p. 61.

desmitificándolo, emitir opinión sobre las reliquias y la eucaristía como rito no transustanciador, y rechazar el cumplimiento de los deberes pascuales como prácticas de la Reforma durante el siglo XVIII ; y por la otra parte, por su tendencia Iluminista con los juicios de la razón y la liberación del pensamiento y su lucha contra la ignorancia cultivada por «personalidades psicopáticas asintomáticas con alta indeseabilidad biológica»[40].

Aun así, absuelto de la causa quedaría firme su detención en el Puerto de La Guaira el 14 de julio de 1812 en Venezuela y, su destierro a la Guarnición de La Carraca hasta su muerte en 1816 en España; privando sobre él, la sombra de los tribunales de la Inquisición para detener su carrera política por la libertad de los pueblos de Hispanoamérica injustamente apresado entre las mazmorras españolas.

La fractura de elementos políticos por la cultura militar

Por otra parte, para tiempo más tarde al de su arbitrario encarcelamiento es importante saber que las guerras de independencia en América del Sur como «momento fundacional»[41], como así se describe, constituyo una dificultad historiográfica debido a la inestabilidad política de mediados del siglo XIX sobre todo en cuanto a su discurso contra el pasado y con el republicanismo que además de haber contribuido hacia el liberalismo y al debate entre liberales y conservadores, sería la ideología dominante con la participación del militarismo.

La decadencia política del siglo XVIII sujeta por la Revolución de Francia de 1789 y la de Filadelfia de 1774, entre una sociedad estratificada y la otra igualitaria; permite destacarse en Hispanoamérica, que la representación del poder laico sepultaba los

---

[40]   Véase Francisco Herrera Luque: *Los Viajeros de Indias*, Monte Ávila Editores, 2ª edición, Caracas, 1977, pp. 11-28.

[41]   Véase Luis Barrón, en *El republicanismo en Hispanoamérica, Ensayos de historia intelectual y política*. José Antonino Aguilar y Rafael Rojas [Coordinadores], CIDE / FCE, México, 2002, pp. 244-254.

privilegios franceses al tiempo que prosperaba la apreciación inglesa del siglo XVII de restaurar algún tipo de orden perdido al de ruptura hacia el futuro en el siglo XVIII; mientras que en Hispanoamérica como he dicho crece la confusión y en consecuencia la inestabilidad política.

Las comparaciones expuestas y la importancia de restaurar el orden en relación con el momento fundacional como una convención indican que el cambio por ruptura en revolución y el del liberalismo como cultura política ligada al militarismo en Hispanoamérica, desintegra el espíritu de lo político del cambio o la revolución, pero hacia el militarismo como unidad política, cuestión que Francisco de Miranda ya había observado.

Vale la pena acotar sobre lo particular, también la tesis de Graciela Soriano[42] quien describe la revolución en Hispanoamérica a diferencia de la visión inglesa y, separa el aspecto cualitativo, o sea lo complicado por el hecho de poder entenderse, de lo cuantitativo, por su complejidad; por la cual es razón no solo para tener la voluntad de hacerlo, sino que, debe estar presente ponerse de acuerdo para atender sus complejidades; ratificándonos la necesidad de estar cerca de los hechos, es decir percibirlos; tener la conciencia y percatarse de ello, es decir tener autocontrol de la gestión política; y tener el conocimiento de las cosas para poner en práctica el análisis sobre el fenómeno, es decir sostener la responsabilidad política.

De alguna manera, esto significa que las revoluciones entre lo complicado y sus complejidades como condiciones distintas; no estaban eximidas en América de lo inaceptable que lo liberal en aquella Europa asediada por Napoleón Bonaparte y su modelo político hacia para debilitarla y de que existiera un nuevo mundo liberal para la metrópolis, ya que, el espíritu nacionalista en la periferia no estaba consolidado, solo era un efímero regionalismo.

El éxito del liberalismo explica la revolución, como la liberación del usurpador para los peninsulares y la emancipación del poder

---

[42] Graciela Soriano, Una mirada al proceso de Independencia de Venezuela, Colección Histórica, Bid & Co. editor, C.A., 1ª edición, 2011, Caracas, pp. 18-25.

español entre civiles y militares para Hispanoamérica, pero carece de la auténtica fundamentación política ya que se ligaba al militarismo decadente impulsado por el liberalismo del momento fundacional.

Podemos inferir que la libertad como fin último de la revolución para 1808 en Hispanoamérica carecía del conocimiento de los modernos[43]; a la cual Francisco de Miranda, le propuso entre aportes rectores de la vida democrática la separación de los poderes públicos; el establecimiento del principio de igualdad ante la Ley; y la necesidad del estado de derecho constitucional.

La fractura de elementos políticos por la cultura política

Está claro que la estrategia de generar contradicciones entre los aspectos religiosos y políticos, en lo religioso y ; desviar la decadencia política hacia la ruptura del orden por el militarismo por la convención del momento fundacional y el liberalismo, en lo militar; facilitaron contradicciones las condiciones sociales en el proceso de formación de valores culturales en relación con la propia independencia política para perturbar entre lo complicado y complejo, el proyecto político de Francisco de Miranda sobre el orden de cómo obrar o cómo se debieron dirigir los hombres, antes, durante y después, de la emancipación política, en lo político.

Pues bien, si asumimos como probable la desviación del argumento de desafío político de Francisco de Miranda en una sociedad cuya supremacía estuvo representada por las corporaciones militares y religiosas ortodoxas y, con poco interés a la insurrección por el cambio político de los privilegios y garantías que controlaban las corporaciones; entonces podemos concluir que esa sociedad no conocía sus propios retos aun con los más grandes sacrificios soportados por 400 años de dominación.

---

[43] En oposición a la libertad de los antiguos, entendida como el derecho político a ser elegido gobernante; la de los modernos, se fundamentó en proteger del Estado liberal en ascenso, la intervención del Estado en el funcionamiento y la existencia de una sociedad basada en categorías sociales civiles.

Síntesis

El historicismo como pensamiento sostiene la verdad relativa a cada época y no a lo absoluto de otra esencia descartando lo trascendente de la historia y concibe que la realidad es resultado del devenir histórico como proceso temporal que no responde a la razón. Es importante revisar el proceso gnoseológico o la dialéctica en la filosofía de la historia, desde Descartes hasta Kant e incluyendo a Hume, para entender el historicismo y sus fuentes, razón por la cual se plantea el tránsito de los juicios más destacados sobre la verdad en la ciencia : la posición cartesiana afirmaba que el conocimiento más adecuado era la razón ya que por juicios analíticos aseguraba la universalidad de la ciencia; Hume, negaba la superioridad de la razón y, sostenía que en su lugar era la experiencia por juicios sintéticos la que permitía avanzar hacia la ciencia y que por lo tanto era el medio adecuado para conocer la verdad científica. A todo lo indicado, Kant niega la negación de Hume, pero no lo hace para afirmar o volver al racionalismo de Descartes; sino que, conserva los propios de ellos y sostiene que tanto la razón como la experiencia son necesarios para lograr el conocimiento y para concluir revela que es el sujeto el determinante en la relación cognoscitiva o idealismo y no como lo sostenían Descartes y Hume, realismo.

De varias maneras la transmisión y comprensión se relacionan con el proceso gnoseológico de la filosofía de la historia y es motivo para validar los planos perspectivos del historicismo; por cuanto, sirven para determinar ser o no trascendente para un fin cierto en la historia y para ayudar a reconocer el momento de proporcionar principios y fundamentos para alcanzar el conocimiento por la historia o si se trata del final de los hechos.

El proceso de estigmatización con Francisco de Miranda ha conducido a la perdida de sus memorias políticas en la continente situación que hoy exige ser revaluada examinándose los resultados de la idea del progreso continuo y de la ciencia de la cultura en cuyo caso el dualismo y el estudio de las contradicciones serian en mi opinión útiles, así como el momento fundacional facilitador del liberalismo.

SEGUNDA PARTE

EL PERSPECTIVISMO HISTÓRICO

CAPÍTULO 6

FUNDAMENTOS TEÓRICOS
ESPECULACIONES

El estado de la cosa política por diferencias de poder entre las potencias midiendo sus ambiciones territoriales en América, incide en el curso del reparto europeo por varios tratados importantes; entre los cuales se lucen, el de Aranjuez y de Utrecht, que las conducirían a escoger entre conservar la estructura política y social de las colonias, o favorecer a la metrópolis; en cuyo caso, decidida esta última hizo depender por más tiempo a la periferia hispanoamericana de la metrópolis española.

Para ese entonces, Francisco de Miranda, con 10 años en esa sociedad poblada de «quince millones de habitantes»[44] entre «indígenas, varios millones de esclavos negros y algo más de 3 millones de blancos»[45] y controlada por el 5% por españoles; más tarde, se dispondría a luchar por el derecho a gobernarse en contra de las corporaciones militares y religiosas de España en América enfocadas en la política de favorecer a la metrópolis y, por desmantelar aquellas instituciones dominantes de la periferia que por tres siglos se sostenían con la política metropolitana de fundar y ocupar territorios bajo la esclavitud política creando desigualdades sociales entre una sociedad estructuralmente considerada discrónica y corrupta.

---

[44] Hugh Thomas: Cuba, la lucha por la libertad, Vintage español, 2013, 1ª edición, Grupo Editorial Random House Mondadori, S.L., p. 27.

[45] Idem.

Esa retorcida cultura, derivaría que la revolución o emancipación como problema, vista su "necesidad" como proceso de cambios internos — el de elegir entre dos alternativas bien conservar la estructura política y social de las colonias, o, favorecer a la metrópolis — y externos — dado por el desequilibrio político a través del soborno — sea corroborable con la dinámica mudanza política de la metrópolis hacia la periferia hasta el siglo XIX, el sometimiento entre el XV al XVII y por la subordinación entre el XVII hasta el XVIII ; que además es explicable por una parte, en el plano político por la "Obediencia institucional" y en lo económico social por su tendencia al "Nacionalismo" como un efímero regionalismo; y por la otra parte, le son atribuibles elementos "religiosos" por la suma de voluntades de la iglesia, los burócratas y los intereses metropolitanos y en lo "criminal" como una estructura promotora a partir del siglo XV hacia la complicidad social.

Como decisión de gran impacto en la política mundial repercute en sus planes posteriores al comprender la necesidad de avanzar en lo ideológico hacia el proceso de una revolución subrogada a una atmósfera política que le precedía y que le mantendría por obvias razones en reserva en aquella burocracia colonial implicada en hacer sumar todos sus esfuerzos para construir el aparato político y la organización económica que requerían y, a la que se dedicaron en responderse en sus propios propósitos por la necesidad de protección consolidando y legitimando los grupos de interés y los de autoridad para poder profundizar sus políticas periféricas afianzando así el sentimiento de soberanía política por el sometimiento militar y la subordinación social y, ejerciendo la obediencia institucional y construyendo el nacionalismo ya mencionado.

Considerando estas cualidades contributivas para la formación del aparato político; la organización económica; la consolidación y legitimidad de los grupos de interés; y del poder de autoridad; el proceso de desmantelar las corporaciones militares y religiosas requería de la agitación política y de una revolución política externa o influida hacia una interna o invasiva, que modificara los argumentos de la sociedad sobre la sensibilidad del conflicto de los intereses periféricos y, la fragmentación del gobierno metropolitano; pero la independencia o emancipación, como repuesta política era posible solo en la medida que el sometimiento con subordinación, elemento objetivo, afectara la obediencia institucional y el nacionalismo económico, como elemento subjetivo, sin descuidar la influencia del carácter religioso-criminal en la estructura del aparato político y su organización económica y la consolidación y legitimidad de los grupos de interés y en la autoridad.

Estas ideas se plantean para un hombre sin derechos civiles y libertades políticas enfrentado a una sociedad con incapacidades morales debida a la esclavitud política impuesta en la cual se puede convenir en aplicarle el perspectivismo histórico y, suponerle la obligación a ese hombre de existir como cosa a la vez que otra como ser aristotélico; lugar en el cual, la subjetividad del poder es ortodoxa y coincidente con la idea nueva que Francisco de Miranda nos cuenta al poder hacerse un examen acerca de su (a) "empirismo histórico"[46] o racionalidad aristotélica interpretable con las ideas de John Locke[47] por su experiencia política y, con (b) "la moral práctica"[48] o justicia

---

[46] Se corresponde mi apreciación con el empirismo moderno de John Locke, desarrollado con absoluta claridad en su obra **"Ensayo sobre el entendimiento humano,"**, obra desde la cual estudia el origen, alcance y certeza del conocimiento humano, así como también sus fundamentos; rechazando las tesis innatistas de los racionalistas. La fundamentación del empirismo histórico se especifica en que todos los conocimientos provienen de la experiencia a través de los sentidos, bien sea originada por sensación — los sentidos externos proporcionan ideas de las cualidades sensibles — , o, reflexión — operaciones mentales que proporcionan ideas sobre las actividades de pensar, dudar, creer, razonar, percibir, etc. —, como dos de sus formas de origen; sitio desde el cual las ideas —simples y complejas— resultan como tales a partir del resultado causado por sus cualidades —primarias y secundarias —donde la menta humana es la que las elabora partiendo de datos sensibles dando a la idea su sustancia.

[47] John Locke, trad. De Edmund O' Gorman, 2a edición, México, FCE, 1999. Ensayo sobre el entendimiento humano.

[48] Las ideas morales, también se derivan de la experiencia y no del intelectualismo y se demuestra la moralidad como las matemáticas, de modo que sin espacio para no considerar lo bueno y lo malo, como placer o dolor, según corresponda;

social en perspectiva con la libertad; todas las cuales, entre si definen el destino en la historia hispanoamericana del poder tiránico de España contra el hombre universal y, contra una sociedad nueva que buscaría legitimarse por la identidad nacional, como pueblo; por la libertad[49] política, por el hombre; y por la igualdad; como sujeto social.

A todo este silogismo, vale la pena acotar para comprenderle a Francisco de Miranda, aceptar el pensamiento moderno sobre el perspectivismo de José Ortega Gasset sobre el de Nietzsche y, lo importante que implica conocer a John Locke en estas líneas del pensamiento; aunque lo más interesante, sea saber por esto mismo que él reunió información considerable en sus postulados constitucionales cumpliendo los requerimientos con sus experiencias tan importantes para la vida política del continente y, que aportó también ideas sustanciales para la historia política de los pueblos de la América Hispana entre las que se pueden mencionar: incorporar la carta política como norma para hacer gobierno con libertades, en oposición a la voluntad unipersonal del rey; justificar la soberanía territorial como autoridad suprema del poder público, como búsqueda por la independencia; adoptar el control político para la separación de los poderes públicos de la autonomía del poder y para conceder y sostener el régimen de libertades civiles y; escoger formas de administración pública fundamentadas en la autonomía de las instituciones políticas.

Sobre el mencionado perspectivismo, hay que recalcar del mismo que cada individuo define su propia perspectiva en pugna con los

---

el bien moral, queda entendido como de conformidad con las acciones voluntarias de la ley.

[49] Es importante, tomar en consideración el postulado de John Locke, cuando en oposición a otros teóricos de la política como Hobbes, expone que la libertad del hombre está limitada por Ley natural : el derecho a la vida, el derecho a la integridad física, y el derecho a la propiedad, entre otros más; y sostiene que esa Ley natural, es la responsable de unir a los hombres en sociedad bajo el pacto social para preservar los derechos naturales que le corresponden, todo esto es posible recogerlo de su obra "Sobre el gobierno civil".

demás sobre el mundo; considerándose así, una ruptura con el conocimiento practico en búsqueda de la realidad que el sujeto en ese momento le corresponda por interpretaciones; en otras palabras, esto significa para Nietzsche que el problema del conocimiento visto desde la relación del hombre y su mundo lo enfrenta tomando de la vinculación de esa realidad a una determinada perspectiva y de su desfragmentación de toda pretensión de acceso a esa misma realidad desfundamentando el conocimiento e interponiendo sobre el otras perspectivas con experiencias distintas.

José Ortega Gasset, como he mencionado agrega a esto su Circunstacialismo, donde la acción del sujeto les da sentido a esas circunstancias; aunque, con Nietzsche para alcanzar esa realidad con el superhombre y por esa perspectiva, es asunto del porvenir por el cual él concibe la realidad tal como ella es, pero no es suficientemente fuerte. Es así, entonces como es pertinente en el sentido de nuestro objeto de estudio, por ahora mencionar que otra problemática para Nietzsche es incorporar la genealogía de la moral, como modo de conocimiento de la historia derivada de la moral que no es relativista como el perspectivismo, pero lo implica. por cuanto su teoría afirma que solo desde una perspectiva dada y con el diagnostico de su presente es posible aproximarse al pasado para obtener conocimiento del mismo con efectos para la sociedad del presente.

Por estas razones, el "Perspectivismo histórico de Miranda" propuesto, podría determinar el fracaso de la participación política de la sociedad en Hispanoamérica en una atmósfera viciada y alejada de su destino político en el pasado y, aun asfixiada; por lo cual, como teoría es consistente para comprenderse el espíritu de la revolución ajustada a los principios políticos de libertad; identidad; e igualdad; que entre sus generalidades traducen el orden en el obrar y dirigir los hombres

Espíritu, principios y generalidades

Francisco de Miranda, enfrenta en ese escenario complicado y complejo el problema de la desviación del nacionalismo, que no era más que un efímero regionalismo; y cuya doctrina, exigía congruencia entre la unidad nacional y política sin límites étnicos; y termina imponiendo sobre ellos las reglas sobre "el orden en el obrar" ó "el orden en el de dirigirse", determinantes del cambio o de la perspectiva para él.

Ahora bien, allí se puede observar que sus reglas, sobre el obrar y dirigirse, unas más complejas que otras y distintas; reclaman la atención por el privilegio del orden y se sabe que provienen unas tanto de la experiencia de los sentidos a partir de las cualidades sensibles, como otras de las operaciones cognitivas a partir de las actividades del pensar, el creer, razonar y dudar, perfeccionadas a estos fines como "el conocimiento de"; así como otras más de ellas mismas, que al consolidarse como bienes morales se entienden comprendidas de conformidad con las acciones voluntarias de ley o de la moral practica o de la justicia social, representando "la experiencia para".

Ambas partes de esta ecuación social, que representan razón y ética, sirven para resolver parte de la problemática de la revolución política y su asincronismo en relación con las reglas del orden derivadas del obrar y dirigirse el hombre para Francisco de Miranda; quien resolviendo el dilema separa en lo sustancial de la institución Estado su identidad en el poder político de lo económico, privilegiando así todo aquello que se le podía unir.

Todas las particularidades contributivas sobre el espíritu, principios y, conceptos generales, en la teoría del cambio institucional sobre esa perspectiva y, que esa revolución demandaría, constituyen sus reclamaciones o reivindicaciones inmateriales, donde la "experiencia para" y "el conocimiento de" son sus partes y conforman el espíritu y los principios de la teoría del perspectivismo con él.

El conocimiento de

Pues, bien el "conocimiento de" se puede explicar con el empirismo histórico o moderno de John Locke[50]; por cuanto, se justifica desde la experiencia adquirida a través de los sentidos; bien sea por la sensación que proporcionan ideas a partir de las cualidades sensibles o, por reflexión con resultados dados por las operaciones mentales que proporcionan ideas a partir de las actividades del pensar, el dudar, el creer, el razonar, y el percibir ; procesos por los cuales, tanto para uno como para el otro, las ideas simples y complejas por sus cualidades primarias y secundarias dan como resultado datos que le dan sustancia ideológica.

Estas operaciones aparecen como legitimas denuncias en sus papeles de trabajo constitucionales del 5 de marzo de 1790 muy apreciables al demandar la privación de libertades y al referirse a la dominación social, como ideas acerca de los problemas sobre (a) la restricción de libertades; (b) el conflicto de castas; (c) la dominación política incondicional; (d) la segregación y la persecución religiosa y; (e) el estado de atraso intelectual. A verbigracia lo veremos subrayado a continuación,

> «La América española desea que la Inglaterra le ayude a sacudir la (a) <u>opresión infame</u> en que a España la tiene constituida; (b) <u>negando a sus naturales</u> de todas clases el que puedan obtener empleos militares, civiles o eclesiásticos de alguna consideración, y (c) <u>confiriéndolos sólo a españoles</u> europeos de baja esfera por lo general, que vienen allí únicamente para enriquecerse, ultrajar, y oprimir los infelices habitantes, con una rapacidad increíble, prohibiendo aun a la nobleza americana, el que pase a España ni a ningún otro país extranjero, sin licencia particular del

---

[50] Ensayo sobre el entendimiento humano", John Locke, trad. De Edmund O' Gorman, 2a edicio, Mexico, FCE, 1999.

Rey, que rarísima vez se concede; verificándose así el tenerlos aprisionados sin causa ni motivo alguno, y lo que es más aún, (d) oprimir también en entendimiento, con el infame tribunal de la Inquisición, que prohíbe cuantos libros o publicación útil parezca, capaz de ilustrar el entendimiento humano, que así procuran degradar, (e) haciéndole supersticioso, humilde y despreciable, por pura crasa ignorancia. ».[51]

Otra de sus ideas vinculadas se refiere a la conquista de la libertad al publicar que,

«Los pueblos de varias Provincias de la América en la desesperación, con el exceso de tributos, injusticias, y toda suerte de abusos, se han sublevado en diversos períodos; más sin conseguir el alivio que buscaban, porque viniendo a someterse al fin, han aumentado más bien sus calamidades. Caracas se levantó por los años de 1750. Quito en 1764. México trataba su Independencia con la Inglaterra en 1773. El Perú estuvo sublevado en marzo de 1781 y en el mes de junio de este propio año (1781) el Reino de Santa Fe de Bogotá en Rebelión, expulsó al Virrey y tropas europeas, quedándose el pueblo dueño del país. Vinieron a una capitulación después en que el Rey se sometió a todo, ofreciéndoles cuanto deseaban; y luego que recobró el poder, rompió dicha estipulación, faltó a su palabra, y les ha tratado con la mayor crueldad, propasándose aun a hacer aprisionar otros sujetos de primera distinción en aquellos países, por órdenes arbitrarias, o *"Lettres de Cachet"*, sin que estas personas hubiesen dado el menor motivo para ello»[52].

---

[51] Colombeia, Tomo I, pp. 59-62
[52] Colombeia, Tomo I, pp. 59-62

La experiencia para

La otra de sus reclamaciones es "la experiencia para", la cual se sirve de la moral practica y de las ideas morales que provienen de la experiencia y no del intelectualismo, pertenecientes al bien moral entendido y condicionado de conformidad con las acciones voluntarias de la ley. Es autentica de la inteligencia de la cual se debe aclarar la diferencia existente entre el valor de la voluntad y el de la libertad, por la facultad de la inteligencia; por cuanto, la voluntad, es la facultad de elegir lo que previamente se ha conocido por la facultad de la inteligencia y, la libertad encuentra en el hombre su raíz desde la voluntad como principio.

Esta reflexión, permite decirse que sus ideas morales son bienes por acción y reacción de su inteligencia con resultados influyentes en la moralidad de la instituciones coloniales que hasta el presente se sostienen y son tales como: (a) la libertad política, por el ejercicio del juicio como criterio, como bien moral político; (b) la garantía jurisdiccional, por el omnipotente Estado, como bien moral jurídico y; (c) la descentralización del poder, por la participación, como bien moral social; todos en absoluta correspondencia entre sus papeles constitucionales del 2 de mayo de 1801 que además son consistentes con el marco político de su época entre los escritos de John Locke; Charles Louis de Secondat o Barón de Montesquieu[53]y de Jean-Jacques Rousseau.

---

[53] Llegado a este punto, de manera especial esos nuevos críticos o pensadores toman de Montesquieu, la libertad política que sólo existía en los Estados donde hubiera separación de Poderes, derivándose en consecuencia, más que dicha separación de Poderes, la definición de potestades; aunque lo que John Locke no definió sobre Libertad Política, sí lo siguió Montesquieu, quien lo terminó definiendo más bien como competencias, funciones y potestades; en lugar de división de Poderes; pero que de hecho era entendida más como una doctrina legal, y pasó a convertirse en el principio de organización del Estado Moderno, que está también contenido en el Proyecto Político de Francisco de Miranda. De manera que luego el concepto de potestad —aunque Montesquieu y John Locke, serían los teóricos del Absolutismo— quedó representado como: la voluntad general del Estado —hacer leyes—, de ejecutar esa misma

La importancia capital de estos bienes morales para la formación del Estado necesario y de la identidad política, es no solo el contenido coercitivo que implican; sino también, el mérito de haberse ajustado ellos mismos al sometimiento del Estado y la Ley que el mismo produce consagrando el Estado de Derecho y el principio de legalidad como teoría de ley y como acto de voluntad general, al someter a los particulares y al mismo Estado a que las competencias del Estado, se redujesen a hacerlas y a ejecutarlas, todo para la salud política y en armonía con la libertad política como derecho irrenunciable.

Este criterio político, aparece muy ampliado y está cerca de la participación política en los cabildos por los comicios y por la organización política de las asambleas, a través del sufragio censitario, cual como experiencia se prescribe en el que,

> «…todos los habitantes nativos o ya afincados en el país, cualquiera sea la casta a que pertenezcan, siempre que hayan cumplido los 21 años, hayan jurado lealtad a la nueva forma de gobierno y a la independencia americana, que tengan una renta anual de 36 piastras, que hayan nacido de padre y madre libres, que no ejerzan servidumbre doméstica, ni hayan sufrido pena infamante».[54]

Otros de sus bienes morales de alto alcance para la vida social democrática que él indicaría en la instituciones coloniales fue conceder el derecho a los indios y gentes de color como ciudadanos para elegir a sus alcaldes y administrar justicia y la policía, durante y después de la guerra con las reservas de ley a las Asambleas Provinciales del poder federal[55]; además, de delegar autoridad por las asambleas de

---

voluntad general —labor ejecutiva— y finalmente juzgar. De tal modo que ese requerimiento de equilibrio político del Precursor quedó también patentado para nosotros, gracias a su experiencia y conocimiento político.

[54] Francisco de Miranda: Colombeia, Tomo III, pp. 88-89.
[55] Francisco de Miranda: Colombeia, Tomo III, pp. 88-89.

ciudadanos[56] al escoger a los electores[57] con representación nacional[58] en la formación del gobierno federal; a las asambleas provinciales legislativas[59] para elegir al poder ejecutivo en las provincias —Curacas [60]— y, a la Dieta Imperial —elegida por las provincias y sus

---

[56] «Son ciudadanos americanos: 1) Todos los nacidos en el país, de padre y madre libres. 2) Todos los extranjeros afincados y casados en el país que, De la misma manera, hayan prestado juramento de lealtad al nuevo gobierno, o que, siendo solteros, [participación en la gesta] hayan participado en dos campañas por la independencia americana». En Idem. [Acotación nuestra].

[57] «…asambleas estarán compuestas por todos los ciudadanos americanos que cumplan además los requisitos exigidos por la Constitución. Estos requisitos son: una propiedad raíz de 10 arpentes de tierra como mínimo y más de 21 años. El gobierno cuidará de distribuir a cada indio (que no posea propiedad suficiente) diez arpentes de tierra si es casado y cinco si es soltero. Los ciudadanos que no cumplan estos requisitos no podrán votar en los comicios, pero gozarán de los demás derechos, perteneciendo a la clase de los ciudadanos pasivos». En Idem.

[58] «…cierto número de ciudadanos elegidos entre los ciudadanos activos del distrito y formarán un cuerpo de electores para la representación nacional. Sus funciones serán las de velar por la vigencia y la administración de las leyes administrativas, las cuales no se extenderán más allá de las de los miembros que formen parte de las asambleas provinciales. Su edad no podrá sobrepasar los 25 años y deberán tener una renta anual de 500 piastras». En Idem.

[59] «Estas asambleas estarán compuestas por un cierto número de miembros, elegidos entre los ciudadanos activos del imperio americano. Su función será la de velar por el bienestar y la administración de las provincias. A ese efecto, podrán promulgar leyes administrativas, que sólo tendrán vigencia en la provincia y que en ningún caso se opondrán a las leyes generales. Nombrarán, entre todos los ciudadanos americanos, a aquellos que integrarán el cuerpo legislativo, y gozarán del derecho de peticionar ante dicho cuerpo. Su edad será de treinta años y serán dueños de una propiedad raíz de 100 arpentes de tierra. La duración de las autoridades será de un lustro, o cinco años». En Idem.

[60] «…elegirán asimismo a dos ciudadanos, entre todos los ciudadanos americanos, que ejercerán el Poder Ejecutivo en la provincia durante cinco años. Su título será el de Curacas, la edad requerida superior a treinta años y deberán ser dueños de una propiedad raíz de 150 arpentes de tierra». En Idem.

representantes— para designar el poder ejecutivo[61] —Incas—para hacer las gestiones del Estado[62].

---

[61] «El cuerpo legislativo se compondrá de representantes nombrados por las diferentes asambleas provinciales, en número correspondiente a la población de la provincia. Serán elegidos entre todos los ciudadanos de la provincia respectiva, deberán tener una propiedad raíz de 150 arpentes como mínimo y treinta y cinco años. Esta asamblea se denominará Dieta Imperial, y será la única responsable para legislar para toda la federación americana. Estas leyes se promulgarán por simple mayoría de sufragios, pero deberán ser sancionadas por el Poder Ejecutivo, el cual tendrá derecho a volver a enviar el proyecto Vedia, añadiendo sus observaciones. Si luego de esto, la Dieta insiste en la misma ley por una mayoría de los dos tercios de sus miembros, el poder ejecutivo deberá aceptarla y ponerla en ejecución sin demora, como ley gubernativa. Si los dos tercios de la Dieta consideran que una ley constitucional determinada debe ser reformada o cambiada, el poder ejecutivo estará obligado a someterla a las diferentes asambleas provinciales, para que den su asentimiento, y si las tres cuartas partes de las asambleas la sancionan, será aprobada y puesta en ejecución. Viceversa, las asambleas podrán tomar la iniciativa al respecto, y si las tres cuartas partes de la Dieta lo aprueban, tendrá fuerza de ley y será puesta en ejecución. La duración de los poderes [períodos definidos] de la Dieta será de un lustro (o cinco años). Sus miembros podrán ser reelegidos para la Dieta siguiente». En Idem. [Acotación nuestra].

[62] «Este poder será nombrado por la Dieta Imperial, la que elegirá entre todos los ciudadanos del imperio a dos ciudadanos que tengan más de cuarenta años, una propiedad raíz de 200 arpentes de tierra, y que hayan ejercido uno de los grandes cargos del imperio. El cargo durará un lustro, y la misma persona no podrá ser reelecta durante un intervalo de cinco años. Su título será el de Inca, nombre venerable en el país. Uno de los Incas permanecerá constantemente junto al cuerpo legislativo, en la ciudad federal, mientras el otro recorre las provincias del imperio. Los incas nombrarán asimismo dos ciudadanos, para ejercer el cargo de Cuestores o Administradores del tesoro público; otros dos, para el de ediles, que se encargarán principalmente de la construcción y reparación de las grandes rutas del imperio, etc.; y otros dos, con el título de Censores, que se encargarán de levantar el census del imperio, de velar por la instrucción pública y por las buenas costumbres. La edad requerida para todos los cargos será de treinta y dos años, y la duración de un lustro».

La libertad política

Las reclamaciones inmateriales se representan como las unidades necesarias para conducir los elementos objetivos y subjetivos de una realidad al reconocimiento del devenir histórico por conjugación de la razón y la ética, al tiempo de comprender con ellas que el cambio es evolucionista, y es hacer revolución. Aquí podemos encontrar que la filosofía del idealismo y racionalismo participan perfeccionando la utopía del Dualismo de Platón y Agustín, en cuyo caso el resultado es el derecho a gobernarse; pero no en las colonias administradas por las corporaciones militares del rey con su fuerza física —sometimiento militar— en alianza con los cuerpos de paz de la iglesia católica como representantes del rey en la tierra y en el cielo —subordinación social— alentando la obediencia o dominación; sino adversando por agitación la tiranía para imponer el peso de la libertad política que llevaría adelante Francisco de Miranda y que lo conduciría hacer posible una nueva institucionalidad incorporando (a) la carta política para hacer gobierno con libertades, en oposición a la voluntad unipersonal del rey —constitución política— ; (b) el derecho de los pueblos a gobernarse a sí mismos —la soberanía política— como autoridad suprema del poder público en la búsqueda por la independencia; (c) la separación de los poderes públicos y la autonomía del poder para conceder y sostener el régimen de libertades civiles —control político jurisdiccional— y; (d) finalmente sobre las formas de administración pública —formas de gobierno y Estado—.

Las contradicciones surgidas por estas enmiendas por "el orden" como juicio político, aun constituyen ser esas imperfecciones que, en el pasado en lugar de sufrir por su ignorancia, era y es aún mejor abandonar interpretarla que cambiarlas; creando en consecuencia formas asincrónicas y resistentes a los cambios que él proponía y que persisten.

La consecuencia de su sostenibilidad como característica está determinada desde Saint Simón y Condorcet, quienes atribuirían a las imperfecciones por hábitos, o, por el resultado de sistemas religiosos, legales y políticos del pasado, ser fuerzas de ese mismo orden que podían enfrentar con el desarrollo del conocimiento los males sociales acumulados por la ignorancia del pasado a través de una acción pública; lugar desde el cual Francisco de Miranda hizo todo lo posible como recompensa moral que sucediera en su lugar como una revolución proveniente de aquellas instituciones que permitiera librarse de esas imperfecciones, pero que no resulto del todo del mejor modo.

Estamos convencidos, en las colonias, incluso después de la mudanza política y como parte del viejo orden social y político metropolitano; que la libertad y sus imperfecciones para algunos pensadores del siglo XVIII se consideraba ser la primera necesidad de sus feligreses concebible de la misma manera que fuera recibir el pan verdadero en lugar de construir un cielo en la tierra, a lo cual les era preferible otro, sin la Iglesia y el Estado. Convicción que, como tal, otros radicales hicieron esfuerzos para reconocer estas inconsistencias tales como el abate Mably quien sostuvo que "[…] para ser un hombre nuevo sin esfuerzo … evito exponerme a la tentación]" [63] y Morelly, al sostener que "[…] donde no existió propiedad, no puede aparecer ninguna de sus perniciosas consecuencias"[64].

Todas estas razones, demuestran en pocas palabras la madurez política de una sociedad oprimida que trata sobre las desigualdades políticas de la que con mucha seguridad buscaría hacer posible pensarse que las experiencias sobre la libertad para Miranda, signifiquen más en la actualidad que su propia doctrina como liberación de las cadenas o imperfecciones y, que en su lugar sea además el renacer del hombre desde la ignorancia y la pobreza, por la opresión y la injusticia a una mejor condición de vida en libertad, que no se perfeccionaba en el servicio a Dios por sumisión al pecado original y a la esperanza en la rendición en el otro mundo como hicieron creer al hacer consistentes que las instituciones políticas eran el resultado de los actos pecaminosos del hombre; sino todo lo opuesto, por cuanto para Francisco de Miranda consistía en

---

[63] *Œuvres*, París, 1794-5, Vol. IX, p. 35. De la législation
[64] *Ibid.*, p. 30

todo aquello de sumar a súbditos y soberanos, para solucionar la desarmonía social.

En consecuencia, debemos saber que para él los pensadores franceses del siglo XVIII que cooperaron contra lo arbitratorio apoyando el régimen racional con leyes sociales armónicas, aclaradas la interferencia y la influencia, no eran absolutos; y compartió el criterio adelantado que ello de que la sociedad requería más que de un simple cambio de gobierno y cooperación armoniosa, porque, lo trascendente era que la libertad significase la armonía de cada yo a cuya voluntad cooperase en perfecto equilibrio para la felicidad de los demás en aquella sociedad mutilada por sus imperfecciones institucionales

En pocas palabras, su vocabulario por la libertad procuraba el espíritu del hombre en el proceso de conformación de sus instituciones políticas; considerándolo "[…] como base de todos sus planes de gobierno y de sus proyectos constitucionales]"[65] y sometido al imperio de la "[…] libertad subordinada al orden, única garantía de bienestar permanente y de progreso constante en una sociedad]"[66]; pero, era una Libertad irreducible, que se explica dado el hecho de que las facultades de la inteligencia y la voluntad permiten obtener lo que previamente se ha conocido por las experiencias, dando lugar al ejercicio de la "[...] libertad sabiamente entendida, gobierno libre y sabio, sabia y juiciosas libertad civil,]"[67] que sostuvo en toda su carrera política.

Conclusión

Habiendo estudiado el perspectivismo histórico (teoría) es posible suponer que si la ética —conocimiento de — y la razón — la experiencia para— provenientes de la moral practica o justicia social y del empirismo histórico respectivamente ; como reclamaciones

---

[65] Carmen L., Bohórquez Morán: Francisco de Miranda, Precursor de las independencias de la América Latina, UCAB, Caracas, 2000, p. 292.

[66] Ídem.

[67] Ídem.

inmateriales, son constitutivas del soporte ideológico por el cual la libertad política con Francisco de Miranda es el principio y el poder que nos da la razón y, más inmediatamente la voluntad de hacer o no; de obrar o no; de efectuar o no consideraciones o acciones deliberadas por el fin último de las instituciones políticas como bien propio perfeccionado ante una revolución carente de unidad política y nacional en una sociedad accidentada; (causa) entonces, podríamos indicarle que los criterios políticos de bien público[68]; autoridad[69]; viejo institucionalismo[70] y; coacción- conducción[71]; del

---

[68] **Bien público**: Sirve para la **regulación de conflictos por medio de normas constitucionale**s y surgen de las luchas por el poder y son de consenso general asegurando el orden sin costo de coacción y además sus beneficios no se agotan por la observación coactiva. Como tales son indivisibles y su uso no admite la exclusión de terceras personas por cuanto son intrasmisibles por el mecanismo del mercado y se corre el peligro de ser insuficientes o que no contribuyan.

[69] **Autoridad: Otorga deberes y derechos para la acción política** orientada a la relación entre los individuos en el contexto de sus intereses individuales y a las ideas e ideales colectivos.

[70] **Viejo institucionalismo:** La emancipación del pensamiento institucional del derecho natural se inicia con Thomas Hobbes en el siglo XVII con su institucionalismo anetico en el que consideraba al Estado como instituto de coerción donde el orden político se sirve para impedir la guerra de todos contra todos **El interés común era la restricción de los impulsos destructivos colectivos exigiendo la sumisión de la sociedad** en forma de contrato bajo un dominio político centralizado donde es válido también como postulado decir que donde las instituciones no solo se domaban las pasiones individuales — mal supremo de la guerra civil — si no también fomentaba la acción comunitaria —paz interna y externa y de la oportunidad de la libertad individual y justicia social — **El Estado coercitivo** desaparece con el Utilitarismo de la filosofía moral escocesa (David Hume y Adam Smith) que diferencia las instituciones políticas en función al interés de una nación naciente con derechos frente al Estado, de la cual Burke distingue que la autonomía institucional se corresponde con separarse de las teorías contractualistas por un institucionalismo orgánico propio de la jurisprudencia alemana

[71] **Coacción – Conducción:** El **conflicto entre revolución y restauración** del orden o la paz con instituciones políticas en conflicto conlleva a la búsqueda del equilibrio por la vía de la vinculación institucional, lo cual es común en Constituciones políticas inestables. Allí la frialdad de las instituciones y las pasiones de la comunidad enfrentadas derivan atrasos importantes en sus

enfoque institucional contemporáneo con respecto al siglo XVIII: (a) determinan que las instituciones son el vehículo de la sociedad con la acción humana que se imponen sobre el mismo para obtener provecho social de su funcionamiento y de la medida de coacción que ejerce sobre nosotros y, (b) consideran el comportamiento relevante de ellas sobre los individuos para comprender a la sociedad de ese

---

repuestas con impacto en la relación entre individuo e institución. Hay que explicar por un lado que el idealismo alemán busco revertir esta condición por medio de la institucionalización de la relaciones sociológicas y morales, del cual surge el Corporativismo de Fichte, Müller y Hegel con el cual se llenaría ese vacío para frenar el conflicto con instituciones orientadas a la formación de comunidades y sobre las cuales se erige el Estado. Y por el otro, que las ambigüedad de las instituciones políticas de garantizar la libertad y restringirla a la vez, la encontramos en la teoría política donde las instituciones se corresponden con la función básica para el progreso social y el desarrollo del Estatismo moderno donde Max Webber supone **la racionalización de la dominación de la esclavitud política burocrática** y, Carl Schmitt por excepción política excluye **el dominio ilimitado de las instituciones sobre cualquier orden legal vigente** Aquí aparece la crítica política y radical que concebía el sacrificio del sujeto hacia la institucionalización contra las instituciones entre el siglo XIX y XX, critica que como tal se presenta como una revolución contra las instituciones consideradas como obstáculos mostrando un desprecio hacia ella realizable por el fascismo y el socialismo. **Las instituciones políticas son de esta manera instrumentos para mantener el poder a través de estrategias por las cuales las elites políticas se vinculan al sistema de reglas estableciendo un poder comunicativo trascendente y adverso a las normas que lo integran desde donde cabe destacarse el fascismo s y el culto a la personalidad del socialismo d**esvirtuando las orientaciones institucionales a la transición de formas personales de dominio político —**Degradación de las instituciones políticas en el marxismo y la violación del Estado de Derecho en el fascismo europeo**— Los principios institucionales de la democracia o constitucionales (representación, división de poderes, y libertades) y el proceso de descomponerlo para juzgarlo con el Estado de Derecho, planteo como solución de conflictos la "**paz constitucional**" como solución institucional a la controversia y la "**paz escatológica**" que promete la liberación del conflicto, no dejando dudas que la paz institucional de la constitución es una paz politológica De aquí se deriva que el problema de las instituciones deriva en una solución no violenta de conflictos o en una teoría de la paz, en la que las instituciones políticas deberían responder a como deberían ser las instituciones políticas para garantizar el equilibrio justo de intereses.

entonces hasta el presente su interacción de la cual surgen las normas sociales fundamentadas en la aprobación social; influyendo sobre la autoridad política y el orden social o el pacto social hacia la gestión del fenómeno de la complicidad social en Hispanoamérica desde el siglo XVIII hasta el presente. (consecuencia)

Para la historia de la humanidad y sobre todo en Hispanoamérica, cuna de la tercera revolución del mundo occidental el pensamiento político de Francisco de Miranda se define "[…] en tanto hombre de su tiempo, (que lo sitúa) enteramente en el marco de las referencias fundamentales de la Ilustración: la preeminencia de la virtudes [72] de la razón, el orden como fuente de bienestar y, la fe en el progreso ilimitado del hombre] [73] de quien podemos afirmar que si por hábitos el hombre ha licenciado su voluntad de elegir de los medios para conseguir un fin último, que no puede ser objeto de elección reduciéndole por su modo natural y necesario como fin supremo y por su tendencia a lo abstracto y general; es oportuno entonces, advertir que la elección de los medios en él, considera al fin último como deseado en cambiar la realidad política donde no todos los hombres coincidieron en sus deseos que podían modificarse a discreción.

---

[72] La virtud es una cualidad moral que busca la plenitud y excelencia en el hombre, manifiestas a través del intelecto, la voluntad y de sus emociones; de las cuales surgen como tales la prudencia, la fortaleza, la templanza y la justicia consideradas como virtudes cardinales.
[73] Carmen L., Bohórquez Moran: *Óp. cit.*, p. 291

CAPÍTULO 7

CONSECUENCIAS OBSERVACIONALES

Enunciados empíricos

En el descubrimiento del problema expuesto surgen enunciados teóricos con propiedades capaces de dar cuenta de lo empírico y que son además constitutivos de aplicar el método hipotético deductivo; por el cual, ya se ha planteado la hipótesis de partida y, las consecuencias observacionales que podrían hablar a favor de la hipótesis, más adelante se describen.

Vale la pena, en este sentido explicar del problema que la correspondencia entre hombre nuevo y la institución en Hispanoamérica, globalmente evoluciono a partir del siglo XVIII del enfoque funcional-estructuralista de la sociología sobre las instituciones cubriendo puentes con otras disciplinas que influenciaron en la dirección de las sociedades por el hombre en su preocupación acerca de los estudios políticos por las instituciones políticas; por el diseño constitucional y, por el buen gobierno; incluyéndose aquí el estímulo al intercambio humano, limitar las elecciones de los individuos y, someter a sanciones a sus transgresores cuando se violan las condiciones del intercambio.

Sobre este particular, es por demás interesante destacar que Emile Durkheim[74] en sus trabajos concibe a las instituciones cómo hechos

---

[74] Emile Durkheim, Socioleg de la moral, Luis Flaquer, Editorial UOC, Barcelona, Primera edición 2011

sociales representados de múltiples formas dadas por las experiencias de la vida colectiva, creencias y la conducta humana, que incluyen a la familia, las tradiciones y a el mismo Estado; aunque, también es cierto saber que surge de allí la tesis moderna de Max Webber entre formas más específicas de ellas al indicar de mejor modo ser en su lugar, el Estado y las leyes, y los enlaces entre personas en lo fundamental.

Visto el enfoque de la nueva institución, por así decirlo en esas palabras y por su influencia en todos los aspectos de la vida social del hombre; se puede advertir que ella expresa la visión más utilitaria del hombre en el mundo político y su uso es axiomático e indispensable por los pensamientos comunes del hombre y sus acciones; razón que me permite establecer que sea una necesidad repensar en la actualidad la historia institucional en Hispanoamérica con respecto a su pasado que nos llevaría con mucha seguridad a determinar diferentes horizontes para la vida política siguiendo el capital político heredado de Francisco de Miranda.

En consecuencia, esta tarea requiere aplicarle por el método científico a las circunstancias los juicios de valor o criterios de la Teoría del perspectivismo con Francisco de Miranda a la hipótesis fundamental de la Complicidad Social; estipulando que cada individuo define su propia perspectiva en pugna con los demás sobre el mundo en la búsqueda del devenir histórico al que el sujeto en ese momento le corresponda tener o apropiarse por sus particulares interpretaciones en circunstancias objetivas y subjetivas.

Vale agregar, sobre el particular asunto que la asociación entre hombre e instituciones, y las reclamaciones inmateriales éticas y razonables justificadas por el empirismo histórico y la justicia social, se ajustan del mejor modo al cambio por la revolución ideológica iniciada para Hispanoamérica por Francisco de Miranda; por una parte, conformada con el rechazo de la tesis innatistas de los racionalistas al tiempo de dar paso a pensar que la fundamentación del empirismo histórico especifica todos los conocimientos provenientes de la experiencia a través de los sentidos, bien sea originada por sensación — los sentidos externos proporcionan ideas de las cualidades sensibles — , o, reflexión — operaciones mentales que proporcionan ideas sobre las actividades de pensar, dudar, creer, razonar, percibir, etc. —; desde la cual, las ideas —simples y complejas— resultan causadas por sus cualidades —primarias y secundarias — y elaboradas partiendo de datos sensibles que le dan a la idea su sustancia y; por la otra parte, que las ideas morales se derivan de la experiencia pero no del intelectualismo y, se demuestran sin lugar para no considerar lo bueno y lo malo o el placer o dolor de ellas, según corresponda; quedando reservado que el bien moral es entendido de conformidad con las acciones voluntarias de la ley.

Ese cambio es una actividad autentica de la inteligencia que requiere ser diferenciada como he dicho entre el valor de la voluntad y el de la libertad por la facultad de la inteligencia; por cuanto, la voluntad, es la facultad de elegir lo que previamente se ha conocido por la facultad de la inteligencia y donde la libertad, la protagonista, encuentra su raíz desde ella misma, es decir de la voluntad.

Por mucha razones, debo decir que la acción de la voluntad para hacer, obrar, o actuar por el propósito de un fin ultimo sobre un bien como — (a) la libertad política, por el ejercicio del juicio como criterio, como bien moral político; (b) la garantía jurisdiccional, por el omnipotente Estado, como bien moral jurídico y; (c) la descentralización del poder, por la participación, como bien moral social— enfrentado a adversidades en sus cambios como lo fue la institucionalidad política del siglo XVIII; requiere de instrumentos científicos que hoy definan la regulación de sus conflictos constitucionales —como bien público—; oriente las relaciones de poder con respecto a la sociedad —como autoridad—; aclare la restricción de los impulsos naturales y equilibre las fuerzas coercitivas del Estado —como viejo institucionalismo—; y conduzca el equilibrio del conflicto entre revolución y restauración del orden —como revolución y restauración—.

Aportes a la estructura deductiva y sus observaciones

Sobre las categorías del bien moral —libertad política, garantía jurisdiccional, y descentralización del poder político— y las observaciones verificadas por experimentos sociales voluntarios de la misma sociedad surgen razones —consecuencias observacionales— para justificar la hipótesis fundamental de la Complicidad social —alejada de generalizaciones, en cuanto que no excede en su descripción de la realidad el numero finito de casos de los que disponemos y que aun conteniendo términos teóricos que hacen afirmaciones acerca de lo observable que se sabe no pueden ser sometidas al proceso de verificación directa— en Hispanoamérica como son la: (a) discriminación social, (b) corrupción política, (c) gobiernos asintomáticos, (d) el estado hostil asociado al terrorismo institucional, (e) la desintegración política hemisférica, y (f) finalmente la crisis de pueblo; derivadas por la desaplicación de las reclamaciones inmateriales y por la excesiva afición a obrar causando como desviaciones sociales asimétricas y específicas en la geografía de América del Sur: (a) las paradójicas desigualdades sociales de Brasil forjadoras de cinturas de miseria; (b) en México y Venezuela la incapacidad de generar soluciones adecuadas a sus propias circunstancias aun con la abundancia de recursos naturales; (c) la manipulación del Estado Cubano en beneficio de la utópica fijación de libertades políticas desanclada del sistema mundial de los derechos del hombre; (d) el complejo y complicado sistema judicial en Argentina cómplice del terrorismo de Estado; (e) la práctica política del terrorismo en Colombia por las milicias Cubano-Colombianas ; (f) el poco interés político de los países de la región por la integración en Centroamérica y su estado de atraso social importante; (g) la influencia política de Cuba en la formación y exportación del Estado bandido y (h) la influencia de los cuerpos armados irregulares e inteligencia agitadores del desorden político de Irán, Irak, Rusia y China en Venezuela para el resto del continente.

Estas observaciones obedecen a un cuerpo dividido en lados sagitales opuestos entre si y perpendiculares a la sociedad los cuales regidos por un conjunto de movimientos propios y característicos sirven para descubrir semejanzas o diferencias entre naciones que pueden describirse en una relación unidireccional con hechos importantes y comunes en la vida política de una sociedad a través de su institucionalidad, de las cuales a estos propósitos resultan ser fuerzas sociales que le ponen termino al hombre y a su relación socio política con las instituciones especialmente hispanoamericanas, manifestándose en mi modo de observar cómo síntomas de una sociedad decadente por la: (a) crisis de pueblo y su impacto en la (b) estabilidad institucional (c) no comprender la libertad, (d) la corrupción como practicas antiéticas (e) el militarismo para llegar al poder.

La crisis de pueblo

Con respecto al primero, vale advertir que toda nación requiere comprender que «...dos condiciones: un medio geográfico y una suma de hombre»[75] hacen valerse entre sí para determinar sus diferencias económicas, sociales y políticas propias del *ethos* como pueblo político y como pueblo en función histórica; particular a pueblo; a la propia historia y; a la conciencia de su natural historia. Para toda posibilidad derivada en cualquiera de ellas, «...una cosa es hacer historia y otras es conservarla para el histórico desempeño social»[76] que exige interpretarla como pueblo y la libertad inherente demandada; incluyendo lo circunstancial y sus raíces del pueblo político, de su función histórica, de la historia, y el desempeño social.

A verbigracia, de la tercera revolución del mundo occidental, Venezuela, muchos y tantos historiógrafos manejan algunos hechos para desconocer a los vencedores ocultos en el proceso de independencia política de Hispanoamérica como es el caso de Domingo de Monteverde y Rivas[77] quien con Francisco de Miranda

---

[75] Manuel Granell: *Del pensar venezolano*, Ediciones Catana, Caracas, 1967, pp. 47-49.

[76] *Ídem.*

[77] Español de origen canario entrenado en La Carraca, que trae la derrota de la Batalla de San Vicente, en 1797 y la de Trafalgar, de 1803. Para 1812, es destinado desde Cuba a San Juan de Puerto Rico y enviado luego a Coro para combatir la rebelión en Venezuela; llego a ese lugar con el depuesto ex Capitán General de Venezuela, Fernando Miyares Gonzales quien con un ejército agotado por las guerras de Napoleón en la Península Ibérica paso de

y su gobierno acepto la Capitulación de San Mateo del 25 de julio de 1812, conocida como la primera república, quien más tarde resulto apresado y entregado a los realistas por Simón Bolívar, Manuel María de Las Casas, y Miguel Peña, el 31 de julio de 1812, en La Guaira, a las 3 a.m. aun con la resistencia de su edecán Carlos Soublette[78] logrando el primero de ellos, huir hacia Curazao[79] con pasaporte y pasaje[80] autorizado por el invasor Domingo de Monteverde y Rivas por intermedio del canónigo Francisco de Iturbe.

Esa entrega para la historiografía de Venezuela y del continente significa estar en la conciencia y el porvenir político del pueblo, que la ha conservado en su historia para el histórico desempeño social por ocultar vencedores; bien descrita en aquella oportunidad para la posteridad por el mismo Francisco de Miranda de ¡Bochinche, bochinche, bochinche!

Vale la pena aclarar de este acto ocurrido después de su salida de Caracas el 30 de julio de 1812 a las 3 de la tarde quien a La Guaira arribo a las 7 de la noche para abordar la corbeta inglesa *Saphire* que le aguardaba en el Puerto de la Guaira y omitiendo las instrucciones del Capitán Haynes prefirió dormir en el cuartel donde resultó apresado de esa misma madrugada argumentando sus captores haber

---

Coro a Siquisique, Barquisimeto y llega a Valencia, y luego a Puerto Cabello; lugar del desastre de Simón Bolívar; por el que se le construirá un responsable de segundo orden, el subteniente del Batallón de Milicias de Aragua, Francisco Fernández Vinony, quien se subleva con un séquito de cautivos del penal y le hace la segunda a Simón Bolívar, sin que el bisoño lo percibiera.

[78] Estuvieron esa madrugada Tomás Montilla, Rafael Chatillon, José Paz de Castillo, Juan José Valdés, Miguel Carabaño, Rafael Castillo, José Mieres, Manuel Cortés Campomanes, Simón Bolívar y el oficial realista José Landaeta. De todos ellos, Mieres, Aymerich, Carabaño y Montilla habían estado en Puerto Cabello.

[79] Llegan a Curazao, en la goleta *Jesús, María y José,* los refugiados José Félix Ribas, Manuel Díaz; Piñango, Francisco Ribas, Vicente Tejera y Simón Bolívar, entre otros. Allí los recibe el Dr. Mordechay Ricardo, y los hospeda en el Cerro Motete, Barrio Otrabanda.

[80] Domingo de Monteverde, pidió a la Regencia, que ejercía el poder tras la abdicación de Fernando VII, ante Napoleón Bonaparte, que reconociera los servicios de Miguel Peña y Manuel María de las Casas.

traicionado la causa aun cuando la susodicha consultada y aprobada capitulación resulto aprobada por su temporal gabinete durante su mandato iniciado el 19 de mayo de 1812 y concluido el 25 de julio de 1812.

El apresado Francisco de Miranda, pasaría desde la Comandancia de la Guaira en la Casa Guipuzcoana hasta la cripta de La Guaira donde permaneció 8 meses, luego en el Castillo de San Felipe en Puerto Cabello duro 180 días más atado con cadenas a la pared y con el agua en los tobillos en la misma plaza donde el descuido de Simón Bolívar origino la caída de la primera república al perderse todo el arsenal disponible para la defensa de la Republica.

Sobre este particular asunto está el reconocimiento de Simón Bolívar quien al perder el control del arsenal del Castillo de San Felipe en Puerto Cabello se dirigió por carta a Francisco de Miranda con las siguientes palabras sin verle la cara hasta el instante de su entrega:

«Lleno de una especie de vergüenza me tomo la confianza de dirigir a V. el adjunto parte, que apenas es una sombra de lo que ha sucedido. Mi cabeza y mi corazón no están para nada, así que suplico me permita un intervalo de poquísimos días para ver si logro reponer mi espíritu en su temple ordinario. Después de haber perdido la mejor plaza del Estado ¿cómo no he de estar alocado, mi general? ¡De gracia no me obligue V. a darle la cara! Yo no soy culpable, pero soy desgraciado y basta».[81]

La causa del derrumbe de la Primera República, no lo origino la capitulación de 1812 sino que más bien ha sido la estrepitosa omisión de las observaciones militares y el rencor hacia la personalidad de

---

[81] Fermín Goñi: *Los sueños de un libertador*, Roca Editorial de Libros, S.L., Barcelona, 2009, p. 358.

Francisco de Miranda [82] que aguardaría El Libertador hasta sus últimos días, lo cual no es tema para este trabajo.

El periplo carcelario lo llevara del Castillo San Felipe de Puerto Cabello de Venezuela a las casamatas de San Felipe del Morro en San Juan de Puerto Rico en junio de 1813, cuando Simón Bolívar libre del antipático viejo como le indicaban sus adversarios se encontraba ejecutando la Campaña Admirable[83] por la independencia; de Puerto Rico terminaría en enero de 1814 entre las mazmorras de La Carraca, en Cádiz, España bajo la tutela militar del Capitán General de Cádiz, Cayetano Valdés y Flores, y de su compañero de sombras Don. Pedro José Moran[84] hasta su muerte el 14 de julio de 1816.

Como puede observarse, conservar para el histórico desempeño social la historia ha sido una labor complicada al omitir a los vencedores; lo cual, es importante considerar; pero, el relato más cercano que trata sobre la crisis de pueblo en sentido estricto se relaciona con el desarrollo de las instituciones políticas desde la crisis de legitimidad y de soberanía durante y después de los sucesos de Bayona en 1808 por la abdicación de Carlos III y de Fernando VII, caracterizable por el hecho de desconocerse quién y cómo debía gobernarse la metrópolis y la periferia por los inconvenientes en el manejo de la autoridad y de la representatividad por la disolución de las Juntas de Sevilla de 1810 y de las Juntas de Gobierno en España.

---

[82] Al regreso de Valencia, Miranda con su ejército de 4.000 hombres, incluyendo a Bolívar, plantea para la futura Constitución: la falta de equilibrio de los poderes; la estructura poco sencilla que pudiera mantenerse en el tiempo (el ejemplo de Filadelfia); lo pomposo para la realidad (el recelo mantuano, impide percibir el cambio en proceso); destaca lo poco probable de su sostenimiento; y señala que el poder emanado se representa, entre aquel que brota de la nueva Constitución, y aquel que se sostiene en los viejos estamentos coloniales de la Capitanía General.

[83] Francisco de Miranda, después de la capitulación con Monteverde, había pensado viajar al exterior y organizar el ejército para invadir y seguir con la independencia; y es lo que Simón Bolívar, ejecuta con la Campana Admirable, del 14 de mayo al 6 de agosto de 1813 en el Occidente y Centro de Venezuela, mientras que Santiago Mariño lo realiza por el Oriente.

[84] Fermín Goñi: *Óp.... cit.,* p. 20.

Vale la pena acotar debido a su importancia que antes de esta abdicación la forma de Estado, la República, surgía a concepción de teólogos y juristas españoles de los siglos XVI y XVII quienes sostuvieron que la monarquía no era la forma de gobierno preferida por Dios; sin embargo, sustituida en el siglo XVIII se la exponía de un gobierno asociado al rey y a Dios, por otro mejor que el de patria[85] a cuya consideración los reyes Borbones reemplazarían al rey justiciero por el rey patriota emplazándola desde su esfera política por el término lisonjero de "res publica" perfectamente activado por así decirlo hasta la crisis de la Monarquía de 1808.

Esto significa en mi criterio que la crisis de pueblo, por razones obvias desde esta descripción es de raíces profundas y ha estado presente en toda la historiografía hispanoamericana entre esas dos condiciones: el medio geográfico y la suma de sus hombres; creando serias distorsiones sobre la historia de los pueblos de Hispanoamérica, que pueden apreciarse tal cómo podemos ver sus réplicas en Venezuela desde el 5 de marzo de 1811 a la fecha con 62 gobiernos de formatos distintos como el triunvirato; la elección indirecta; la elección directa; el golpe de Estado; la dictadura militar; del régimen personalista, el régimen interino, hasta el régimen de presidencia provisional; Venezuela ha sido gobernada hasta el 2021 durante 210 años de historia republicana por 39 años de gobiernos militares y 62 años de dictaduras militares que alcanzan el 48,33% de la gestión gubernamental conducidos por los militares; sin incluir aquí, los gobiernos de los hermanos Monagas[86]; Antonio Guzmán Blanco y su padre Antonio Leocadio Guzmán; y el de Juan Vicente Gómez[87]; quienes suman otros 51 años para elevar del 48.33% al 72.73% el tiempo de gestión gubernamental.

La crisis de pueblo, se agudiza aún más en esta misma región por la presencia de otros gobiernos militares con los 8 años de

---

[85] Véase Jacques-Bénigne Bossuet: Politique tireé des propres paroles de l'Écriture Sainte, Paris, 1709.

[86] José Tadeo Monagas de 1847-1851, José Gregorio Monagas de 1851-1855, José Tadeo Monagas de 1855-1858.

[87] Desde 1908 hasta 1935.

gobierno federal[88] de Juan Crisóstomo Falcón; dato que como tal son incomparables con los 37 años de historia ocupada por los gobiernos civiles de José María Vargas (1835-1836); Andrés Narvarte (1836-1837); Manuel Felipe Tovar (1860-1861); Pedro Gual Escandón (1836); Juan Pablo Rojas Paul (1888-1890); y de Ignacio Andrade (1898-1899); inferiores a 6 años y los gobiernos entre provisionales e interinos[89] no superiores a 9 años agregando los 9 personalistas,[90] y 13 constitucionales.[91]

La crisis de pueblo, sabemos la comparte toda la región y ha facilitado entre otros asuntos de importancia para la vida pública de los pueblos una pobre continuidad en la formación del aparato del Estado y sus instituciones políticas; la fragilidad del Estado ante la formación de gobiernos sensibilizados con el orden social; y el eufemismo del protagonismo hacia el cambio político; como consecuencia de la incongruencia entre la unidad nacional y la política ocasionado en grandes proporciones por los límites impuestos a las libertades políticas basadas en el orden que Francisco de Miranda delego para las futuras generaciones.

La inestabilidad institucional

En otro orden de ideas, las palabras más útiles para describir la estabilidad institucional por el derecho inalienable a la libertad con respecto al "orden" que lo es en relación con las formas políticas, se refieren con aquello de que sufrir los pueblos por su ignorancia haya sido preferible abandonarla sin interpretarla, en lugar de cambiarla.

Puede asegurarse sin temor alguno que este juicio demuestra que

---

[88] Antonio Guzmán Blanco de 1879-1884, Joaquín Crespo de 1884-1886 y Antonio Guzmán Blanco de 1886-1888.

[89] Pedro Gual Escandón en 1858, Manuel Felipe Tovar en 1859-1860, Guillermo Tell Villegas en 1868-1869, José Gregorio Valera en 1878-1879, Hermógenes López en 1887-1888, Rómulo Betancourt en 1945-1948.

[90] José Gregorio Monagas en 1851-1855, José Tadeo Monagas en 1855-1858 y Raimundo Andueza Palacios en 1890-1892.

[91] Juan Crisóstomo Falcón en 1864-1868, Eleazar López Contreras en 1936-1941 y de Isaías Medina Angarita en 1941-1945.

la estabilidad política en el continente está asociada directamente con el aspecto humano de la libertad y su ejercicio en relación con factores como son el apetito al poder y el anhelo de la sumisión actuando en contrario con la posible construcción de serios intentos por el deseo de la libertad ajustables a la naturaleza del hombre y a las culturas que atienden a su colectivismo.

Este comportamiento siguiendo el lenguaje de los sueños y de los síntomas somáticos, las irracionalidades de la conducta humana y tratar sobre la estructura del carácter del sujeto, de Sigmund Freud: hacen un extraordinario favor aquello de que las reacciones del mundo exterior domestican al hombre al concederle "satisfacciones"[92] que transforman sus "impulsos biológicos"[93] por represión –sublimación[94]– en tendencias culturales que son constitutivas de la base humana de la cultura, integradas al derecho natural ilimitado de la libertad y en consecuencia de su institucionalidad.

No comprender la libertad

Estudiando la conducta del hombre por la libertad y conjugarla con la filosofía de John Locke y David Hume en relación al miedo de abandonarla; se circunscribe a comprender que el sujeto modifica sus instintos distinguiéndose así de los animales durante el proceso de crecimiento que lo libera de sus instintos coercitivos para asumir compromisos opuestos a la animalidad que lo sitúan en una escala de mayor o menor de desarrollo que varía con respecto a su adaptación a la naturaleza y a los mecanismos reflejos e instintivos sobre sus actividades, para concluir ubicándose entre un alto o bajo desarrollo de adaptación y de mecanismos, a una mayor o menor flexibilidad en su proceso de adaptación estructural.

Esto significa que separar al hombre de "la libertad de la determinación instintiva de obrar" por el orden en lugar de "la libertad

---

[92] Elemento teórico de la fundamentación del psico análisis con Sigmund Freud.
[93] Elemento teórico de la fundamentación del psico análisis con Sigmund Freud.
[94] Proceso de transformación correspondiente a la teoría del comportamiento humano con Sigmund Freud.

para obrar" por el orden; es considerar que el orden de Francisco de Miranda desde su obra política hasta la actualidad puede repararse evaluando su carácter de precedente desde lo natural, por cuanto es y representa la cultura de la libertad.

A verbigracia, por esta razón acotaría que la libertad en los tiempos en que se podía hablar de reinos y reyes, por Estado; de señores y vasallos, por imperios y emperadores; de poder espiritual por poder secular; de clases, por corporaciones y gildas; y de comunidades y universidades, por vida social; la mayor parte de los aspectos de la vida social entre ellos incluidas las libertades; los privilegios; y las inmunidades; todos estos permanecieron controlados en especie de armonía a lo Leibniz entre una estructura de base contractual y otra de carácter personal y privado, donde el desarrollo de las fuerzas sociales en la formulación de ideas se separaban de la liberación por la determinación instintiva del obrar.

Esta concepción es tan realista al tiempo de la libertad para obrar por el orden y deja de reflejarse en utópicos revolucionarios como fueron Saint-Simón y Condorcet, al establecer cuidadosamente que las imperfecciones contributivas por hábitos o por el resultado de sistemas religiosos; legales y políticos del pasado; eran consideradas fuerzas estatizadas y de poca radicalidad ante los males acumulados por la ignorancia del pasado; lo cual, sabemos que contribuyo en hacerles sostener la prudencia de impulsar acciones más revolucionaria en oposición a permanecer entre el límite de considerar que la libertad era la recompensa moral a una revolución que podía cambiar las imperfecciones para la historia de la humanidad.

Comprender la libertad política responde a la aguda visión de esa «moral perspectiva»[95] en la que el aspecto político es ella misma con el hombre inclinando su balanza de fines: fin último y fin último concreto, para atender a su naturaleza y necesidades modificándolos a discreción, o no.

---

[95] María de Los Ángeles Nogales Naharro: "La libertad moral", en Anuario de Derechos Humanos, Nueva época, Vol. 11, 2010, Madrid, España, pp. 433-450.

La corrupción colonial como prácticas antiéticas

Por accidente el hombre somete sus registros de tolerancia por incertidumbre debido a la necesidad de concluir operando por el cierre cognitivo, bien sea con una baja tolerancia a la incertidumbre o viceversa; para determinar, que el grado de tolerancia asumido ocupe su lugar como argumento y el resultado sea la certeza en relación a esa dosis de alta o baja necesidad de cierre cognitivo; es decir, una baja tolerancia a la incertidumbre será respondida por una alta necesidad de cierre cognitivo y una alta tolerancia de ella estará en correspondencia con un bajo cierre cognitivo; donde la tolerancia se representa como el argumento y el resultado será la certeza producto del cierre cognitivo.

Este silogismo colabora de hecho para determinar que la corrupción ocurre en una sociedad: (a) ilegal, por cuanto los juicios son antiéticos; (b) integracionista, debido a la actuación de corporaciones políticas desintegradas del rol del Estado; (c) y es institucional, porque los burócratas interpretan su incapacidad a toda costa.

En la actualidad el argumento —tolerancia —y la certeza —resultado— operan del mismo modo al pasado donde la riqueza, el honor y la libido movilizaron al conquistador y colonizador para ocupar y fundar poblaciones y caseríos con más derechos y privilegios que obligaciones hasta lograr que la piratería y el contrabando atada a los monopolios de esa época y a los intereses de los comerciantes y productores facilitaron por mas tiempo el lujo y la ostentación por el soborno; el fraude; el cohecho; y la falsificación; creando en consecuencia una importante red de control del poder en la administración pública durante la época colonial en la periferia para: (a) manejar la Intendencia, la Real Hacienda y la Junta Superior de Real Hacienda;(b) ejercer influencia en el Real Consulado despojando de libertades a las decisiones que favorecieran a los locales y expulsaran a los rebeldes europeos; (c) y controlar al Cabildo.

En la Capitanía General de Venezuela el eje del poder estuvo integrado por Esteban Fernández de León como Intendente del Ejército y Real Hacienda, Antonio López Quintana como Regente de la Real Audiencia[96] y, Antonio Fernández de León[97] como Oidor Honorario y hermano del primero; quienes en funciones del "Bloque colonial de poder" controlaron la Real Audiencia; Iglesia Católica;[98] al Real Consulado; y al Ayuntamiento[99] para ejercer entre otras actividades el control de los mantuanos sobre los pardos en el negocio del contrabando y el propicio de los procesos de limpieza de sangre, el tráfico de influencias, el soborno y los falsos testigos.

Entre otras tantas razones más la sociedad accidentada contribuyo a que el pardo se: (a) dedicara al contrabando con los mantuanos; (b) persuadiera por el mecanismo de recompensas y castigo a estimularse del favoritismo y la arbitrariedad desde donde se interpreto que para los esclavos "la manumisión" significaba el "gracias al sacar" conminándoles a un pago que les distorsionó su realidad social por cuanto de ello existieron esclavos libres y esclavos y, pardos ricos y pobres; (c) permaneciera adaptado a nuevas costumbres por medios ilícitos y; (d) sobreviviera en un medio hostil por el abuso de la autoridad; todo lo cual contribuyo a debilitar la formación de conciencia política nacional.

La trágica realidad social y política asociada a las actividades tóxicas mencionadas afectaron las bases políticas de las instituciones del Estado en proceso de formación al crear privilegios políticos y sociales contrarios a la ideología de Francisco de Miranda, facilitando el desarrollo del fenómeno de la complicidad social en una abonada sociedad discrónica[100].

Vale la oportunidad establecer que esa proporcionalidad entre la sociedad accidentada sujeta a los accidentes humanos depende del grado de racionalidad del acto corrupto de conformidad a su conexión entre el interés común y el interés personal; ya que « como

---

[96] Aquí se encuentran Francisco Ignacio Contníez, Juan Nepomuceno de Pedroza y José Bernardo de Asteguieta. Además, Julián Díaz Saravia y Alonzo Ballina.

[97] Éste luego adquirirá por la vía imperial el título de Marqués Casa de León.

[98] El dominado es Dr. José Ignacio Moreno.

[99] Como intermediarios están Tovar Ponte, Don Francisco Espejo, José Hilario Mora y el mismo Marqués del Toro.

[100] Graciela Soriano, *Op.cit.*, p 105

comportamiento político desviado», [101] surge de « una conducta política, contraria a las normas políticas»[102] que es determinantes del valor institucional del Estado en su dinámica sociológica por cuanto actúa justificando el comportamiento político adverso en tres elementos : «la ideología legitimadora, el aparato organizacional y el personal».[103]

En síntesis, debo decir que si el interés personal coincide con las metas personales e institucionales entonces se trata de interés común; pero, si ocurre distorsión de la conducta desviada como ocurrió con el bloque colonial del poder que es consistente con las normas del Estado tanto colonial y post colonial entonces proporciona elementos para que la conducta humana adopte como ocurre en efecto dos formas generales, a saber, que:

> «la conducta puede ser incongruente con normas
> o intereses organizacionales amplios (es decir,
> promover exclusivamente el interés particular del
> personal); o (b) puede ser congruente con normas
> o intereses organizacionales amplios; que, a su vez,
> son incongruentes con los dictados de la ideología
> legitimadora del Estado».[104]

A todo esto, las practicas antiéticas sobre la institucionalidad política en Hispanoamérica hace muchos siglos se distingue por el grado de desviación que la contiene y es el síndrome de la corrupción con sus motivos originales tóxicos y diádicos donde esta inducida

---

[101] Stephens D. Morris: Corrupción y política en el México Contemporáneo, Siglo Veintiuno Editores, S.A. de C.V., 1ª edición en español, 1992, Madrid, p.12.

[102] Idem.

[103] La ideología legitimadora es el sistema de creencias justificantes de la legitimidad política, a saber: principios filosóficos, corrientes ideológicas y textos constitucionales, que proporcionan las bases políticas de la autoridad política. El aparato organizacional, es el grupo de instituciones que concentran el poder y los recursos de dominio público. Y el personal, es personificado el Estado por quienes actúan en su nombre y comparten su autoridad.

[104] Ibid., p. 23.

por el ciudadano —el soborno— y también por el funcionario — la extorsión—.

El militarismo para llegar al poder

Venezuela es cuna de libertadores y de soldados heroicos que en condiciones muy precarias se hicieron valer durante muchos años por la conquista de la libertad política de Venezuela, Colombia, Ecuador, Perú, y Bolivia ejerciendo gran influencia en el sur del continente entre Chile y Argentina; proceso que más tarde se agudizo en gran parte por la problemática socio-económica y política que la hace coincidir en muchos aspectos con otros países de la región después de separarse de la Gran Colombia como más adelante observaremos.

Como se señala el proceso de independencia política en América del Sur concluye en 1810 con la tercera revolución del mundo occidental y es en Venezuela, pero le seguirán otras batallas militares que van de la revolucione de las reformas hasta la libertadora ocurriendo unas 160 revueltas civiles entre ellas además de las precedentes revolución de marzo (1858); la guerra federal (1859-1863); la revolución azul (1868); la revolución de abril" (1870); la revolución Legalista 1892; la revolución liberal restauradora (1899) y la revolución libertadora (1901-1903)

Otros encuentros anteriores enriquecen la experiencia en las armas y la catástrofe social en Venezuela tales como la insurrección campesina (1846 – 1847); la guerra civil venezolana (1848 – 1849); la rebelión de Coro (1874 – 1875) y la revolución reivindicadora (1878 – 1879) con un millón de personas fallecidas en los combates por la guerra y por lastimosas enfermedades y pestes incontrolables, la pobreza, la miseria y la hambruna, y la anarquía popular como azote por los desajustes económicos además de la represión política.

La Revolución de las Reformas con Santiago Mariño

Esta revolución del General Santiago Mariño buso reivindicar (a) la reconstitución de la Gran Colombia; (b) el reconocimiento del nombre de Simón Bolívar; (c) establecer el fuero militar como privilegio; (d) instituir la religión de Estado; (e) la instauración del Federalismo, (f) y denunciar la protección oligárquica a José Antonio Páez.

La Revolución de marzo de 1858, con Julián Castro

Julián Castro, inaugura el derrocamiento de gobiernos por la vía militar a través de la violencia militar marcando el territorio hacia la carrera política del militarismo. Entre sus motivos contra los Monagas se cuentan los abusos políticos y problemas por el peculado y la corrupción; el deficiente manejo de las finanzas públicas; el abandono de las provincias; y ser la cuna del oportunismo, el amiguismo y el nepotismo. El movimiento surge como crítica a la Constitución de 1857 de José Tadeo Monagas que incluyó disminuir el poder político de las provincias a través de la centralización administrativa y política; elevar el período presidencial de 4 a 6 años; y permitir la reelección presidencial inmediata.

La Guerra Federal, 1859-1863, y Juan Crisóstomo Falcón

La Guerra Federal acumula los problemas sociales anteriores como eran la pobre continuidad en la formación del aparato del Estado y sus instituciones públicas; la fragilidad en la estructuración de gobiernos sensibilizados con lo social y (c) el eufemismo del protagonismo político; pero las causas del enfrentamiento de los liberales contra los conservadores era no modificar la estructura socio económica construida desde 1836 hasta 1858 de sostener a conservadores como grupo de comerciantes post independencia y latifundistas tradicionales con el dominio del sector agrícola y el comercial. Luego, surgen el reparto de las tierras; la alta concentración del poder hacia el latifundismo como forma de tenencia de las tierras; las condiciones de vida miserables de la población y; la expulsión de los dirigentes políticos Liberales, entre ellos Ezequiel Zamora, por voluntad de Julián Castro; provocando que otras condiciones le hicieran perder la vida a cerca de 200.000 personas en una población de escasos 2.000.000 de habitantes agravándose la pobreza nacional por el fin de derrotar Juan Crisóstomo Falcón a José Antonio Páez.

La Revolución Azul, 1868, y José Tadeo Monagas

Vale la pena comparar este movimiento con la Rusia zarista de 1914 donde reinaban las condiciones perfectas para el liberalismo cuando en la Viena el emperador pudo mantenerse al margen de los partidos políticos evitando identificarse con los gobiernos austro-húngaros, pero, siguiendo los consejos dados por Sören Kierkegaard a Christian VIII de Dinamarca, a quien le indico sobre cómo conducirse como rey recibiendo instrucciones de que primero sería conveniente que el rey fuese feo; luego, debería ser sordo y ciego, ó, al menos comportarse como si lo fuera, porque ello, resuelve muchas dificultades y; después le recomendó no hablar demasiado, sino, mas bien disponer de un pequeño discurso tipo que pudiera emplear en todas las ocasiones, pero un discurso por tanto sin contenido.

Esta revolución madura (a) el habito al dadivismo territorial por el fuero militar; (b) la violencia militar en la carrera política del militarismo;(c) el nacimiento del oportunismo, amiguismo y el nepotismo, como recursos unidos del proselitismo y; (d) la destrucción social por la intolerancia política.

Cabe destacarse que ocho años más tarde del éxito militar de Juan Crisóstomo Falcón entre 1867 y 1868, otra rebelión que derroca esta vez a Manuel Ezequiel Bruzual como sucesor interino de Juan Crisóstomo Falcón provoca el nacimiento de la revolución Azul. Ella y sus circunstancias anuncian dos protagonistas que ocupan uno, el lugar del emperador y el otro su consejero, a saber: el General Miguel Antonio Rojas, en el centro del país y, el otro José Tadeo Monagas en oriente. Será entonces el modo que el consejo y la estrategia se definen para representar el feo, sordo, ciego y mudo, en lo que sigue: el que inhabilita la participación en el Congreso a los diputados y senadores que hubiesen prestado servicios públicos al gobierno de Juan Crisóstomo Falcón, representaría el sordo; bloquear el quórum en la Cámara de

Diputados, seria el mudo y; el ciego, obligaría a reorganizar el gobierno bajo presión de excarcelar al General Manuel Ezequiel Bruzual, quien resulto nombrado Jefe de los Ejércitos y Ministro de Guerra y Marina, y luego de la renuncia de Juan Crisóstomo Falcón quedó elegido como Presidente Interino dejando en Oriente, a José Tadeo Monagas, con la responsabilidad de ser Comandante General del Ejército obrando como garantía de la estabilidad institucional, el feo.

La estrategia europea, tropical izada es una clara manifestación de correspondencia entre los hechos que no resuelven el angustioso desequilibrio político articulado por el eufemismo del protagonismo político de fuentes coloniales.

La Revolución Legalista de Antonio Guzmán Blanco, 1892

Dos años más tarde en 1870 se presenta otra guerra civil contra el gobierno de los Azules y, es para instalarse el gobierno liberal con Antonio Guzmán Blanco quien desde Curazao incluyó a Joaquín Crespo y a Francisco Linares Alcántara para llegar victorioso a Caracas inaugurando el período con guerras hasta 1872. Vale la pena, dejar como referencia los 25 años de gobierno de Antonio Guzmán Blanco, y entre sus sombras a Francisco Linares Alcántara, José Gregorio Valera, Hermógenes López, Juan Pablo Rojas Paúl, Raimundo Andueza Palacios e incluso Joaquín Crespo; como dignos ejemplos de los problemas en estudio.

El final de esta revolución que por ciclos se repetirá marcaria otro intento de modificar la Constitución para prolongar su período de gobierno dos años más; naciendo la revolución Legalista con Joaquín Crespo, quien se alza en guerra en todo el país con el apoyo de Ramón Guerra, Wenceslao Casado y José Manuel Hernández; hasta coronarse como si fuese un rey en 1893 estrenando como juguete una nueva Constitución que incluía el voto secreto y directo y un período presidencial de cuatro años.

La Revolución Liberal Restauradora, 1899.

El catastrófico final del siglo XIX incluye ese carnaval de Castristas, en unos momentos Liberales y, en otros Conservadores; habrá Moralistas, que se sumarán al Partido Liberal Amarillo del General Espíritu Santos Morales; Rangelistas, colocados a merced de los Conservadores del General Carlos Rangel Garbira; y Araujistas, entre la paz y la guerra. Aquí los intereses de grupos son aquellos lideres político de avanzada que correrían a sus anchas en la geografía andina venezolana para terminar de cambiar el acervo político nacional entre sus hombres fuertes.

Este hombre sintomatológico de nuestra complicidad social es el reflejo del hombre hispanoamericano con características sociológicas proveniente del latifundismo como grandes terratenientes, amos y señores, de tierras y hombres que por razones genealógicas dominan todo y buscarán competir entre ellos midiendo su poder político en hectáreas de terreno en tiempos de paz y, en tiempo de guerra cambiando las herramientas agrícolas por las armas de guerra y convirtiendo la tierra que ocupa en relaciones serviles. Otro grupo de notables con grado de superioridad intelectual adquirido del cercano mundo de la Universidad los convirtió en lideres Ilustrados y afortunados económicos con un cerradísimo control social de las masas empobrecidas como por arte de casualidad.

Revolución Liberal, con Cipriano Castro y Juan Vicente Gómez

En esta suerte de hombres fuertes dos personajes se unen dando cierto sentido al panorama político venezolano del siglo XIX, Cipriano Castro y Juan Vicente Gómez, quienes bien representan el patronato político de la campaña militar conocida como la Revolución Liberal Restauradora o Invasión de los 60 con la que se inicio otra guerra civil dirigida por Cipriano Castro después de derrocar al gobierno por la vía militar a Ignacio Andrade.

Ellos representan al andino venezolano como político y militar que adquieren en buena medida el intelecto y se esfuerzan en el trabajo rico y constante; tienen sus pasiones políticas constantes y han sido capaces de invadir políticamente otros territorios regionales y someterlo; han retado a las autoridades de la región y no se fija tantas prioridades para el enfrentamiento; en ellos cualquier evento político podía estimular el agite humano. Ese es Cipriano Castro, quien en su condición de aliado de Guillermo Andueza Palacios se gana durante la Revolución Legalista, un pasaje al destierro en Cúcuta impulsado por Joaquín Crespo e Ignacio Andrade. Después con la revolución Liberal Restauradora, Cipriano Castro ingresa a Venezuela y libra combates épicos en Toconó, Zumbador, Las Pilas y Cordero, en el Táchira; y derrota tanto en Mérida como en Trujillo, a Rafael González Pacheco y a Juan Bautista Araujo. Los andinos, a partir de este momento con la llegada triunfal de Cipriano Castro a Caracas, llegarán a ejercerán el poder y enterrarán el viejo liderazgo político que gobernó durante casi 50 años hasta ver cesar el caudal de guerras que vienen sucediéndose desde el 5 de marzo de 1811.

Este período muestra las conquistas políticas y militares mas adecuadas, sobre todo aquellas relacionadas con la centralización del poder político y administrativo del Estado hacia las provincias; la organización del Ejército nacional; y el nacimiento del liderazgo moderno, al que le llamaré simpáticamente gorilas de paso en lugar de liderazgo.

TERCERA PARTE

LA DOCTRINA DE LA COMPLICIDAD SOCIAL

CAPITULO 8

SU FENOMENOLOGÍA

No podría dejar pasar el asunto anterior sin antes expresar que si la voluntad de elegir ha sido entregada por el hombre apasionado, voluntad que lo es respecto de los medios para conseguir un fin último que no puede ser objeto de elección; por cuanto, se quiere de modo natural y necesario careciendo del libre albedrío; reduciéndose en tal entrega y propósito al fin supremo al cual se tiende con naturalidad y al que todos concuerdan en desearlo para alcanzar la perfección propia, entonces se demostraría en cuanto al fin último, que todos no coinciden, porque sus deseos son distintos lo cual es razón de no ser hombres perfectos en ese propósito.

Estas palabras que recogen tanto la voluntad como la inteligencia del hombre, para elegir de los medios y a la vez alcanzar la perfección propia, explican algunos aspectos teóricos que tratan del deterioro político de los proyectos de Francisco de Miranda para Hispanoamérica. Para darle significado a lo expuesto habría que explicar que hacer lo correcto depende del poder que sustenta al hombre y es en efecto lo que sucedió en 1611 con el padre Gerónimo Gracián de la Madre de Dios sobre la controversia en Europa del siglo XVII quien defendió de lo que se exponía como discusión asociada al libertinismo Holandés —sin autoría, recogida sustancialmente en el tratado del siglo XIII, "De tribus impostoribus"— de que Moises, Cristo y Mahoma habrían sido los fundadores de las tres religiones monoteístas —judaica, cristiana y musulmana— utilizadas para imponer un nuevo orden político y someter el pueblo a través de la religión; idea que fue considerada herejía por el Papa Gregorio IX quien en 1239 solicitó de los reyes todas las fuerzas para actuar contra Federico II Barbarroja como presunto autor resultando que éste consolidara su poder religioso frente al poder político de un rey a quien doblegó con una estratagema sustentado en el uso perverso de la religión legitimado por demás al dictarle la excomunión en 1245, por el Concilio de Lyon.

Desde esta visión, el poder teocrático atribuyo el controversial tratado a Federico II y a su secretario Pedro de Viñas a quienes derribo sin muchos disparos; pero, aun así, lo más interesante fue que tras muchos años la obra fue adjudicada a tantos autores[105] hasta que fue con el Sr. De la Monnoye posible conocerse que dicho tratado nunca existió antes del siglo XVII —afirmación recopilada, traducida, y disponible en las ediciones de 1719 y 1768, por Benoit Spinoza, del "Tratado de los tres impostores"—; de manera pues, que el mismo no solo cumplió con los panfletos clandestinos de la época, sino que, servirá a estos fines y a muchos más para especular sobre aquello de lo cual los legisladores y políticos practican con naturalidad política como una religión que,

> «cuando han querido legitimarse, consolidarse, y fundar bien las leyes que daba a sus pueblos, han dispuesto de mejor medio para hacerlo que el de publicar y hacer creer con toda la industria posible que las han recibido de alguna divinidad. »[106]

---

[105] Bocaccio, Pomponazzi, Jaques Gruet, Maquiavelo, Miguel Servet, Pietro Aretino, Cardano, Giordano Bruno, Camoanella, Hobbes, Spinoza, Leibniz, reina Cristina de Suecia, etc.

[106] Anónimo clandestino (ss. XVII-XVIII), La vida y el espíritu del señor Benedicto de Spinosa o Tratado de los tres impostores, (Moisés, Jesucristo y Mahoma), Colección Clásicos del pensamiento, Editorial Tecnos, Madrid, España, 2009, p. 127.

Dicho lo anterior, con esas creencias se deduce la complicidad por acciones de cómplice en stricto sensu y de principal[107] fundamentadas en la imputación, en relación a la participación y, el número de partícipes; que recogidas desde la antigua Grecia con una ley[108] ya penaban tanto al que había ejecutado el delito como aquel que lo había planificado sin obviar que en Roma también se hallaba regulado el concurso de varias personas en un mismo delito en leyes particulares, pero, sin constituir doctrina alguna[109] como lo fueron en algunas leyes.

Lo más interesante de este enunciado y su vinculación con la complicidad social, es que no solo el principio de la "equiparación en la pena" de varios participantes tuvo lugar plenamente; sino que, el derecho romano también reguló la complicidad considerándola; por una parte, que debía atenderse no a la participación material que cada individuo hubiera tenido en el delito, sino, a su intención; y por la otra parte, que los participantes en el mismo delito además de la responsabilidad personal tenían una responsabilidad colectiva que procedía del hecho de haberse reunido para cometerlo.

Vistos estos juicios para la historia la complicidad se reconoce por la intención de los participantes y la responsabilidad común — aunque, fue atacada en su época por considerarse que la pena debía ser igual y común para todos — y se integró a las bases de la doctrina — sin vigencia para ese periodo, ya que al atenderse a la intención más que a los actos a juzgar — sujeta a lo que la teoría positiva del

---

[107] Véase Ortolan: Resumé des elements de droit penal, Paris, 1867, p. 162. Boitard: Lecons sur les codes penal et d'instruction criminelle, Paris, 1842, p. 191. P Rossi: CEuvres completes, Paris, 1863, Tomo II, p. 184. Haus: Principes generaux du droit penal belge, Paris, 1869, p. 363. Benoit-Champy: Essair sur la complicité, Paris, 1861. Impallomeni: Del concourse di piu persone in un reato, Revista penale, Vol. XXVI.

[108] Véanse: Ulpiano y Groscio, De Jure belli et pacis, Tomo II, p.112. y Benoit Champy: Essai sur la complicité, Paris, 1861, p.35.

[109] El derecho romano se ocupó más de las formas del juicio que del fondo de los delitos ya que pensaban que la administración de la justicia era mejor con medianas disposiciones legales sobre las penas y los delitos, y con optimas leyes de procedimientos.

derecho imponía, de que el medio represivo no debía depender del concurso en la forma, sino, de la índole peligrosa del delincuente y que su responsabilidad colectiva la hacia una circunstancia agravante.

En consonancia, lo expuesto demuestra tanto el absolutismo en la lógica del derecho positivo de esa época como que el estudio del desarrollo de la teoría de la complicidad durante el periodo en el cual se sostuvo Francisco de Miranda en el conjunto de sus relaciones con las elites intelectuales inglesas era un hecho importante conocido y considerado.

Hecha esta salvedad, resulta interesante además por cuanto demuestra su plenitud, y ahora podemos saber porque la complicidad como institución y su evolución histórica en el derecho romano se hizo más confusa; sobre todo, al equiparar en las penas a los autores y a los cómplices; de modo, que será así como veremos cambios en la equiparación de las penas[110] sobre las complejas legislaciones estatutarias italianas.[111]; entre las que caben reseñarse aquellas dadas con el advenimiento de las dinastías que como legislaciones permanecieron inciertas y contradictorias, y que son ejemplos que se describen más luego.

Ahora bien del menú legislativo sobre la complicidad y su incidencia como delito en la sociedad, es advertible el sensible contenido político que Francisco de Miranda le pone a la libertad civil [112] que consiste en exponer a desintegrarse aquello que sostiene

---

[110] Es importante revisar en la ley Visigoda la asimilación en la pena a todos los participantes en un delito; en el derecho Longobardo, el sistema basado sobre las composiciones que distinguió los agentes principales de los reos accesorios; y el derecho canónico, el pecado y el delito como un simple concurso moral para hacer responsable a un individuo que hubiese obrado materialmente; y la evolución de los Estatutos Italianos (de Génova, Pistoja, Florencia, etc.)

[111] En los antiguos Estatutos Italianos, se castigaba con la misma pena al autor del delito como al que lo aconsejo; lo indujo a cometerlo por medio del ruego, la exhortación, la instigación, la excitación o los halagos; al que dio a las instrucciones, o al que participio cualquiera que fuese el acto de cooperación.

[112] Archivo del General Miranda, Negociaones 1804-1806. Tomo XVII, Editorial Lex, La Habana, 1950. p. 220.

que el hombre no está restringido por ley alguna, sino, por aquella que lo conduce a la felicidad publica; por lo cual hacer lo deseado constituye su libertad natural; pero, al hacer lo deseado coincidiendo con el interés social, es diferente por cuanto la libertad es interior, y he allí, donde reposa su libertad civil.

La paradoja, entre libertad y complicidad, no tiene asidero ni tampoco lugar y el argumento de la complicidad social destruye la libertad civil. Vale la pena destacar con esta propuesta que la oportunidad y la circunstancia, tanto de su plenitud como de la institución exponen su validez en algunos dispositivos como más adelante referiré y son a saber el Código penal para el Reino de Italia de 1804; la Ley Napolitana de José Napoleón del 20 de mayo de 1808; el Código Napolitano de 1819; y el Código penal Austriaco del 3 de septiembre de 1803; con todas aquellas especialidades de tipología de participantes en el delito de la complicidad como son : (a) el o los autores principales y cómplices al dividir el delito en directo e indirecto; (b) seccionar a los delincuentes en autores, agentes principales y cómplices; y (c) establecer las diferencias entre la complicidad necesaria y la no necesaria, hasta dividir a los partícipes entre autores, co-reos inmediatos y co-reos remotos o cómplices; todo por los cuales, enriquecen para el siglo XVIII la equiparación en las penas a los participantes en el delito y la delimitación de la responsabilidad de los participantes; puntos desde los cuales resulta importante la complicidad como argumento para determinar que la equiparación sobre la base de la intención y la responsabilidad considerando el grado de participación hacen perfectibles y definen el fenómeno de la complicidad social, de criminalidad colectiva.

He aquí, el interés en este trabajo por lo que habría que decir sobre el mismo particular que desde este escenario James Stuart Mill[113] impulsaría con éxitos la teoría de la imputabilidad, vinculada al asunto, y aún vigente en el derecho; quien además resultó ser

---

[113] Descendiente directo de James Mill (1773/1836), quien a su vez fue discípulo de Jeremías Bentham (1784/1832) contertulio de Francisco de Miranda; quien propuso el utilitarismo como base de las reformas sociales.

descendiente de uno de los integrantes de la pléyade de hombres que formaron el grupo de amigos de Francisco de Miranda —contándose entre otros a: Joseph Priestley[114]; Richard B., Sheridan; Edmund Burcke; Charles James Fox; y William Pitt; en la lista de notables en la corte, el parlamento y la prensa; George Canning, duque de Portland; Arturo Welesley, duque de Wellintong; Nicholas Vansittart, Barón de Bexley; el almirante Thomas Cochrane; el coronel Robert Thomas Wilson —gobernador de Gibraltar—; almirante Home Riggs Popham —conquistador del Cabo—; y a William Wilberforce —opositor del esclavismo a ultranza—.

En consecuencia la sentencia ratifica que si la libertad es el poder, que nos da la razón y más inmediatamente la voluntad, de hacer o no hacer de obrar o no obrar; de efectuar o no; consideraciones o más bien acciones deliberadas reconociendo que sus elementos son la voluntad, como principio interno; el fin, como bien propio; y el acto, dado por la elección; entonces, es particular diferenciarla de aquella que no es interna, ya que la licencia para desplazarnos sin obstáculos no nos diferencia del resto de los seres, a no ser que prive como criterio la comparación; solo así, nos podemos distinguir de aquellos que lo hacen por intuición, ya que en ellos no hay capacidad para razonar aun sin obstáculos. En este círculo del pensamiento global del hombre sobre la libertad, es donde encaja el pensamiento político de Miranda, debido a que es como se define que,

«en tanto hombre de su tiempo, sitúa enteramente en el marco de las referencias fundamentales de la Ilustración: la preeminencia de las virtudes [115] de la

---

[114] Jeremy Bentham, John Stuart Mill, y Herbert Spencer se apoyaron en él como una de las principales fuentes del utilitarismo.

[115] La virtud es una cualidad moral que busca la plenitud y excelencia en el hombre, manifiestas a través del intelecto, la voluntad y de sus emociones; de las cuales surgen como tales la prudencia, la fortaleza, la templanza y la justicia consideradas como virtudes cardinales.

razón, el orden como fuente de bienestar y la fe en el progreso ilimitado del hombre [116]»

Por lo tanto, aun cuando no hay dudas sobre el valor del orden y el progreso, no como virtudes, sino más bien, como circunstancias dispuestas y observables que funcionan contra el caos e indican una cierta mejoría en las condiciones humanas; se puede decir, que aportan elementos que buscan cierto grado de felicidad.

Desde esta interesante «perspectiva» [117] el hombre inclina su balanza de fines, fin último y fin último concreto atendiendo a la naturaleza de ellos mismos y de las necesidades, hasta modificarlos a discreción o no desviando sus inclinaciones naturales, tal como Maquiavelo nos indica que:

> «el príncipe procure, como arriba he dicho en parte, rehuir las cosas que le hagan odioso o menospreciado, y, siempre que eluda esto, habrá cumplido lo que le conviene y no encontrará peligro alguno en las demás infamias que le imputen» [118].

La voluntad, participación y responsabilidad.

La complicidad social como sistema de creencias estima del sujeto tanto su conducta y aptitudes como su manifiesta disposición ante las contrariedades y; es explicable, por la facultad de hacer o no hacer las proposiciones con las que participa enjuiciándose ante ciertos actos de esa misma cosa.

Esta correlación, es contemplable a través de la voluntad como declaración sobre el orden de cómo obrar, ó, como se debieron dirigir

---

[116] Carmen L., Bohórquez Moran: *Óp. cit.*, p. 291

[117] María de Los Ángeles Nogales Naharro: "La libertad moral", *Anuario de Derechos Humanos*, Nueva época, Vol. 11, 2010, España, pp. 433-450.

[118] Nicolás Maquiavelo: *El Príncipe y sus escrito políticos*, Colección Ariel, Ediciones Aguilar, 1966, Madrid, p. 158.

las fuerzas sociales del hombre; (a) al aislarse, de la adaptación a la naturaleza sus restricciones coercitivas; (b) al privarse, de la manera de obrar por mecanismos psicosomáticos; y (c) cuando disminuye el grado de fijación de su conducta al que su propia naturaleza le impone; y por medio de la participación descubriéndole ser ese complejo proceso de concurrir presumiéndose de responsabilidades inseparables de su relación primaria.

La acción y el resultado de éstas relaciones que comparten características importantes contribuyen a comprender formas que podrían cambiar la cosa obligación, para « la libertad de » la determinación instintiva de obrar por el orden; a otra cosa, distinta llamada responsabilidad a causar efectos de « la libertad para » obrar por el orden; donde el orden, representa como cultura política la desobediencia; al tiempo que el efecto de ese resultado de la facultad de hacer, ó, no hacer, proposiciones sobre el obrar por el orden; determinan, ó, causan consecuencias a partir de los medios a sus fines — fin ultimo, el obrar; fin supremo, el orden y; fin supra supremo, la libertad—.

Dado el efecto de ese resultado, es de advertir, como he dicho que si la voluntad de elegir por el obrar —fin ultimo— respecto de los medios para alcanzar la libertad —fin supra supremo — es contradictoria con el orden —fin supremo —; entonces, podemos convenir en cuanto al obrar — fin último — por el orden —fin supremo—, que la libertad es paradójica —fin supra supremo—, ó, racional, en caso contrario.

La complicidad social y su estructura.

A partir de estas premisas, podemos inferir que la facultad del hombre sobre los medios tanto a condiciones mas generales de los fines distorsiona las convicciones de su libertad a la acción del cómplice en stricto sensu y principal[119] por un lado al relacionar

[119] Véase Ortolan: Résumé des éléments de droit pénal, Paris, 1867, p. 162. Boitard: Leçons sur les codes penal et d'instruction criminelle, Paris, 1842, p. 191. P. Rossi: Œuvres completes, Paris, 1863, Tomo II, p. 184. Haus: Principes

su propia participación con la sociedad y sus complejidades con el número de sus partícipes; provocando que la libertad paradójica transforme a la complicidad social por efecto en su consecuencia mayor; y por el otro a concluir que la complicidad social representa el deseo, ó, propósito —participación política— de colaborar en la implicación del compromiso, ó, cometido —intención de causar daño— de una actividad, ó, hecho—responsabilidad—a la que le es determinable su divisibilidad epistemológica.

Vale la pena aclarar al respecto, que desde la antigua Grecia, ha existido por restricciones propias y por ley[120] la penalidad a la conducta antiética incluida en libertad paradójica cuando se trataba del concurso de varias personas en la ley de Parricidiis,[121] la ley de Sicariis[122] y, la ley de Adulteris del emperador Octavio Augusto[123]; la cual como legislación de importancia por argumentos para la libertad paradójica y la complicidad social en relación con la equiparación en la pena de varios participantes del derecho romano, incluía: (a) la participación moral de cada individuo en el delito y (b) su intención; (c) la responsabilidad personal y la colectiva; y (d) su carácter colectivo y no individual, toda vez procedente del hecho de haberse reunido para cometerlo.

Planteada su estructura, puede señalársele la libertad paradójica y la complicidad social, su carácter evolutivo desde el absolutismo

---

généraux du droit penal belge, Paris, 1869, p. 363. Benoit-Champy: Essair sur la complicité, Paris, 1861. Impallomeni: «Del concourse di piu personé in un reato», en Revista penale, Vol. XXVI.

[120] Véanse Ulpiano y Groscio, De Jure belli et pacis, Tomo II, p.112. y Benoit-Champy: Essai sur la complicité, París, 1861, p. 35.

[121] Castigaba con pena igual tanto al autor del parricidio como al cómplice, contándose entre este último al que hubiera suministrado el dinero para adquirir el veneno o para pagar a los agresores.

[122] Donde se castigaba equiparados tanto al que propone el veneno como a quien lo suministra.

[123] Estableció la pena a quien prestase la casa para consumar el hecho; demostrándose haber privado con ello el criterio subjetivo sobre el objetivo para juzgar los delitos, sin que ocurrieran grandes diferencias de penalidades entre autores y los demás participantes en el delito.

de la lógica del derecho positivo al estudio del desarrollo de la teoría de ella misma e indicarle además que las acciones de penalidad por la equiparación en las penas a los autores y a los cómplices[124] como se ha referido funcionaron por aquellas legislaciones estatutarias italianas[125] : (a) las Constituciones piamontesas de Victorio Amadeo de 1729 y de Carlos Manuel de 1770; (b) la legislación de los Visconti en Lombardía;[126] (c) y en las de la dinastía borbónica; además, de (d) la Ley Sálica;[127] (e) la de los Establecimientos de San Luis; (f) la Constitución Criminal de Carlos V; (g) la Ordenanza de 1670;[128] (h) y en Inglaterra, con aquella ley de Enrique I que condenaban al homicida y al cómplice, separando a los delincuentes principales de los cómplices con la tendencia a dividir la responsabilidad de los autores de los cómplices a excepción del Código Francés del 25 de septiembre de 1791 y de 1810.

Aun así, por añadidura merece importancia la participación moral de cada individuo en el delito y su intención para cometerle, ya que producen esa súper estructura de autores principales y cómplices referidos con anterioridad que dividen el delito, (a) en directo e indirecto; (b) separan delincuentes, en autores, agentes principales y cómplices; y (c) establecen diferencias sustanciales entre la complicidad necesaria y la no necesaria, clasificando a los partícipes, entre autores, co-reos inmediatos y co-reos remotos ó cómplices; ya perfectamente incluidos en el Código Penal para el

---

[124] Es importante revisar en la Ley Visigoda la asimilación en la pena a todos los participantes en un delito; en el Derecho Longobardo, el sistema basado sobre las composiciones que distinguió los agentes principales de los reos accesorios; y el Derecho Canónico, el pecado y el delito como un simple concurso moral para hacer responsable a un individuo que hubiese obrado materialmente; y la evolución de los Estatutos Italianos (de Génova, Pistoia, Florencia, etc.).

[125] En los antiguos Estatutos Italianos, se castigaba con la misma pena al autor del delito como al que lo aconsejó; lo indujo a cometerlo por medio del ruego, la exhortación, la instigación, la excitación o los halagos; al que dio las instrucciones, o al que participó en cualquiera que fuese el acto de cooperación.

[126] Los cómplices eran menos castigados que los autores.

[127] Dividía a los partícipes entre categorías e imponía una multa.

[128] Distinguieron varias clases de participación en el delito.

Reino de Italia de 1804; la Ley Napolitana de José Napoleón del 20 de mayo de 1808; el Código Napolitano de 1819; y en el Código penal Austríaco del 3 de septiembre de 1803.

En conclusión, consistiendo lo descrito ser fundamentos de la complicidad social como fenómeno sociológico y especie del delito afirmaría que ella consiste en el deseo a participar entre proposiciones con cualidades para la sugestión, el consejo, ó, la amenaza creadora de riesgos sociopolíticos en los que la sociedad como cómplice con (a) la acción del protagonista (b) y por reacción de la víctima, (c) aceptan acuerdos antiéticos del mismo orden.

Influencia Mirandina en la formación de derechos políticos.

Sostenida la proveniencia de la complicidad social desde la libertad paradójica hay lugar para afirmar por sus propiedades ser fuente de los mas complejos problemas sociales en el continente por malas prácticas políticas en la conformación y estructuración de gobierno y de Estado ; motivo del cual, me valdré analizar con la filosofía del positivismo y evolucionismo[129] comparando sus resultados políticos en Hispanoamérica con aquellos esperados de la ideología política de Francisco de Miranda.

Vale decirse, igualmente de esta filosofía que su prejuiciosa influencia encara profundizaciones críticas irresistibles a la flexibilidad del lenguaje a la historia con respecto al ideal político de Miranda; tanto como que «la sociología, o más ampliamente la historia, no necesita construir, por cuanto, sólo lo es el ser porque su único sujeto, el hombre, es precisamente el ser en el cual se revela la totalidad del ser»[130]; ya que, «no se trata pues de investigar la sociedad o la historia, sino de sentirla, de vivirla y de realizarla».

A partir de este extraordinario pensamiento, debo decir que lo

---

[129] Ángel J. Cappelletti: *Positivismo y evolucionismo en Venezuela*, Monte Ávila Editores, Caracas, 1992.

[130] Ibid., p.10

inédito de Francisco de Miranda, es que pierde significación histórica y política frente a los juicios del positivismo[131] y evolucionismo; de manera especial en la historia de las ideas políticas de Hispanoamérica; por cuanto, la libertad como ofrenda me restituye cualquier parecer sospechando del etnicismo histórico y el nuevo orden con libertad del siglo XVIII al XIX de haber sido procedimientos hechizantes e inmejorables de la libertad paradójica, muy estimulantes a la complicidad social.

En relación con esto y por salud a la obra, la prudencia exige aclarar del positivismo y el evolucionismo, o sea de la sociología o física social; haber explicado luego de la revolución francesa por etapas sucesivas y procesos complejos los fenómenos sobrenaturales por fuerzas naturales, interpretando a la sociedad por leyes sociales.

Este enfoque con sus particularidades como metafísica del cambio y experiencia de política instrumental, por circunstancias de la historia política; era inadaptable a la hispanoamericana y es razón que desaplico el caudal político de Miranda afianzando la libertad paradójica como causa de la complicidad social.

Valen destacarse como ejemplos de este radical abandono, el etnicismo histórico; concebido por los sociólogos como barrera que separaba la utilidad del hombre por su origen racial impidiendo entre el pasado y el presente establecerse relaciones al futuro y al hacer creer con fatalidad en las características propias de la raza como causa de los males de la sociedad después de la independencia, lo cual es plenamente absurdo.

Cabe preguntarme: ¿Cuáles eran esas fuerzas sociales del etnicismo histórico promotoras del consentimiento antiético?;¿Como se valoró al cómplice y protagonista ante el hecho antiético?; y ¿Cuál era la acción del protagonista y la reacción de la víctima?

La respuesta es homogénea; sin embargo, en Venezuela, podemos referirnos a José Gil Fortoul quien vinculó a la teoría evolucionista a la herencia acordando desde el positivismo y evolucionismo que

---

[131] Conviviendo entre 1830 y 1860 en América Latina después del romanticismo y espiritualismo.

el hombre y su interacción con el medio geográfico facilitaba la transmisión de los caracteres psicológicos por influencia de la raza, el medio y la política; y sostuvo que los males sociales, posteriores a la independencia eran de carácter etnográfico[132] cuya solución era incrementar la población por medio de la inmigración.[133]

Otro ejercicio de pobreza intelectual, con esta filosofía e ideología enfrentado al patrimonio político de Miranda; es haber pensado y hacer creer, que las revoluciones se consideraban procesos que las aceleraban con reglas en las cuales la evolución de la sociedad se conduciría a la libertad en un futuro después de la transición, lo cual es utopía del siglo XVIII hasta el presente.

En Venezuela, Pedro Manuel Arcaya, con otros argumentos y suficiente auditorio hizo publicar que toda la época política post independencia carecía de comprensión de la mística democrática; razón por la que expuso que las ideas reinantes eran inadaptables al pueblo y que la deficiente evolución jurídica obedecía al exotismo de leyes no propias al medio y a la raza[134].

El mas fecundo de los sociólogos positivistas de acción, Laureano Vallenilla Lanz; transporto su fe positivista, al asociar a la sociedad a una comunidad con leyes que se rigen igual que el reino de los organismos animales; donde lo principal de la evolución, en lugar de la raza, lo era el medio propio y la época y, que el origen etnográfico estaba influenciado por el medio geográfico; haciéndonos saber que los males de la sociedad obedecían al hombre como caudillo llamado aun caudillismo o cesarismo democrático.

Este accidental atributo de la política venezolana justifica en el mejor caso la complicidad social como consecuencia de la libertad paradójica por la degeneración del poder y, es aún adjetivo que se describe en el modo de la política hispanoamericana.

En conclusión, interpretar los males sociales post independencia con herramientas sociológicas dispersas y limitadas a nuestro mundo

---

[132] José Gil Fortoul: *El hombre y la historia,* Librería de Garnier Hermanos, París, 1890, p. 190.

[133] *Ibid.,* p. 170.

[134] Alfredo Poviña: *Historia de la Sociología Latinoamericana*, cit., p.119.

como lo es la filosofía e ideología del positivismo y evolucionismo destinadas en su oportunidad al servicio de una «pintoresca montonera insubordinada»[135] donde el «instinto bárbaro y el gusto del desorden por el orden fue más eficaz que el principio jurídico y la construcción abstracta de los ideólogos»[136] demostró un desconocimiento pleno de la realidad política propio de la improvisación intelectual que desarticulo la voluntad, participación y, responsabilidad política con Francisco de Miranda afectando la legitimidad de la libertad política ante de las mayorías sin equilibrio alguno con las minorías.

Formas de gobierno y de Estado, y sus consecuencias.

De muchas maneras el positivismo y evolucionismo en Brasil y Argentina, proporciono algún beneficio; sin embargo, la poca audacia intelectual para reconocer sus límites en el resto del continente, como es el caso de Venezuela; propició que la libertad paradójica y su consecuencia inmediata la complicidad social incidiera al describirse las formas de Gobierno y de Estado que se ajustaran a reconocer el origen de los males sociales después de la independencia.

A partir de aquí en adelante vale recordar con este juicio sobre formas de gobierno y de Estado la tipología de la escala sobre constituciones políticas entre el modo sistemático por el orden de los datos recopilados y, el axiológico que establece el orden de preferencia; y entre el juicio de valor, por suposición de que el objeto que se evalúa puede ser diferente de lo que es y el juicio de hecho que solamente da a conocer el estado del hecho o de las cosas[137]; con la que podríamos acercarnos al buen juicio político para haberse escogido la forma de gobierno apropiado entre: (a) el bueno, como adecuado a la realidad

---

[135] Mariano Picón Salas: *Suma de Venezuela*, Antología de páginas venezolanas, Editorial Doña Bárbara, C.A., Caracas, 1966, p. 81.

[136] *Ídem.*

[137] Norberto Bobbio: *La Teoría de las Formas de Gobierno en la Historia del Pensamiento Político*, Año académico 1975-1976, [Traducción de José F. Fernández Santilla], Fondo de Cultura Económica, 6ª edición, 2008, México, p. 9.

histórica concreta y propia que la crea, propio de la filosofía relativista e historicista; (b) el malo, desprendido del pensamiento de Platón, como degeneración de una forma ideal; ó, (c) una combinación, de ambos desprendida de la Política de Aristóteles; considerándose que,

> «…la consecuencia de que las formas buenas no son del todo buenas en el mismo grado, pues hay algunas mejores que otras, al tiempo de que no todas las formas malas lo son en el mismo grado, pues hay unas peores que otras»

Y de que existe también la posibilidad de que,

> «…termina por ser la sistematización de ésta en un orden jerarquizado, que por medio de una escala de preferencias permite pasar no simplemente de lo bueno a lo malo, sino de lo mejor a lo peor mediante el menos bueno y el menos malo».[138]

De hecho, de una u otra manera esta tipología se sobrepone a la ordenación simétrica entre constituciones imperfetas y políticas; y entre buenas y malas; y que quienes gobiernan, sean muchos, pocos, ó, solo uno; y qué al como lo hace, pueda considerarse bueno, ó, bien, si se trata de monarquía, aristocracia o democracia[139]; pero, será malo, ó, mal, si se trata de tiranía, oligarquía u oclocracia.[140]

En resumidas cuentas, para el continente ha debido privar en lugar del positivismo y evolucionismo, el pensamiento político de Miranda sobre formas de gobierno y de Estado que se desprenden del Estado

---

[138] *Ibid.*, p. 11.

[139] Gobierno del pueblo, donde todos legislan y mandan a la vez. Véase Platón, *Diálogos* IV. *República,* [Traducción de Conrado Egger Lan], Editorial Gredos, Madrid, 1988, p. 380.

[140] Polibio, al usar el término democracia como buena forma de gobierno popular, introduce para nombrar al gobierno popular en su forma corrupta la palabra *oclocracia,* que significa multitud, masa, chusma, plebe y que bien se corresponde con un gobierno de masa en sentido peyorativo.

Ideal de Platón con Las Leyes[141] y La República; con lo cual se estaba comprometido en asegurar aquello de que : (a) cuando el gobierno se ajusta a las leyes se refleja en la monarquía,[142] la aristocracia[143] y la democracia;[144] (b) y que cuando no, adopta la tiranía, oligarquía y la timocracia[145] como formas degeneradas de gobierno.

Finalmente, resta saber las razones del alejamiento político de los clásicos y con ellos de Aristóteles y sus tratados de política sobre todo conociendo que para Francisco de Miranda el gobierno de interés general —monarquía, aristocracia y república— degenera en otros de interés particular —a saber, tiranía, oligarquía y demagogia—. ; tesis de Platón, bien influyente en hombres como fueron: Marsilio de Padua——Defensor Pacis—; Tomás de Aquino —Summa theologicae—; Bodin —Les six livres de la République—; Locke —Two Treatises on te Government—; Hobbes —De cive y Leviathan—; Rousseau —Contract social—; Kant —Rechslehre,—y Hegel —Rechtsphilosophie.

---

[141] Platón, Biblioteca Filosófica, *Obras Completas de Platón*, Tomo IX, [Traducida por D. Patricio De Azcarate], Madrid, Medina y Navarro Editores, 1872.

[142] Gobierno del mejor o los mejores. Es la forma más perfecta de gobierno, tanto si manda uno solo o si mandan varios, Platón, fundamenta la aristocracia en la virtud y el saber, y no de sangre o linaje, muy contrario a la concepción de los sofistas. Aristóteles, luego en el Libro III del capítulo V de *La Política*, amplía como su degeneración la Tiranía, en la cual sólo tiene por fin el interés personal del monarca.

[143] Al igual que la monarquía, representa al gobierno de hombres del bien por interés general, al cual se le opone como degeneración la oligarquía que tiene como fin sólo el interés de los ricos.

[144] Con Platón queda igualmente reconocida como tal; mientras que, con Aristóteles, se define como República, y es el gobierno de la mayoría en beneficio del interés general. La degeneración, es con Platón en la Timocracia, y con Aristóteles, en la Demagogia, en la cual sólo se tiene en cuenta el interés de los pobres.

[145] Es el gobierno de los que tienen cierta renta acumulada y honor socio-militar. En esta categoría se encuentran los amigos más de la guerra que de la paz, de hecho, no son los mejores hombres, sino los más ambiciosos que sostienen el afán de la notoriedad y el desprecio por las ciencias. Platón, señala que termina por la corrupción en Oligarquía.

CAPITULO 9

PERSPECTIVAS HISTORIOLOGICAS

La historiografía "[…] es una modalidad de la investigación histórica que consiste en indagar y evaluar la forma específica como en el marco del discurso histórico, los historiadores han abordado e interpretado un determinado proceso o coyuntura histórica…]"[146] sobre el que German Carrera Damas le ha dado importancia para separarse del sesgo histórico conservando esa visión a la que Gilberto Quintero Lugo, le adjudica como el "[…] insistir en su importancia…] [147]", o sea, es el camino por donde se conduce el conocimiento del historiador que puede producir una cierta modulación intencionada del pasado histórico con fines propios.

Ahora bien, esa perspectiva y otros enfoques, requieren ser identificados en el proceso del constitucionalismo provincial de la Venezuela entre el periodo de 1810 a 1812 aun cuando se nos ha hecho saber que el discurso histórico del siglo XIX (1800-1900) y el XX (1900-2000) descansan sobre el marco ideológico que justifica las batallas coloniales legitimando el dominio de las elites criollas con hegemonía en las naciones emergentes; punto desde el cual, la perspectiva prevaleciente, es la patriótica muy vinculada con la Nación y muy heroica y exteriorizada como una guerra de liberación

---

[146] Gilberto Quintero Lugo: "El tema de la Independencia en la historiografía americana", ULA, Procesos históricos: *Revista de Historia y Ciencias Sociales,* N° 20, Julio-diciembre, 2011. Dossier.

[147] *Ídem.*

nacional, en lugar de una guerra civil incomprendida sin menoscabo de aplicar la tesis sobre liberación, revolución y emancipación a que se refiere Graciela Soriano[148].

Es preciso agregar que este enfoque o mejor dicho perspectiva para los historiadores sostuvo mejoras muy importantes; sin embargo, guardo reservas en cuanto a los modos de divulgación técnica y científica aplicadas al caso, sobre todo cuando no dejo de asegurarme que el sesgo histórico ha estado presente a partir de su retiro y persiste hasta el día de hoy.

De lo dicho, agregaría que en Venezuela entre los años de 1900 y 1970 el positivismo y el materialismo histórico dieron modelos de interpretación históricos por reinterpretaciones hacia la historiografía tradicional, heroica y romántica; que aportaron críticas a los procesos de cambios constitucionales y republicanos, pero estuvieron influenciados por fuentes y testimonios apropiados ilegítimamente de otras perspectivas con fundamentos muy distintos a lo tradicional. A verbigracia, encontramos a Laureano Vallenilla Lanz, con su Cesarismo Democrático y Disgregación e Integración[149] y, a Carraciolo Parra Pérez, con su Historia de la primera república; como actos de remodelación de la historiografía tradicional.

Sus resultados fueron reconocer la ruptura del dominio imperial como un proceso de cambio y de acción elitista enfrentada en el contexto de las ideas liberales y del capitalismo mundial; pero, quedando rezagado el cambio constitucional desde la independencia por una simple ampliación ideológica política del antiguo régimen a una condición más civilizada.

Podría decir que se justificó el sacrificio de una sociedad emancipante de las guerras fundamentada en el heroísmo capitalizada en una minoría que no obstante, un siglo después, resistimos con herramientas sociales impropias cuyo desenlace histórico es la

---

[148] Catalina Banko. Manuel Caballero. Antonieta Camacho. Ramón Vicente Chacón Vargas. Carolina Guerrero. Elena Plaza. Graciela Soriano. Pedro Sosa: *Op. cit.*, p. 17.

[149] Leopoldo Zea: *Pensamiento positivista latinoamericano*, Tomo I, Fundación Biblioteca Ayacucho, Caracas, 1980, p. 364.

incomprensión y el desconocimiento deliberado Francisco de Miranda, Manuel Gual y José María España; separados de la historia real y enriquecidos en mejor posición por la tragicidad criminal con que finalizaron sus últimos días de vida unos y otros en el exilio político con una puñado de sus ideas amasadas por otra clase de guerreros.

Esa perspectiva nos hace saber que la guerra de independencia y la ruptura colonial con su contenido político y social, son una prolongación de las revoluciones francesas y estadounidense; sin embargo, hay sobre el mismo asunto otros exámenes globales particulares que la circunscriben a ser que toda expresión de la crisis estructural de las sociedades coloniales persistiendo en la modernidad como no satisfechas y, como una colonia modernizada por nosotros mismos.

En relación a esto último, no puedo dejar pasar por alto referirme a que hay elementos sociales de acción y reacción, tanto propios como ajenos, dados a las circunstancias que al aceptarlos colaboran en comprender el esfuerzo de Francisco de Miranda para reconocer entre otros espacios particulares: (a) la forzosa disipación en el continente de los ideales de libertad del mundo moderno; (b) la promoción del capitalismo mundial inglés y el desarrollo de sus agentes económicos al servicio de una joven economía ; (c) la necesidad de imponer y conectarse el hombre social con el poder de la economía a través del mercado y no de las fuerzas políticas ; (d) la lucha por la libertad e igualdad del hombre como ideal no negociable que estimulo el nacimiento de un nuevo Estado; (e) el requerimiento de fijar la identidad nacional en el proceso de crisis colonial e imperial para despejar el camino del bienestar y de la independencia económico y política; (f) y la necesidad de constituirse las elites políticas y económicas criollas en serios vehículos sociales que dirijan el destino de la emergente Nación.

Por ello hemos transitado a una historia menos estructural en el buen sentido de la palabra que busca concretar su esfuerzo en un espacio relativizado al servicio de todos quedando abierta la posibilidad de una perspectiva de historia estructural no confeccionada aun y, una extensa lista de puntos de interés colectivos para la nueva historia o la historia total que conjugue las mayorías.

A todos los fines propuestos, es importante conocer y recordar por un lado que perdimos dos siglos, el XVII y el XVIII y, solo a partir del siglo XVIII cuando observamos por y entre sus instituciones cierto adelanto político por las proclamas de emancipación y la necesidad de adquirir autonomía fiscal ante la Corona; lo cual, provoco la evolución de sus instituciones con el nacimiento de la Compañía Guipuzcoana entre 1724 y 1784 y los movimientos insurreccionales por su monopolio, la Rebelión de Andresote de 1730 a 1732, el motín de San Felipe el Fuerte de 1741, el de Juan Francisco de León en 1741 y, la Sublevación de El Tocuyo en 1744; además de contar entre ellos, con la integración política de Venezuela por el decreto de creación de la Capitanía General de Venezuela del 8 de septiembre de 1777; el establecimiento de la libertad de comercio de 1778; el nacimiento de la Universidad de Caracas de 1721 y del Cabildo y, la iglesia Católica con la creación del arzobispado de Caracas del 24 de noviembre de 1803, la Intendencia de Caracas el 8 de febrero de 1776, la Real Audiencia de Caracas del 13 de junio de 1786 y el Real Consulado de Caracas del 3 de junio de 1793. Esos acontecimientos en su mayoría son previos al periodo de formación constitucional y estuvieron influenciados no solo por el movimiento de Manuel Gual y José María España de 1797; sino, además por el alzamiento de José Leonardo Chirinos y José Caridad González el 10 de mayo de 1795 y, por las acciones insurreccionales de Juan Mariano Picornel líder y organizador de la Conspiración de San Blas en Madrid en 1795 con la complicidad de Manuel Cortes Campomanes, Sebastián Andrés y, José Lax con la Conspiración de San Blas, de Madrid de 1795 dirigida por Juan Mariano Picornel [150]

---

[150] Más tarde encarcelado en la Guaira en Venezuela y sentenciado a cadena perpetua llegando Manuel Gual y a José María España a tener acceso a las ideas revolucionarias para derrotar la monarquía absoluta española al estilo francés iniciando a mediados de 1797 hasta el 8 de mayo de 1799 el primer movimiento independentista de Venezuela que dejó como documento difundido entre la

Sin embargo, por otro lado, en Venezuela el juego político con José Antonio Páez en 1830 al apoyar a "[…] los grupos oligárquicos porque sin él, sin guerrero que viene del pueblo, ellos no tendrían la voluntad de poder. [hace que] Lo que en la Historia de nuestro país se llama el régimen godo o la oligarquía conservadora, [que resulto ser] es un sistema de transición entre el militarismo que tiene su origen popular y la clase aristocrática]"[151]

Ese sistema de transición ocuparía grandes espacios en la política que impulsaron criterios contrarios a esa sociedad que aspiraba a la formación saludable del Estado; en el sentido de orientarse la confianza de sus compatriotas en la Confederación Americana por la que Francisco de Miranda ofreciendo la autonomía política protesto que la "[…] Sud américa española ya no es un país de salvajes, un África por repartirse, ni un continente desnudo como descubrió el capitán Cok]"[152] y que se puede entender también que al rechazar de los ingleses sus pretensiones imperialistas el insistiría "[…] en la necesidad de una confederación americana"[153]

para la sana "entrega de voluntades"[154].

Mas tarde, esa sociedad colonial se le arrebataría el derecho de propiedad confiscando tierras y patentó el oportunismo como

---

sociedad los "Derechos del hombre y del ciudadano", traducidos del francés por Antonio Nariño. Manuel Gual sobrevive, pero no así José María España, quien mantendrá contacto con Francisco de Miranda, hasta el 25 de octubre de 1800, cuando fallece en Trinidad victima por envenenamiento. La conspiración de Gual y España, resulta ser el auténtico movimiento emancipador ocurrido en Hispanoamérica contemplando un perfecto objetivo social fundamentado en una doctrina política que aspiraba la transformación de una sociedad colonial hacia una sociedad profundamente libre que incluyó "la declaración de los derechos del hombre y del ciudadano", tratado compuesto de treinta y cinco (35) dispositivos y sus veinticinco (25) máximas republicanas que constituyen el marco ideológico para una sociedad nueva unida al "discurso dirigido a los americanos".

[151] Mariano Picón Salas: Óp. cit., p. 87

[152] Mariano Picón Salas: Miranda, …cit., pp. 81-82.

[153] Ídem.

[154] La influencia concede la facultad de decidir sobre una serie de acciones ordenadas con el entorno político.

herramienta política de gestión apreciable en el prócer José Tadeo Monagas quien "[…] el 10 de abril de 1848] [155] ordeno apropiarse de las tierras baldías a los gobernadores y Juan Vicente Gómez, de los veinte estados para esa época era un próspero latifundista a excepción en Lara, Falcón, Mérida, Trujillo, Barinas, Portuguesa, Anzoátegui y Nueva Esparta.

---

[155] Idem

CUARTA PARTE

CAPITULO 10

ANEXOS

Manifiesto del general en jefe del ejército libertador a sus conciudadanos

La conducta de Miranda sometió la República venezolana a un puñado de bandidos, que, esparcidos en sus extensas poblaciones, llevaron por todas partes los suplicios, las torturas, el incendio y el pillaje: renovaron las escenas atroces con que ensangrentaron al Nuevo Mundo sus primeros conquistadores. Las estipulaciones, la buena fe de sus habitantes, su dócil sumisión, lejos de ser un dique a la violencia. fue el cebo de su estúpida fiereza y rapacidad. La tiranía del rudo y pérfido Monteverde echará para siempre el sello de la ignominia y del oprobio a la nación española v la historia de su dominación será la historia de la alevosía, del terrorismo, y otros semejantes resortes de su oolítica.

La nación que infringe una capitulación solemne. incurre en la proscripción universal. Toda comunicación, toda relación con ella debe romperse: ha conspirado a destruir los vínculos políticos del Universo, y el Universo debe conspirar a destruirla.

Americanos, el acto por el cual el gobierno español ha desconocido el sagrado de los tratados os ha dado un nuevo y terrible derecho a vuestra emancipación y a su exterminio.

Arroyos de sangre ha regado este suelo pacifico, y para rescatarle de la tiranía ha corrido la de ilustres americanos, en los encuentros gloriosos de Cúcuta, Carache, y Niquitao, donde su impetuoso valor, destruyendo al mayor número, ha inmortalizado la bizarría de nuestras tropas. Las repetidas y constantes derrotas de los españoles en estas acciones prueban cuanto los soldados de la libertad son superiores a los viles mercenarios de un tirano. Sin artillería, sin numerosos batallones, la fogosidad sola. y la violencia de las marchas militares, ha hecho volar los estandartes tricolores desde las riberas del Magdalena hasta las fronteras de Barcelona y Guayana. La fama de nuestras victorias volando delante de nosotros ha disipado sola ejércitos enteros, que en su delirio intentaban llevar el yugo español a la Nueva Granada, y al corazón de la América Meridional. Cerca de tres mil hombres a las órdenes de Tízcar, seguidos de una formidable artillería, estaban destinados a la ejecución del proyecto. Apenas entrevén nuestras operaciones, que, huyendo como el viento, arrastran consigo como un torbellino furioso, cuanto su rapacidad puede arrebatar a las víctimas que inmolaban en Barinas y Nutrias. Desesperando de hallar salud en la fuga misma, al fin solicitan la clemencia de los vencedores, y caen en nuestro poder su artillería, fusiles, pertrechos, oficiales y soldados. Un ejército fue así destruido sin un tiro de fusil, y ni sus reliquias pudieron salvarse.

Nada importa que el comandante Oberto, confiado en sus fuerzas, intente para sostener a Barquisimeto, aventurar el éxito de una batalla con el ejército invencible. La memorable acción de los Horcones, ganada por nuestros soldados, es el esfuerzo mayor de la bizarría, y del valor. Solos quince hombres pudieron escapar por una veloz y vergonzosa huida. Ejército de Oberto, divisiones de Coro, artillería, pertrechos, bagajes, todo fue apresado o destruido. Nada faltaba ya al ejército republicano, sino aniquilar el coloso del tirano mismo. Estaba reservado a los Taguanes ser el teatro de esta memorable decisión.

Monteverde había reunido allí las únicas fuerzas que podían defenderle. Si fue éste el último y el mayor esfuerzo de la tiranía, el resultado le fue también el más desastroso y funesto. Todos sus batallones perecieron o se rindieron. No se salvó un infante, un fusil. Sus más expertos oficiales muertos o heridos. Este fue el momento de la redención de Venezuela. Allí fueron las últimas atrocidades de Monteverde. En su fuga incendiaba las poblaciones, pillaba a todos los habitantes, y con los despojos de los pueblos se refugié a Puerto Cabello, donde su estupidez no le ha permitido almacenar provisiones de viveros ni aun de pertrechos.

Pocas victorias han sido acompañadas de circunstancias tan gloriosas. Ella ha dado un esplendor a las armas americanas, de que no la creían capaces los otros pueblos. No hubo sino un solo herido; y el ejército de Monteverde fue pulverizado. Las ciudades de Valencia, las de los Valles de Aragua, Caracas, La Guaira, todo lo que la tiranía habla reducido a una desolación espantosa, fue en un momento rescatado, animado del regocijo universal; y al silencio de los muertos, sucedieron los vivas de la Libertad.

¿Quién hubiera esperado que cuatro miserables europeos, indisciplinados y sin caudillo, de- la ciudad de Caracas, hubieran propuesto entonces al Vencedor condiciones para rendirse? Desunidos, impotentes y sumergidos entre millares de patriotas solos bastantes para sufocarlos, presentaron un tratado de capitulación, que sólo hubiera soportado la clemencia del Vencedor. Se concluyó en La Victoria con ventajas que no podía esperar su estado miserable. La conciencia de sus crímenes no les permitió esperar tampoco el resultado de la negociación, corrieron vergonzosamente en tropel a los buques de la bahía como sólo medio de su salvación.

Habitantes de Caracas y La Guaira: vosotros habéis sido testigos oculares del desorden escandaloso con que el Gobierno español ha desaparecido de entre vosotros, abandonando a merced de los vencedores, a los mismos que debían ser el blanco de la ira, y la venganza. ¿Qué hombres sensatos podrán ser más los partidarios de un inicuo Gobierno, que después de haberlos envuelto en sus crímenes, los expone él mismo al sacrificio? Un Gobierno cuyo objeto es el pillaje, sus medios la destrucción y la perfidia; y que lejos de ver la defensa general, ¿rinde al cuchillo a sus más comprometidos defensores?

Nuestra clemencia ha perdonado a esta última perfidia: ha retirado del suplicio a los destructores de Venezuela, y ha propuesto por una comisión a sus residuos, acogidos en Puerto Cabello, extender a ellos mismos tan incomparable generosidad. Si ellos resisten, su obstinación labrará su pérdida por un funesto escarmiento.

Está borrada, venezolanos, la degradación e ignominia con que el déspota insolente intentó manchar vuestro carácter. El Mundo os contempla libres, ve vuestros derechos asegurados, vuestra representación política sostenida por el triunfo. La gloria que cubre las armas de los libertadores excita la admiración del Mundo. Ellas han vencido: ellas son invencibles. Han infundido un pánico terror a los tiranos, infundirán un decoroso respeto a los Gobiernos independientes, como el vuestro. La misma energía que os ha hecho renacer entre las naciones, sostendrá para siempre vuestro rango político.

El General que ha conducido las huestes libertadoras al triunfo, no os disputa otro timbre, que el de correr siempre al peligro, y llevar sus armas donde quiera que haya tiranos. Su misión está realizada. Vengar la dignidad americana tan bárbaramente ultrajada, restablecer las formas libres del Gobierno republicano, quebrantar vuestras cadenas, ha sido la constante mira de todos sus conatos. La causa de la libertad ha reunido bajo sus estandartes a los más bravos soldados, y la victoria ha hecho tremolarlos en Santa Marta, Pamplona, Trujillo, Mérida, Barinas y Caracas.

La urgente necesidad de acudir a los débiles enemigos que no han reconocido aun nuestro poder me obliga a tomar en el momento deliberaciones sobre las reformas que creo necesarias en la constitución del Estado. Nada me separará de mis primeros y únicos intentos. Son vuestra libertad y gloria.

Una asamblea de notables, de hombres virtuosos y sabios, debe convocarse solemnemente para discutir y sancionar la naturaleza del Gobierno, y los funcionarios que hayan de ejercerle en las críticas y extraordinarias circunstancias que rodean a la República. El libertador de Venezuela renuncia para siempre, y protesta formalmente, no aceptar autoridad alguna que no sea la que conduzca nuestros soldados a los peligros para la salvación de la Patria.

Caracas, 9 de agosto de 1813, 3° de la Independencia y 1° de la Guerra a Muerte.

De orden del General en jefe,
Antonio Muñoz Tébar, Secretario de Estado.
Imprenta de Juan Baillio. Caracas.

Manifiesto de Simón Bolívar, dirigido a las naciones del mundo. Exposición de los hechos del comandante español Monteverde, durante el año de su dominación en las provincias de Venezuela

El Brigadier Simón de Bolívar, a las naciones del mundo: Los pueblos de estas provincias, después de haber proclamado su independencia y libertad, fueron subyugados por un aventurero, que usurpándose una ai4itoridad que no tenía, y aprovechándose de la consternación de un terremoto que más que sus estragos, le hicieron espantoso la ignorancia y la superstición, entró en la provincia derramando la sangre americana, robando a sus habitantes, y cometiendo las más horrendas atrocidades, que os han de irritar y conmover cuando con documentos suficientes se publique para vuestra noticia el manifiesto que califique estos hechos. Entre canto con el objeto de prevenir la calumnia de nuestros enemigos, es, de nuestro interés y obligación anticiparos en bosquejo, y sucintamente, porque no es posible de otra manera en las actuales circunstancias, las razones que justifican nuestra presente conducta, y que os ponen en la necesidad de aborrecer y detestar la de nuestros opresores, persiguiéndolos como a enemigos del género humano, y autores de crímenes los más horrorosos contra la justicia y el derecho de gentes, que han infringido descaradamente sin que hasta ahora se haya visto el castigo que debió imponer a estos malvados la nación a que pertenecen, y bajo cuyo nombre han derramado nuestra sangre, han ultrajado nuestras personas, y desolado el Estado. Introducido en ella Monteverde contra las expresas órdenes del general Miyares, de quien dependía, llegó subyugando los pueblos consternados y reducidos hasta las cercanías de la ciudad de Caracas recientemente destruida por el terrible terremoto del 26 & marzo de 1812. La única fuerza que le contenía estaba por desgracia mandada por un jefe que, preocupado de ambición y de violentas pasiones, o no conocía el riesgo, o quería sacrificar a ellas la libertad de su patria; déspota y arbitrario hasta el exceso no sólo descontentó a los militares, sino que, desconcertando todos los ramos de la administración pública, puso la provincia, o la parte que quedaba de ella en absoluta nulidad. Monteverde auxiliado de varios eclesiásticos ignorantes y desmoralizados que descubría en nuestra independencia y libertad la destrucción de su imperio, apuró sus recursos para acabar de seducir a los más y dejar a los menos sin arbitrios de defensa; destruida la ciudad capital; su población dispersa por los campos; muriendo las gentes de hambre y de miseria; atemorizados todos con los asesinatos que Antoñanza, Boves, y otros satélites que Monteverde esparció en partidas por lo interior de la provincia, para quitar la vida sin piedad, a sangre fría, sin formalidad, ni proceso a cuantos tenían el concepto de patriota, las tropas sin jefe y vacilantes; el pueblo dudoso de su suerte... Tal era el infeliz estado de Caracas, cuando reventó en los valles, de la costa Este, la revolución de los negros, libres y esclavos, provocada, auxiliada y sostenida por los emisarios de Monteverde. Esta gente inhumana y atroz, cebándose en la sangre y bienes de los patriotas, de que se les dio una lista en Curiepe y Caucagua, marchando contra el vecindario de Caracas, cometieron en aquellos valles, y especialmente en el pueblo de Guatire, los más horrendos asesinatos, robos, violencias devastaciones. Los rendidos, los pacíficos labradores, los hombres más honrados, los inocentes morían a pistoletazos y sablazos, o eran azotados bárbaramente aun después de haberse publicado el armisticio. Por todas partes corría la sangre, y los cadáveres eran el ornato de las calles y plazas de Guatire, Calabozo, San Juan de los Morros, y otros pueblos habitados por gente labradora y pacífica, que lejos de haber tomado las armas huían al acercarse las tropas a los montes, de donde los conducían, atados para quitarles las vidas sin más formalidad, audiencia o juicio; que hacerlos hincar de rodillas. Cualquier oficial o soldado estaba autorizado para dar impunemente muerte al que juzgaba patriota, o tenía que robar. En este conflicto, amenazada Caracas al Este por los negros excitados de los españoles europeos, ya en el pueblo de Guarenas, ocho leguas distante de la ciudad, y al Oeste por Monteverde, animado con el suceso de Puerto Cabello, sin otras tropas que combatir que las que estaban acantonadas en el pueblo de La Victoria, desmayadas y casi disueltas por la conducta arbitraria y violenta de un jefe aborrecido, se trató de capitular, y en efecto después de varias interlocuciones, se convinieron en los artículos de la capitulación, por virtud de la cual se entregaron las armas, pertrechos y municiones a Monteverde, y éste entró pacíficamente en la ciudad, y se apoderó de todo sin resistencia. El principal artículo de la capitulación firmada en San Mateo, el 25 de julio de 1812 fue, que no se tocaría la vida y bienes de los vecinos; que a nadie se formaría proceso por sus opiniones políticas anteriores a la capitulación; que no se incomodaría a ninguno; y que habría un general olvido de todo lo pasado. Un tratado así celebrado con el jefe de las tropas de una nación civilizada de la Europa, que ha hecho siempre alarde de su buena fe, descuidaba al hombre más caviloso y tímido, y todos descansaban de las pasadas fatigas, si no conformes con la suerte que la Providencia les había destinado, por lo menos tranquilos, y confiados en la fe de los tratados. Habían procurado sostener su libertad con entusiasmo, si no la habían podido conservar, se consolaban con la satisfacción de haber empleado los medios que habían estado a su alcance. El 29 de julio por la noche entró Monteverde en Caracas, fue visitado por los europeos, comunidades y personas notables; y presentándosele todos con la seguridad que debía inspirar la capitulación, debió conocer que las conmociones, alteraciones y novedades de la provincia procedían del despecho a que la habían precipitado las injusticias y excesos del Gobierno de España y la execrable conducta de los jefes que éste enviaba para administrarla y gobernarla. Debió pues conocer que ningún pueblo bien administrado y gobernado con justicia está descontento, y que el modo de hacerle olvidar agravios es cumplir exactamente la ley. Monteverde contra esos principios y lo capitulado comenzó por prender algunas personas de las más notables, y exponerlas en las plazas en cepos a vista de todos, y para esconder su infracción, hizo esparcir que aquellas prisiones y ultrajes eran por causas posteriores; y para acreditar esta voz, publicó una proclama con fecha 3 de agosto, en que repetía que sus promesas eran sagradas, su palabra inviolable, y que los procedimientos que se veían, tenían su origen en causas posteriores. De esta manera el pueblo, sin atreverse a dudar, y menos a creer que Monteverde fuese tan hipócrita, inicuo y descarado, estaba tímido y vacilante, cuando el 14 del mismo mes, destacadas por la ciudad y los campos partidas de isleños, catalanes y otros europeos y dirigidas las órdenes a los satélites del interior de la provincia, comenzaron las prisiones de los americanos. Viéronse los hombres más condecorados del tiempo de la República arrancados del seno de sus mujeres, hijos y familias en el silencio de la noche, atados a las colas de los caballos de los tenderos, bodegueros, y gente la más soez; conducidos con ignominia a las cárceles; llevados a pie unos y otros en enjalmas amarrados de pies y manos hasta las bóvedas de La Guaira y Puerto Cabello; encerrados allí con grillos y cadenas; y entregados a la inhumana vigilancia de hombres feroces, muchos de ellos perseguidos en el tiempo de la revolución; colmando la maldad bajo el pretexto de que todos estos infelices eran autores de un proyecto revolucionario contra lo pactado en la capitulación; y de esta manera quedaba en pie la duda, y todos vacilaban, hasta que asegurados de tan calumniosa felonía, huyeron a los montes a buscar seguridad entre las fieras, dejando desiertas las ciudades y pueblos, en cuyas calles y caminos no se veían sino europeos y canarios cargados de pistolas, sables y trabucos, echando fieros, vomitando venganzas; haciendo ultrajes sin distinción de sexos, y cometiendo los más descarados robos, de tal manera, que no había oficial de Monteverde que no llevase puesta la camisa, casaca o calzones de algún americano a quien habían despojado, y aun algunos oficiales que hacían de comandantes de las plazas, como el de La Guaira, el atroz Cerveris, entraba en las bóvedas de aquel puerto con el objeto de cubrir de dicterios a las mismas víctimas de cuyos despojos se hallaba vestido de los pies a la cabeza. Hiciéronse estos hombres dueños de todo; ocuparon las haciendas y casas de los vecinos; y destrozaban, o inutilizaban lo que no podían poseer. Es imposible dibujar con la brevedad que exigen las circunstancias el cuadro de esta provincia. Los hombres más honrados; los padres de familias; niños de catorce años; sacerdotes imitadores del Evangelio y verdaderas máximas de Jesucristo; viejos octogenarios innumerables hombres que no habían tenido, ni podido tener parte en la revolución, encerrados en oscuras, húmedas, y calurosas mazmorras, cargados de grillos, y cadenas, y llenos de miseria; algunos murieron sofocados en las mismas bóvedas, otros no pudieron resistir el pesar y martirio y rindieron la vida sin auxilios corporales, ni espirituales, porque los negaban impíamente, o los concedían cuando ya estaba sin fuerzas ni acción, ni voz el moribundo. En las calles no se oían sino clamores de las infelices mujeres por sus maridos, madres por sus hijos, hermanas por sus hermanos, parientes por sus parientes. La casa del Tirano resonaba con el alarido y llanto de tantos infelices; él se complacía de este homenaje, agradado del humo que despedían las víctimas y sus satélites, en especial sus paisanos los canarios, lejos de moverse a piedad, las insultaban con las bárbaras expresiones y groseras sonrisas con que manifestaban cuánta era la complacencia que recibían en la humillación de la gente del país. En medio del tumulto de las prisiones generales cinco o seis personas solamente lograron que Monteverde les diese pasaporte para salir de la Provincia. La estupidez del tirano que en sus decretos no tenía otra regla que la arbitrariedad, o el contentamiento de algún favorito, hizo que yo también le obtuviese. Con él sin perder tiempo pasé en compañía de mis compatriotas a la isla de Curazao, y de allí a Cartagena en donde refiriendo lo que pasaba en Caracas se exaltó la justa indignación de aquel generoso pueblo. Sus magnates tomaron a su cargo la demanda de los caraqueños, auxiliaron nuestras pretensiones en el Congreso de la Nueva Granada, y ciudad de Santa Fe, y entonces se vio cuanto es el interés que toma el americano por el americano. Los papeles públicos de los granadinos no respiraban sino la justa indignación que merecían nuestros opresores, y los representantes de las provincias comunicaron sus clamores a sus comitentes para que se preparasen auxilios de toda especie a favor de sus hermanos oprimidos. El entusiasmo de todas era igual al fuego que me devoraba por dar la libertad a mi patria, y en virtud de mis insinuaciones, y mis loables y santos deseos me vi colocado al frente de unas tropas que, aunque poco numerosas eran animadas del virtuoso deseo de libertar a sus hermanos del insoportable yugo de la tiranía, de la injusticia, y la violencia. Entré en la provincia derrotando las huestes de los tiranos tantas cuantas veces se me pusieron delante. Era imposible resistir el choque de unos hombres libres y generosos, determinados y valientes, que habían jurado exterminar a los enemigos de la libertad, a que con tantas razones aspiran los pueblos de la América. Este entusiasmo se aumentaba, y encendía con mayor fuerza al paso que introduciéndonos en la provincia, se nos hacían evidentes los horrorosos desastres que causaban los españoles y canarios. Sabíamos entonces, y veíamos la devastación de las haciendas; destrucción de los bienes; ultraje de las personas y exterminio de los vecinos. Llorábamos sobre las ruinas, y juntando nuestras lágrimas a las de tantas viudas y huérfanos, que aún miraban las reliquias de sus esposos, padres y hermanos, o colgando los postes en que los fusilaron, o esparcidos por el campo, repetíamos el juramento de libertad a nuestros hermanos de las cárceles, bóvedas y calabozos en que estaban como sepultados, y del infame, cruel yugo de tan terribles opresores. Hasta entonces fue nuestro ánimo, y también nuestra conducta, hacer la guerra como se hace entre naciones cultas; pero instruidos de que el enemigo quitaba la vida a los prisioneros sin otro delito que ser defensores de la libertad, y darles el epíteto de insurgentes, confirmada esta verdad con los que don Antonio Tízcar, comandante de las tropas de Monteverde en Barinas, pasó por las armas, sentenciados por un consejo compuesto de jueces que no tenían jurisdicción, que no observaron las formalidades más esenciales requeridas por la naturaleza, y por todos los códigos del mundo civilizado y bárbaro, y cuya sentencia se mandó ejecutar, y ejecutó por quien carecía de autoridad, resolvimos llevar la guerra a muerte perdonando solamente a los americanos, pues de otro modo era insuperable la ventaja de nuestros enemigos que a pretexto de titularnos insurgentes mataban a nuestros prisioneros, cuando nosotros los tratábamos con la decencia propia de nuestro carácter, y con todas las consideraciones debidas a la humanidad. Las consecuencias han acreditado y mostrado la justicia y necesidad de esta conducta, pues destituidos los españoles y canarios de la ventaja con que lidiaban, y asegurados de que su suerte era igual entre nosotros, a la nuestra entre ellos; dejaron de considerarse como amos, y comenzaron a tememos como a hombres. Entonces vimos palpablemente cuán cobardes son los hombres malos, y que es vano el temor que se tiene a los tiranos; no es necesario más que hacer frente firme al déspota, para que huya vergonzosamente. Nosotros hemos visto a estos valientes que, en otro tiempo, haciendo el papel de fieras acometían a los vecinos indefensos, y les pasaban las espadas por los pechos, y daban sablazos basta hacerlos pedazos, huir de un puñado de los nuestros que acometían a sus tropas formadas en número superior. Desde Cúcuta hasta Caracas sólo se dejaron ver siete veces para ser inmediatamente derrotados; y su error ha sido tanto que el famoso Monteverde que se presentaba en Caracas contrahaciendo a los déspotas de la Asia en sus maneras, estilo y conducta, abandonó a Valencia dejando un inmenso "parque de artillería para encerrarse en Puerto Cabello precipitadamente, y sin otro recurso que rendirse. Sin embargo, ya cerca de Caracas se nos presentan varios emisarios de su gobernador con el objeto de capitular, y aunque no podían defenderse, ni oponerse, les concedimos las 'vidas y bienes con un absoluto olvido del pasado. Pero es necesario deciros que esta misión fue un artificio para tener tiempo de embarcarse en La Guaira, llevándose las armas, los pertrechos de guerra, y clavar la artillería; se fueron los malvados, sin aguardar la misión, con cuantos pudieron y dejaron a los españoles y canarios expuestos a nuestra justa venganza. No es posible pintar la pusilanimidad del cobarde Fierro ni el desorden y anarquía en que dejó la ciudad de Caracas cuando se escapó vergonzosamente. Era menester un fondo de bondad tal, cual se ha visto siempre en los americanos, para no haber encontrado a mi llegada inundada de sangre esta capital. Los europeos y canarios abandonados a la venganza de un pueblo irritado, los almacenes abiertos, y excitando al pillaje a los mismos que habían sido robados por Monteverde y sus satélites, y sin embargo guardando moderación. Las mujeres de los europeos y muchos de ellos que pretendían escaparse cargados de fardos en que conducían sus propiedades y no obstante respetados en su desgracia. Era tal el desorden y confusión con que marchaban hacia el puerto vecino, que algunos abandonaban las armas, otros tiraban sus ropas para correr con más velocidad, creyendo el enemigo a sus espaldas, y otros en fin se abandonaban a su suerte maldiciendo al tímido e inhumano jefe que así les había comprometido. Tal es el cuadro de Caracas cuando me aproximaba a esta capital. No es ahora la oportunidad de dar al Mundo un manifiesto de los excesos de nuestros enemigos ni de nuestras operaciones militares; aquéllos resultarán del proceso que debe formarse y para el cual se están comunicando las correspondientes órdenes; y éstas de los partes que he dado y debo dar al honorable Congreso de la Nueva Granada para gloria suya y satisfacción de la América. Nuestro ánimo, como se propuso al principio es sólo combatir la calumnia y dar una idea sucinta de la justicia de nuestras quejas contra España. Las Cortes y la Regencia de Cádiz no sólo vieron con indiferencia la insubordinación de Monte- verde a su general Miyares, sino que aprobaron el despojo que a éste hizo aquél de su autoridad, y le revistieron con el carácter de capitán general de Caracas. No sólo vieron con indiferencia la escandalosa infracción de la capitulación de San Mateo; las prisiones y ultrajes de los vecinos; el despojo de sus empleos; los robos, los asesinatos, y las atrocidades que Monteverde, sus oficiales y soldados cometieron, y han cometido hasta su encierro en Puerto Cabello; sino que todavía anuncian los diarios, periódicos y papeles públicos, que se discute en las Cortes si debe o no cumplirse la capitulación; permanecen sin libertad en la Península ocho de los comprendidos en ella, y entre tanto ha obrado Monteverde, sin rienda, sin temor, por su capricho y voluntad. Pero aún hay un hecho que comprueba mejor que ninguno a criminalidad y complicidad del Gobierno de Cádiz. Forman las Cortes la constitución del reino, obra por cierto de ilustración, conocimiento y experiencia de los que la compusieron. La tuvo guardada Monteverde como cosa que no importaba, o como opuesta a sus ideas y las de sus consejeros. Al fin resuelve publicarla en Caracas. La publica y ¿para qué? No sólo para burlarse de ella, sino para insultarla y contradecirla con hechos enteramente contrarios. Convida a todos; les anuncia tranquilidad; les indica que se ha presentado el arco de paz; concurren los inocentes vecinos saliendo muchos de las cavernas en que se ocultaban; le creen de buena fe, y como el fin era sorprender a los que se le habían escapado; por una parte se publicaba la constitución española, fundada en los santos derechos de la libertad, propiedad, y seguridad, y por otra el mismo día andaban partidas de españoles y canarios prendiendo y conduciendo a las bóvedas ignominiosamente a los incautos que habían concurrido a presenciar y celebrar la publicación. Es esto un atentado tan notorio como lo son todos los que se han indicado en este papel, y se explanarán en el manifiesto que se ofrece. En la provincia de Caracas de nada vale la constitución española; los mismos españoles se burlan de ella, y la insultan. Después de ella se hacen prisiones sin sumaria información; se ponen grillos y cadenas, al arbitrio de los comandantes y jueces; se quita la vida sin formalidades, ni procesos como lo hizo Tízcar en Barinas en mayo de este año, Zuazola en Aragua, y Boyes en Espino, remitiendo partidas de presos a cárceles, bóvedas y presidios, y la Audiencia territorial de acuerdo con Monteverde estableció un modo de proceder y una conducta diametralmente opuesta al espíritu y letra de la constitución. A vista de esto y de la indiferencia o tácito consentimiento del gobierno español ¿tendrá esperanza la América de mejorar su suerte dependiendo de aquella península? ¿Podrá argüírsele de criminal e insurgente en los esfuerzos que hace para recuperar su libertad? y con respecto a Caracas ¿habrá quien tache la resolución y conducta del brigadier Simón Bolívar y_ compatriotas y compañeros de armas, emprendiendo sacar a sus hermanos, amigos y parientes de las cárceles, calabozos, bóvedas y encierros en que yacían oprimidos vejados y ultrajados? Prescindimos aquí de los fundamentos con que Venezuela proclamó su libertad e independencia; únicamente nos hemos hecho cargo de las razones que tuvimos para emprender romper el yugo de sus actuales opresores, justificando nuestra conducta con un bosquejo imperfecto y diminuto de los insultos, atrocidades y crímenes de Monteverde y sus cómplices, particularmente sus paisanos los canarios. Ellos pueden reducirse a pocos artículos: la escandalosa infracción de la capitulación de San Mateo; las muertes perpetradas en toda la provincia en prisioneros de guerra, en rendidos, desarmados, labradores, vecinos pacíficos, y en aprisionados en las cárceles; el trato inhumano, ignominioso, cruel y grosero dado a personas notables y condecoradas; la ocupación de las haciendas y bienes; robos consentidos y autorizados; despojo de los empleos que ocupaban los americanos sin causa ni proceso; sufrimiento de tantas familias desoladas; desamparo, triste y llanto de las mujeres más principales de los pueblos, que vagaban por las calles expuestas a la deshonesta insolencia y bárbaro tratamiento de los canarios, curros, marineros y soldados. Esta es, Naciones del Mundo, la idea sucinta que puedo daros ahora de mi conducta en la empresa que concebí de libertar a Caracas del tirano Monteverde, bajo los auspicios del virtuoso, humano y generoso pueblo de la Nueva Granada. aún estoy con las armas en las manos, y no las soltaré hasta no dejar, absolutamente libres de españoles a las provincias de Venezuela que son las que más recientemente han conocido el exceso de su tiranía, de su injusticia, de su perfidia y de sus atrocidades. Yo llenaré con gloria la carrera que he emprendido por la salud de mi patria. y la felicidad de mis conciudadanos, o moriré en la demanda manifestando al orbe entero, que no se desprecia y vilipendia impunemente a los americanos. Naciones del Mundo: Que Venezuela os deba la justicia de no dejaros preocupar de las faltas y artificiosas relaciones que os harán estos malvados para desacreditar nuestra conducta. Muy pronto se publicará documentado el manifiesto exacto de todo lo ocurrido en el año de 1812, y el corriente en estas provincias. Suspended a lo menos el juicio, y si por vosotros mismos buscáis la verdad, Caracas no sólo ha convidado, sino que desea ver entrar por sus puertos todos los hombres útiles que vengan a buscar un asilo entre nosotros, y ayudarnos con su industria y sus conocimientos, sin inquirir cuál sea la parte del mundo que les haya dado la vida.

Cuartel General de Valencia, a 20 de septiembre de 1813,

SIMÓN BOLÍVAR

COMUNICACIÓN AL CONGRESO DE NUEVA GRANADA DEL 8 DE ABRIL DE 1813

Señor secretario de estado del gobierno de la Unión.

Quedo convencido de las razones que usía expone, en el oficio de 29 del corriente, que tengo el honor de contestar, en que manifiesta la necesidad de calcular, antes de precipitarnos en una empresa desesperada, las fuerzas del enemigo y las que yo tengo a mi mando; los recursos con que él cuenta y los que no puedo esperar internado en Venezuela, indicando usía muy sabiamente, que debemos examinar el estado de la opinión pública en aquellos países, y hasta qué punto se puede confiar de ella; ver con qué se mantiene este ejército, con qué armas y con qué gentes hayamos de reparar sus pérdidas, y en fin, cómo quede cubierta la retaguardia, o asegurada la retirada de un tan pequeño cuerpo, si por desgracia sufre reveses que están siempre en el orden de la guerra. No es Monteverde, añade usía, un enemigo como el que he derrotado aquí: aquél es un soldado intrépido y aguerrido que ha subyugado en cuatro meses a toda Venezuela, y ha batido a las tropas numerosas que se le presentaron en cuantos encuentros tuvo con ellas; y este otro un estúpido que se ha mantenido nueve meses estacionario, después de los más prósperos sucesos que casi le habían abierto las puertas de la Nueva Granada.

Permítame usía que por última vez y en calidad de explicaciones a mis anteriores oficios, haga algunas reflexiones que aclaren un poco la materia y me sirvan, por decirlo así, de excusa a las empresas militares que me he tomado la libertad de proponer al soberano gobierno de la unión.

Usía ha decidido la cuestión, y yo estoy enteramente de acuerdo en la estimación respectiva que hace del mérito de Monteverde y de Correa. Al primero le concede usía grandes cualidades militares, porque conquistó en cuatro meses la República de Venezuela con fuerzas inferiores; y califica de estúpido al último porque se ha quedado en inacción por espacio de nueve meses, teniendo abiertas las puertas de la Nueva Granada. Efectivamente, Monteverde a la cabeza de un puñado de hombres obtuvo los más brillantes sucesos, porque supo aprovechar las favorables coyunturas que se le presentaron por consecuencia del descontento de algunos europeos, de no muchos sacerdotes, y de la consternación que produjo el terremoto en una parte del vulgo.

Está consternación, en la actualidad, es incomparablemente mayor en el ánimo, no sólo del bajo pueblo, sino de los hombres sensatos y pudientes que mueven siempre la multitud, causada por las persecuciones que ejercen todos los europeos o isleños en una especie de anarquía contra los naturales del país, a quienes vejan en las calles, en las plazas, en los mercados, en las cárceles y en los tribunales, con la barbarie que les es característica. Es muy general el disgusto que reina en la parte sana de los pueblos, inclusive los individuos del estado eclesiástico, cuyos parientes, amigos y compañeros, desde la infancia, son sepultados vivos en las bóvedas, en los pontones, arrastrando pesadas cadenas y sufriendo los más grandes vilipendios.

Este es un segundo terremoto, señor secretario, para el partido enemigo; y si el primero derribó las ciudades, éste ha destruido la opinión, que el fanatismo o la preocupación había hecho concebir en favor de los tiranos; y es un testimonio bien auténtico de esta verdad la reciente sublevación de Cumaná y la conspiración de Caracas, cuyos hechos son ciertos y sólo pueden ponerse en duda en la mayor o menor extensión de sus resultados, por manera que con justa razón se me deberá culpar como a Correa, por no haber penetrado hasta Caracas, estando las puertas abiertas, los espíritus dispuestos a acogernos favorablemente, y hallándome a la cabeza de más de 1.000

fusileros, con su correspondiente tren de artillería, y la caballería que queramos levantar; pues si Correa ha sido un estúpido por no haber conquistado la Nueva Granada con solo 700 hombres, yo debo ser un imbécil si no liberto a Venezuela con un ejército respetable y victorioso.

Monteverde es aplaudido, sin más que por haber mostrado audacia y arrojo en emprender una obra superior a sus fuerzas y a sus talentos, pero que, ayudado por el imperio de las circunstancias y de las cosas, logró resultados que estaban fuera del cálculo de la probabilidad. ¿Qué razón, pues, habrá en favor de este aventurero, sin más virtudes que las de un simple soldado, con menos auxilios que nosotros, sosteniendo un odioso partido, y en una situación más difícil que la nuestra, con fuerzas inferiores a las que poseemos? ¿Qué razón, digo, habrá para que se le conceptúe capaz de obtener ventajas tan extraordinarias, en tanto que se nos niega la posibilidad de lo que está en el orden de los sucesos?

Diré a usía de paso, señor secretario, que conozco a Monteverde y a Correa, contra quienes he combatido en diferentes estados de fortuna. Con el primero, cuando estaba triunfante, y con el segundo venciéndolo; y sin embargo, juzgando a ambos oficiales con la imparcialidad que es debida, me veo obligado a tributar a Correa los sufragios a que se ha hecho acreedor, portándose con el valor de un soldado y el honor de un noble jefe, sin que Monteverde haya excedido jamás a Correa en estas virtudes, no habiéndosele visto nunca con el enemigo tan a las manos, como éste lo estuvo; y teniendo, por otra parte, conocimientos militares, que nadie le disputa, y de los cuales aquél notoriamente carece. Ni los triunfos de Monteverde han sido tan constantes y sucesivos, como usía asegura; pues de diez acciones que se dieron en Venezuela, sólo las cuatro primeras le fueron favorables, habiendo perdido las seis últimas, y quedado en tres de ellas completamente derrotado. Porque es preciso convenir en que las capitulaciones vergonzosas de Miranda no fueron la obra de Monteverde, sino de las circunstancias, y de la cobardía del general del ejército de Venezuela.

Yo concluyo con decir que por los mismos medios que el opresor de Caracas ha podido subyugar la confederación, por esos mismos, y con más seguridad que él, me atrevo a redimir a mi patria.

Yo soy soldado y mi deber no me prescribe otra cosa que la ciega obediencia al gobierno, sin entrar en examinar la naturaleza de sus disposiciones, que sin duda son y deben ser las más prudentes y justas, meditadas y concebidas con la profundidad y sabiduría que pertenecen al excelentísimo señor presidente del congreso, los miembros de aquel cuerpo soberano, y el secretario de estado.

Quedo entendido de que no debo marchar más adelante de La Grita, y espero las ulteriores órdenes, para ejecutarlas como usía tenga a bien comunicármelas, en la firme inteligencia de que yo cifro toda mi gloria en someterme gustosamente al soberano gobierno de la Unión, de quien soy su más leal y adicto servidor.

Dios guarde a usía muchos años.

Simón Bolívar.
Cuartel general de Cúcuta, 8 de abril de 1813, 3º.

MANIFIESTO DE CARTAGENA

Libertar a la Nueva Granada de la suerte de Venezuela, y redimir a ésta de la que padece, son los objetos que me he propuesto en esta Memoria. Dignaos, oh mis conciudadanos, de aceptarla con indulgencia en obsequio de miras tan laudables. Yo soy, granadinos, un hijo de la infeliz Caracas, escapado prodigiosamente de en medio de sus ruinas físicas, y políticas, que siempre fiel al sistema liberal, y justo que proclamó mi patria, he venido a seguir aquí los estandartes de la independencia, que tan gloriosamente tremolan en estos estados.

Permitidme que animado de un celo patriótico me atreva a dirigirme a vosotros, para indicaros ligeramente las causas que condujeron a Venezuela a su destrucción; lisonjeándome que las terribles, y ejemplares lecciones que ha dado aquella extinguida República, persuadan a la América, a mejorar de conducta, corrigiendo los vicios de unidad, solidez y energía que se notan en sus gobiernos.

El más consecuente error que cometió Venezuela, al presentarse en el teatro político fue, sin contradicción la fatal adopción que hizo del sistema tolerante; sistema improbado como débil e ineficaz, desde entonces, por todo el mundo sensato, y tenazmente sostenido hasta los últimos periodos, con una ceguedad sin ejemplo.

Las primeras pruebas que dio nuestro Gobierno de su insensata debilidad, las manifestó con la ciudad subalterna de Coro, que, denegándose a reconocer su legitimidad, lo declaró insurgente y lo hostilizó como enemigo.

La Junta Suprema, en lugar de subyugar aquella indefensa ciudad, que estaba rendida con presentar nuestras fuerzas marítimas delante de su puerto, la dejó fortificar y tomar una actitud tan respetable, que logró subyugar después la Confederación entera, con casi igual facilidad que la que teníamos nosotros anteriormente para vencerla. Fundando la Junta su política en los principios de humanidad mal entendida que no autorizan a ningún gobierno, para hacer por la fuerza libres a los pueblos estúpidos que desconocen el valor de sus derechos.

Los códigos que consultaban nuestros magistrados no eran los que podían enseñarles la ciencia práctica del gobierno, sino los que han formado ciertos buenos visionarios que, imaginándose repúblicas aéreas, han procurado alcanzar la perfección política, presuponiendo la perfectibilidad del linaje humano. Por manera que tuvimos filósofos por jefes; filantropía por legislación, dialéctica por táctica, y sofistas por soldados. Con semejante subversión de principios y de cosas, el orden social se resintió extremadamente conmovido, y desde luego corrió el Estado a pasos agigantados a una disolución universal, que bien pronto se vio realizada.

De aquí nació la impunidad de los delitos de Estado cometidos descaradamente por los descontentos, y particularmente por nuestros natos e implacables enemigos, los españoles europeos, que maliciosamente se habían quedado en nuestro país para tenerlo incesantemente inquieto y promover cuantas conjuraciones les permitían formar nuestros jueces perdonándolos siempre, aun cuando sus atentados eran tan enormes que se dirigían contra la salud pública.

La doctrina que apoyaba esta conducta tenía su origen en las máximas filantrópicas de algunos escritores que defienden la no residencia de facultad en nadie, para privar de la vida a un hombre, aun en el caso de haber delinquido éste en el delito de lesa patria. Al abrigo de esta piadosa doctrina, a cada conspiración sucedía un perdón, y a cada perdón sucedía otra conspiración que se volvía a perdonar, porque los gobiernos liberales deben distinguirse por la clemencia. ¡Clemencia criminal que contribuyó más que nada a derribar la máquina que todavía no habíamos enteramente concluido!

De aquí vino la oposición decidida a levantar tropas veteranas, disciplinadas y capaces de presentarse en el campo de batalla, ya instruidas, a defender la libertad con suceso y gloria. Por el contrario, se establecieron innumerables cuerpos de milicias indisciplinadas, que además de agotar las cajas del erario nacional con los sueldos de la plana mayor, destruyeron la agricultura, alejando a los paisanos de sus hogares, e hicieron odioso el gobierno que obligaba a éstos a tomar las armas y a abandonar sus familias.

"Las repúblicas -decían nuestros estadistas- no han menester de hombres pagados para mantener su libertad. Todos los ciudadanos serán soldados cuando nos ataque el enemigo. Grecia, Roma, Venecia, Génova, Suiza, Holanda, y recientemente el Norte de América vencieron a su contraria sin auxilio de tropas mercenarias, siempre prontas a sostener al despotismo y a subyugar a sus conciudadanos".

Con estos antipolíticos e inexactos raciocinios, fascinaban a los simples, pero no convencían a los prudentes, que conocían bien la inmensa diferencia que hay entre los pueblos, los tiempos, y las costumbres de aquellas repúblicas y las nuestras. Ellas, es verdad que no pagaban ejércitos permanentes; más era porque en la antigüedad no los había y sólo confiaban la salvación y la gloria de los Estados en sus virtudes políticas, costumbres severas y carácter militar, cualidades que nosotros estamos muy distantes de poseer. Y en cuanto a las modernas que han sacudido el yugo de sus tiranos es notorio que han mantenido el competente número de veteranos que exige su seguridad; exceptuando el Norte de América, que estando en paz con todo el mundo y guarnecido por el mar, no ha tenido por conveniente sostener en estos últimos años el completo de tropas veteranas que necesita para la defensa de sus fronteras y plazas.

El resultado probó severamente a Venezuela el error de su cálculo, pues los milicianos que salieron al encuentro del enemigo, ignorando hasta el manejo del arma, y no estando habituados a la disciplina y obediencia, fueron arrollados al comenzar la última campaña, a pesar de los heroicos y extraordinarios esfuerzos que hicieron sus jefes, por llevarlos a la victoria. Lo que causó un desaliento general en soldados y oficiales; porque es una verdad militar que sólo ejércitos aguerridos son capaces de sobreponerse a los primeros infaustos sucesos de una campaña. EL soldado bisoño lo cree todo perdido, desde que es derrotado una vez; porque la experiencia no le ha probado que el valor, la habilidad y la constancia corrigen la mala fortuna.

La subdivisión de la provincia de Caracas, proyectada discutida y sancionada por el Congreso federal, despertó y fomentó una enconada rivalidad en las ciudades y lugares subalternos, contra la capital: "La cual -decían los congresantes ambiciosos de dominar en sus distritos- era la tiranía de las ciudades y la sanguijuela del Estado". De este modo se encendió el fuego de la guerra civil en Valencia, que nunca se logró apagar con la reducción de aquella ciudad; pues conservándolo encubierto, lo comunicó a las otras limítrofes a Coro y Maracaibo; y éstas entablando comunicaciones con aquéllas, facilitaron, por este medio, la entrada de los españoles que trajo la caída de Venezuela.

La disipación de las rentas públicas en objetos frívolos y perjudiciales, y particularmente en sueldos de infinidad de oficinistas, secretarios, jueces, magistrados, legisladores provinciales y federales, dio un golpe mortal a la República, porque la obligó a recurrir al peligroso expediente de establecer el papel moneda, sin otra garantía que la fuerza y las rentas imaginarias de la Confederación. Esta nueva moneda pareció a los ojos de los más, una violación manifiesta del derecho de propiedad, porque se conceptuaban despojados de objetos de intrínseco valor, en cambio de otros cuyo precio era incierto y aun ideal. El papel moneda remató el descontento de los estólidos pueblos internos, que llamaron al comandante de las tropas españolas, para que viniese a librarlos de una moneda que veían con más horror que la servidumbre.

Pero lo que debilitó más el Gobierno de Venezuela, fue la forma federal que adoptó, siguiendo las máximas exageradas de los derechos del hombre, que autorizándolo para que se rija por sí mismo rompe los pactos sociales, y constituye a las naciones en anarquía. Tal era el verdadero estado de la Confederación. Cada provincia se gobernaba independientemente; y, a ejemplo de éstas, cada ciudad pretendía iguales facultades alegando la práctica de aquéllas y la teoría de que todos los hombres, y todos los pueblos, gozan de la prerrogativa de instituir a su antojo, el gobierno que les acomode.

El sistema federal bien que sea el más perfecto y capaz de proporcionar la felicidad humana en sociedad es, no obstante, el más opuesto a los intereses de nuestros nacientes Estados. Generalmente hablando, todavía nuestros conciudadanos no se hallan en aptitud de ejercer por sí mismos y ampliamente sus derechos; porque carecen de las virtudes políticas que caracterizan al verdadero republicano: virtudes que no se adquieren en los gobiernos absolutos, en donde se desconocen los derechos y los deberes del ciudadano.

Por otra parte ¿qué país del mundo por morigerado y republicano que sea, podrá, en medio de las facciones intestinas y de una guerra exterior, regirse por un gobierno tan complicado y débil como el federal? No, no es posible conservarlo en el tumulto de los combates y de los partidos. Es preciso que el gobierno se identifique, por decirlo así, al carácter de las circunstancias, de los tiempos y de los hombres que lo rodean. Si éstos son prósperos y serenos, él debe ser dulce y protector; pero si son calamitosos y turbulentos, él debe mostrarse terrible, y armarse de una firmeza igual a los peligros, sin atender a leyes ni constituciones, ínterin no se restablecen la felicidad y la paz.

Caracas tuvo mucho que padecer por defecto de la Confederación que lejos de socorrerla le agotó sus caudales y pertrechos; y cuando vino el peligro la abandonó a su suerte, sin auxiliarla con el menor contingente. Además, le aumentó sus embarazos habiéndose empeñado una competencia entre el poder federal y el provincial, que dio lugar a que los enemigos llegasen al corazón del Estado, antes que se resolviese la cuestión de si deberían salir las tropas federales o provinciales a rechazarlos, cuando ya tenían ocupada una gran porción de la provincia. Esta fatal contestación produjo una demora que fue terrible para nuestras armas. Pues las derrotaron en San Carlos sin que les llegasen los refuerzos que esperaban para vencer.

Yo soy de sentir que mientras no centralicemos nuestros gobiernos americanos, los enemigos obtendrán las más completas ventajas; seremos indefectiblemente envueltos en los horrores de las disensiones civiles, y conquistados vilipendiosamente por ese puñado de bandidos que infestan nuestras comarcas.

Las elecciones populares hechas por los rústicos del campo, y por los intrigantes moradores de las ciudades, añaden un obstáculo más a la práctica de la Federación entre nosotros; porque los unos son tan ignorantes que hacen sus votaciones maquinalmente, y los otros tan ambiciosos que todo lo convierten en facción; por lo que jamás se vio en Venezuela una votación libre y acertada; lo que ponía el gobierno en manos de hombres ya desafectos a la causa, ya ineptos, ya inmorales. El espíritu de partido decidía en todo y, por consiguiente, nos desorganizó más de lo que las circunstancias hicieron. Nuestra división y no las armas españolas, nos tornó a la esclavitud.

EL terremoto de 26 de marzo trastornó ciertamente, tanto lo físico como lo normal; y puede llamarse propiamente la causa inmediata de la ruina de Venezuela; más este mismo suceso habría tenido lugar, sin producir tan mortales efectos, si Caracas se hubiera gobernado entonces por una sola autoridad, que obrando con rapidez y vigor hubiese puesto remedio a los daños sin trabas, ni competencias que retardando el efecto de las providencias, dejaban tomar al mal un incremento tan grande que lo hizo incurable.

Si Caracas, en lugar de una Confederación lánguida e insubsistente, hubiese establecido un gobierno sencillo, cual lo requería su situación política y militar, tú existieras ¡oh, Venezuela! y gozaras hoy de tu libertad.

La influencia eclesiástica tuvo después del terremoto, una parte muy considerable en la sublevación de los lugares y ciudades subalternas: y en la introducción de los enemigos en el país; abusando sacrílegamente de la santidad de su ministerio en favor de los promotores de la guerra civil. Sin embargo, debemos confesar ingenuamente, que estos traidores sacerdotes, se animaban a cometer los execrables crímenes de que justamente se les acusa porque la impunidad de los delitos era absoluta; la cual hallaba en el Congreso un escandaloso abrigo; llegando a tal punto esta injusticia que, de la insurrección de la ciudad de Valencia, que costó su pacificación cerca de mil hombres, no se dio a la vindicta de las leyes un solo rebelde; quedando todos con vida y, los más, con sus bienes.

De lo referido se deduce, que entre las causas que han producido la caída de Venezuela, debe colocarse en primer lugar la naturaleza de su Constitución; que repito, era tan contraria a sus intereses, como favorable a los de sus contrarios. En segundo, el espíritu de misantropía que se apoderó de nuestros gobernantes. Tercero, la oposición al establecimiento de un cuerpo militar que salvase la República y repeliese los choques que le daban los españoles. Cuarto, el terremoto acompañado del fanatismo que logró sacar de este fenómeno los más importantes resultados; y últimamente, las facciones internas que en realidad fueron el mortal veneno que hicieron descender la patria al sepulcro.

Estos ejemplos de errores e infortunios no serán enteramente inútiles para los pueblos de la América meridional, que aspiran a la libertad e independencia.

La Nueva Granada ha visto sucumbir a Venezuela, por consiguiente, debe evitar los escollos que han destrozado a aquélla. A este efecto presento como una medida indispensable para la seguridad de la Nueva Granada, la reconquista de Caracas. A primera vista parecerá este proyecto inconducente, costoso y quizás impracticable; pero examinando atentamente con ojos previsivos, y una meditación profunda, es imposible desconocer su necesidad, como dejar de ponerlo en ejecución probada la utilidad.

Lo primero que se presenta en apoyo de esta operación, es el origen de la destrucción de Caracas, que no fue otro que el desprecio con que miró aquella ciudad la existencia de un enemigo que parecía pequeño, y no lo era considerándolo en su verdadera luz.

Coro, ciertamente, no habría podido nunca entrar en competencias con Caracas, si la comparamos, en sus fuerzas intrínsecas, con ésta; mas como en el orden de las vicisitudes humanas no es siempre la mayoría física la que decide, sino que es la superioridad de la fuerza moral la que inclina hacia sí la balanza política, no debió el Gobierno de Venezuela, por esta razón, haber descuidado la extirpación de un enemigo que, aunque aparentemente débil, tenía por auxiliares a la provincia de Maracaibo; a todas las que obedecen a la Regencia; el oro, y la cooperación de nuestros eternos contrarios los europeos que viven con nosotros; el partido clerical, siempre adicto a su apoyo y compañero, el despotismo, y, sobre todo, la opinión inveterada de cuantos ignorantes y supersticiosos contienen los límites de nuestros estados. Así fue como apenas hubo un oficial traidor que llamase al enemigo, cuando se desconcertó la máquina política, sin que los inauditos y patrióticos esfuerzos que hicieron los defensores de Caracas lograsen impedir la caída de un edificio ya desplomado, por el golpe que recibió de un solo hombre.

Aplicando el ejemplo de Venezuela a la Nueva Granada; y formando una proporción hallaremos que Coro es a Caracas, como Caracas es a la América entera; consiguientemente, el peligro que amenaza este país está en razón de la anterior progresión; porque poseyendo España el territorio de Venezuela, podrá con facilidad sacarle hombres y municiones de boca y guerra, para que bajo la dirección de jefes experimentados contra los grandes maestros de la guerra, los franceses, penetren desde las provincias de Barinas y Maracaibo hasta los últimos confines de la América meridional.

España tiene en el día gran número de oficiales generales ambiciosos y audaces; acostumbrados a los peligros y a las privaciones que anhelan por venir aquí a buscar un imperio que reemplace el que acaban de perder.

Es muy probable, que, al expirar la Península, haya una prodigiosa emigración de hombres de todas clases; y particularmente de cardenales arzobispos, obispos, canónigos y clérigos revolucionarios capaces de subvertir, no sólo nuestros tiernos y lánguidos estados, sino de envolver el Nuevo Mundo entero en una espantosa anarquía. La influencia religiosa, el imperio de la dominación civil y militar, y cuantos prestigios pueden obrar sobre el espíritu humano, serán otros tantos instrumentos de que se valdrán para someter estas regiones.

Nada se opondrá a la emigración de España. Es verosímil que Inglaterra proteja la evasión de un partido que disminuye en parte las fuerzas de Bonaparte en España; y trae consigo el aumento y permanencia del suyo en América. La Francia no podrá impedirlo tampoco Norte América; y nosotros menos aún, pues careciendo todos de una marina respetable, nuestras tentativas serán vanas.

Estos tránsfugas hallarán, ciertamente, una favorable acogida en los puertos de Venezuela, como que vienen a reforzar a los opresores de aquel país; y los habilitan de medios para emprender la conquista de los Estados independientes.

Levantarán quince o veinte mil hombres que disciplinarán prontamente con sus jefes, oficiales, sargentos, cabos y soldados veteranos. A este ejército seguirá otro todavía más temible, de ministros, embajadores, consejeros, magistrados, toda la jerarquía eclesiástica y los grandes de España, cuya profesión es el dolo y la intriga, condecorados con ostentosos títulos, muy adecuados para deslumbrar a la multitud, que, derramándose como un torrente, lo inundarán todo arrancando la semillas, y hasta las raíces del árbol de la libertad de Colombia. Las tropas combatirán en el campo; y éstos, desde sus gabinetes, nos harán la guerra por los resortes de la seducción y del fanatismo.

Así pues, no nos queda otro recurso para precavernos de estas calamidades, que el de pacificar rápidamente nuestras provincias sublevadas, para llevar después nuestras armas contra las enemigas; y formar, de este modo, soldados y oficiales dignos de llamarse las columnas de la patria.

Todo conspira a hacernos adoptar esta medida; sin hacer mención de la necesidad urgente que tenemos de cerrarle las puertas al enemigo, hay otras razones tan poderosas para determinarnos a la ofensiva, que sería una falta militar y política inexcusable dejar de hacerla. Nosotros nos hallamos invadidos y, por consiguiente, forzados a rechazar al enemigo más allá de la frontera. Además, es un principio del arte que toda guerra defensiva es perjudicial y ruinosa para el que la sostiene; pues lo debilita sin esperanza de indemnizarlo; y que las hostilidades en el territorio enemigo siempre son provechosas, por el bien que resulta del mal del contrario; así, no debemos, por ningún motivo, emplear la defensiva.

Debemos considerar también el estado actual del enemigo, que se halla en una posición muy crítica, habiéndoseles desertado la mayor parte de sus soldados criollos; y teniendo al mismo tiempo que guarnecer las patrióticas ciudades de Caracas, Puerto Cabello, La Guaira, Barcelona, Cumaná y Margarita, en donde existen sus depósitos; sin que se atrevan a desamparar estas plazas por temor de una insurrección general en el acto de separarse de ellas. De modo que no sería imposible que llegasen nuestras tropas hasta las puertas de Caracas, sin haber dado una batalla campal.

Es una cosa positiva, que en cuanto nos presentemos en Venezuela, se nos agregan millares de valerosos patriotas, que suspiran por vernos aparecer, para sacudir el yugo de sus tiranos, y unir sus esfuerzos a los nuestros en defensa de la libertad.

La naturaleza de la presente campaña nos proporciona la ventaja de aproximarnos a Maracaibo, por Santa Marta, y a Barinas por Cúcuta.

Aprovechemos, pues, instantes tan propicios; no sea que los refuerzos que incesantemente deben llegar de España cambien absolutamente el aspecto de los negocios, y perdamos, quizás para siempre, la dichosa oportunidad de asegurar la suerte de estos estados.

El honor de la Nueva Granada exige imperiosamente escarmentar a esos osados invasores, persiguiéndolos hasta los últimos atrincheramientos, como su gloria depende de tomar a su cargo la empresa de marchar a Venezuela, a libertar la cuna de la independencia colombiana, sus mártires, y aquel benemérito pueblo caraqueño, cuyos clamores sólo se dirigen a sus amados compatriotas los granadinos, que ellos aguardan con una mortal impaciencia, como a sus redentores. Corramos a romper las cadenas de aquellas víctimas que gimen en las mazmorras, siempre esperando su salvación de vosotros; no burléis su confianza; no seáis insensibles a los lamentos de vuestros hermanos. Id veloces a vengar al muerto, a dar vida al moribundo, soltura al oprimido y libertad a todos.

Simón Bolívar

Cartagena de Indias, diciembre 15 de 1812.

CARTA DE JUAN PABLO VIZCARDO Y GUZMÁN (1792)

HERMANOS Y COMPATRIOTAS:

La inmediación al cuarto siglo del establecimiento de nuestros antepasados en el Nuevo Mundo es una ocurrencia sumamente notable para que deje de interesar nuestra atención. El descubrimiento de una parte tan grande de la tierra es y será siempre, para el género humano, el acontecimiento más memorable de sus anales. Mas para nosotros que somos sus habitantes, y para nuestros descendientes, es un objeto de la más grande importancia. El Nuevo Mundo es nuestra patria, y su historia es la nuestra, y en ella es que debemos examinar nuestra situación presente, para determinarnos, por ella, a tomar el partido necesario a la conservación de nuestros derechos propios y de nuestros sucesores.

Aunque nuestra historia de tres siglos acá, relativamente a las causas y efectos más dignos de nuestra atención, sea tan uniforme y notoria que se podría reducir a estas cuatro palabras: ingratitud, injusticia, servidumbre y desolación, conviene, sin embargo, que la consideremos aquí con un poco de lentitud.

Cuando nuestros antepasados se retiraron a una distancia inmensa de su país natal, renunciando no solamente al alimento, sino también a la protección civil que allí les pertenecía y que no podía alcanzarlos a tan grandes distancias, se expusieron a costa propia, a procurarse una subsistencia nueva, con las fatigas más enormes y con los más grandes peligros. El gran suceso que coronó los esfuerzos de los conquistadores de América les daba, al parecer, un derecho que, aunque no era el más justo, era a lo menos mejor que el que tenían los antiguos godos de España, para apropiarse el fruto de su valor y de sus trabajos. Pero la inclinación natural a su país nativo les condujo a hacerle el más generoso homenaje de sus inmensas adquisiciones; no pudiendo dudar que un servicio gratuito tan importante dejase de merecerles un reconocimiento proporcionado, según la costumbre de aquel siglo de recompensar a los que habían contribuido a extender los dominios de la nación.

Aunque estas legítimas esperanzas han sido frustradas, sus descendientes y los de los otros españoles que sucesivamente han pasado a la América, aunque no conozcamos otra patria que ésta en la cual está fundada nuestra subsistencia y la de nuestra posteridad, hemos sin embargo respetado, conservado y amado cordialmente el apego de nuestros padres a su primera patria. A ella hemos sacrificado riquezas infinitas de toda especie, prodigado nuestro sudor y derramado por ella con gusto nuestra sangre. Guiados de un entusiasmo ciego, no hemos considerado que tanto empeño en favor de un país que nos es extranjero, a quien nada debemos, de quien no dependemos y del cual nada podemos esperar, sea una traición cruel contra aquél en donde somos nacidos y que nos suministra el alimento necesario para nosotros y nuestros hijos; y que nuestra veneración a los sentimientos afectuosos de nuestros padres por su primera patria es la prueba más decisiva de la preferencia que debemos a la nuestra. Todo lo que hemos prodigado a la España ha sido pues usurpado sobre nosotros y nuestros hijos; siendo tanta nuestra simpleza, que nos hemos dejado encadenar con unos hierros que, si no rompemos a tiempo, no nos quedará otro recurso que el de soportar pacientemente esta ignominiosa esclavitud.

Si como es triste nuestra condición actual fuese irremediable, será un acto de compasión el ocultarla a nuestros ojos; pero teniendo en nuestro poder su más seguro remedio, descubramos este horroroso cuadro para considerarle a la luz de la verdad. Esta nos enseña que toda ley que se opone al bien universal de aquellos para quienes está hecha, es un acto de tiranía, y que el exigir su observancia es forzar a la esclavitud; que una ley que se dirigiese a destruir directamente las bases de la prosperidad de un pueblo sería una monstruosidad superior a toda expresión; es evidente también que un pueblo a quien se despojase de la libertad personal y de la disposición de sus bienes, cuando todas las otras naciones, en iguales circunstancias, ponen su más grande interés en extenderla, se hallaría en un estado de esclavitud mayor que el que puede imponer un enemigo en la embriaguez de la victoria.

Supuestos estos principios incontestables, veamos cómo se adaptan a nuestra situación recíproca con la España. Un imperio inmenso, unos tesoros que exceden toda imaginación, una gloria y un poder superiores a todo lo que la antigüedad conoció: he aquí nuestros títulos al agradecimiento y a la más distinguida protección de la España y de su gobierno. Pero nuestra recompensa ha sido tal, que la justicia más severa apenas nos habría aplicado castigo semejante si hubiésemos sido reos de los más grandes delitos. La España nos destierra de todo el mundo antiguo, separándonos de una sociedad a la cual estamos unidos con los lazos más estrechos; añadiendo a esta usurpación sin ejemplo de nuestra libertad personal, la otra igualmente importante de la propiedad de nuestros bienes.

Desde que los hombres comenzaron a unirse en sociedad para su más grande bien, nosotros somos los únicos a quienes el gobierno obliga a comprar lo que necesitamos a los precios más altos, y a vender nuestras producciones a los precios más bajos. Para que esta violencia tuviese el suceso más completo nos han cerrado, como en una ciudad sitiada, todos los caminos por donde las otras naciones pudieran darnos a precios moderados y por cambios equitativos, las cosas que nos son necesarias. Los impuestos del gobierno, las gratificaciones al ministerio, la avaricia de los mercaderes, autorizados a ejercer de concierto el más desenfrenado monopolio, caminando todas en la misma línea, y la necesidad haciéndose sentir: el comprador no tiene elección. Y como para suplir nuestras necesidades esta tiranía mercantil podría forzarnos a usar de nuestra industria, el gobierno se encargó de encadenarla.

No se pueden observar sin indignación los efectos de este detestable plan de comercio, cuyos detalles serían increíbles, si los que nos han dado personas imparciales, y dignas de fe no nos suministrasen pruebas decisivas para juzgar del resto. Sin el testimonio de don Antonio Ulloa, sería difícil el persuadir a la Europa, que el precio de los artículos, esencialmente necesarios en todas partes, tales como el hierro y el acero, fuese en Quito, en tiempo de paz, regularmente mayor que de 100 pesos, o de 540 libras tornesas por quintal de hierro, y de 150 pesos u 810 libras por quintal de acero; el precio del primero no siendo en Europa sino de 5 a 6 pesos (25 a 30 libras) y el del segundo a proporción; que en un puerto tan célebre como el de Cartagena de Indias, e igualmente en tiempo de paz, haya habido una escasez de vino tan grande, que estaban obligados a no celebrar la misa, sino en una sola iglesia, y que generalmente esta escasez, y su excesivo precio, impiden el uso de esta bebida, más necesaria allí que en otras partes, por la insalubridad de clima.

Por honor de la humanidad y de nuestra nación, más vale pasar en silencio los horrores, y las violencias del otro comercio exclusivo (conocido en el Perú con el nombre de repartimientos), que se arrogan los corregidores y alcaldes mayores para la desolación, y ruina particular de los desgraciados indios y mestizos. ¿Qué maravilla es pues, si con tanto oro y plata, de que hemos casi saciado al universo, poseamos apenas con qué cubrir nuestra desnudez? ¿De qué sirven tantas tierras tan fértiles, si además de la falta de instrumentos necesarios para labrarlas, nos es por otra parte inútil el hacerlo más allá de nuestra propia consumación? Tantos bienes, como la naturaleza nos prodiga, son enteramente perdidos; ellos acusan la tiranía que nos impide el aprovecharlos, comunicándonos con otros pueblos.

Parece que, sin renunciar a todo sentimiento de vergüenza, no se podía añadir nada a tan grandes ultrajes. La ingeniosa política, que, bajo el pretexto de nuestro bien, nos había despojado de la libertad, y de los bienes debía sugerir, a lo menos, que era preciso dejarnos alguna sombra de honor y algunos medios de restablecernos para preparar nuevos recursos. Para esto es que el hombre concede el reposo y la comida a los animales que le sirven. La administración económica de nuestros intereses nos habría consolado de las otras pérdidas, y habría procurado ventajas a la España. Los intereses de nuestro país, no siendo sino los nuestros, su buena o mala administración recae necesariamente sobre nosotros, y es evidente que a nosotros solos pertenece el derecho de ejercerla, y que solos podemos llenar sus funciones, con ventaja recíproca de la patria, y de nosotros mismos.

¿Qué descontento no manifestaron los españoles, cuando algunos flamencos, vasallos como ellos, y demás compatriotas de Carlos V, ocuparon algunos empleos públicos en España? ¿Cuánto no murmuraron? ¿Con cuántas solicitudes y tumultos no exigieron, que aquellos extranjeros fuesen despedidos, sin que su corto número, ni la presencia del monarca, pudiesen calmar la inquietud general? El miedo de que el dinero de España pasase a otro país, aunque perteneciente a la misma monarquía, fue el motivo que hizo insistir a los españoles con más calor en su demanda.

¡Qué diferencia no hay entre aquella situación momentánea de los españoles y la nuestra de tres siglos acá! Privados de todas las ventajas del gobierno, no hemos experimentado de su parte sino los más horribles desórdenes y los más graves vicios. Sin esperanza de obtener jamás ni una protección inmediata, ni una pronta justicia a la distancia de dos a tres mil leguas; sin recursos para reclamarla, hemos sido entregados al orgullo, a la injusticia, a la rapacidad de los ministros, tan avaros, por lo menos, como los favoritos de Carlos V. Implacables para con unas gentes que no conocen y que miran como extranjeras, procuran solamente satisfacer su codicia con la perfecta seguridad de que su conducta inicua será impune o ignorada del soberano. El sacrificio hecho a la España de nuestros más preciosos intereses ha sido el mérito con que todos ellos pretenden honrarse para excusar las injusticias con que nos acaban. Pero la miseria en que la España misma ha caído, prueba que aquellos hombres no han conocido jamás los verdaderos intereses de la nación, y que han procurado solamente cubrir con este pretexto sus procedimientos vergonzosos; y el suceso ha demostrado que nunca la injusticia produce frutos sólidos. A fin de que nada faltase a nuestra ruina y a nuestra ignominiosa servidumbre, la indigencia, la avaricia y la ambición han suministrado siempre a la España un enjambre de aventureros, que pasan a la América resueltos a desquitarse allí con nuestra sustancia de lo que han pagado para obtener sus empleos. La manera de indemnizarse de la ausencia de su patria, de sus penas y de sus peligros, es haciéndonos todos los males posibles. Renovando todos los días aquellas escenas de horrores que hicieron desaparecer pueblos enteros, cuyo único delito fue su flaqueza, convierten el resplandor de la más grande conquista en una mancha ignominiosa para el nombre español.

Así es que, después de satisfacer al robo, paliado con el nombre de comercio, a las exacciones del gobierno en pago de sus insignes beneficios, y a los ricos salarios de la multitud innumerable de extranjeros que, bajo diferente denominación en España y América, se hartan fastuosamente de nuestros bienes, lo que nos queda es el objeto continuo de las asechanzas de tantos orgullosos tiranos, cuya rapacidad no conoce otro término que el que quieren imponerle su insolvencia y la certidumbre de la impunidad. Así, mientras que, en la corte, en los ejércitos, en los tribunales de la monarquía, se derraman las riquezas y los honores a extranjeros de todas las naciones, nosotros sólo somos declarados indignos de ellos e incapaces de ocupar aún en nuestra propia patria unos empleos que en rigor nos pertenecen exclusivamente. Así la gloria, que costó tantas penas a nuestros padres, es para nosotros una herencia de ignominia y con nuestros tesoros inmensos no hemos comprado sino miseria y esclavitud.

Si corremos nuestra desventurada patria de un cabo al otro, hallaremos donde quiera la misma desolación, una avaricia tan desmesurada como insaciable; donde quiera el mismo tráfico abominable de injusticia y de inhumanidad, de parte de las sanguijuelas empleadas por el gobierno para nuestra opresión. Consultemos nuestros anales de tres siglos y allí veremos la ingratitud y la injusticia de la corte de España, su infidelidad en cumplir sus contratos, primero con el gran Colón y después con los otros conquistadores que le dieron el imperio del Nuevo Mundo, bajo condiciones solemnemente estipuladas. Veremos la posteridad de aquellos hombres generosos abatida con el desprecio, y manchada con el odio que les ha calumniado, perseguido, y arruinado. Como algunas simples particularidades podrían hacer dudar de este espíritu persecutor, que en todo tiempo se ha señalado contra los Españoles Americanos, leed solamente lo que el verídico Inca Garcilaso de la Vega escribe en el segundo tomo de sus Comentarios'), Libro VII, capo 17.

Cuando el virrey don Francisco de Toledo, aquel hipócrita feroz, determinó hacer perecer al único heredero directo del Imperio del Perú, para asegurar a la España la posesión de aquel desgraciado país, en el proceso que se instauró contra el joven e inocente Inca Túpac Amaru, entre los falsos crímenes con que este príncipe fue cargado, "se acusa, dice Garcilaso, a los que han nacido en el país de madres indias y padres españoles conquistadores de aquel imperio; se alegaba de que habían secretamente convenido con Túpac Amaru, y los otros Incas, de excitar una rebelión en el reino, para favorecer el descontento de los que eran nacidos de la sangre real de los Incas, o cuyas madres eran hijas, sobrinas, o primas hermanas de la familia de los Incas, y los padres españoles y de los primeros conquistadores que habían adquirido tanta reputación; que estos estaban tan poco atendidos, que ni el derecho natural de las madres, ni los grandes servicios y méritos de los padres, les procuraban la menor ventaja, sino que todo era distribuido entre parientes y amigos de los gobernadores, quedando aquellos expuestos a morir de hambre, si no querían vivir de limosna, o hacerse salteadores de caminos, y acabar en una horca. Estas acusaciones siendo hechas contra los hijos de los españoles, nacidos de mujeres indias, estos fueron cogidos, y todos los que eran de edad de 20 años y más, capaces de llevar armas, y que vivían entonces en el Cuzco, fueron aprisionados. Algunos de ellos fueron puestos al tormento para forzarlos a confesar aquello de que no había pruebas ni indicios. En medio de estos furores y procedimientos tiránicos, una india, cuyo hijo estaba condenado a la cuestión, vino a la prisión y, elevando su voz, dijo: Hijo mío, pues que se te ha condenado a la tortura, súfrela valerosamente como hombre de honor, no acuses a ninguno falsamente, y Dios te dará fuerzas para sufrirla; él te recompensará de los peligros y penas que tu padre y sus compañeros han sufrido para hacer este país cristiano, y hacer entrar a sus habitantes en el seno de la Iglesia... Esta exhortación magnánima, proferida con toda la vehemencia de que aquella madre era capaz, hizo la más grande impresión sobre el espíritu del Virrey, y le apartó de su designio de hacer morir aquellos desdichados. Sin embargo, no fueron absueltos, sino que se le condenó a una muerte más lenta, desterrándolos a diversas partes del Nuevo Mundo. Algunos fueron también enviados a España.

Tales eran los primeros frutos que la posteridad de los descubridores del Nuevo Mundo recibía de la gratitud española, cuando la memoria de los méritos de sus padres estaba aún reciente. El Virrey, aquel monstruo sanguinario, pareció entonces el autor de todas las injusticias, pero desengañémonos, acerca de los sentimientos de la Corte, si creemos que ella no participaba de aquellos excesos; ella se ha deleitado en nuestros días en renovarlos en toda la América, arrancándole un número mucho mayor de sus hijos, sin procurar disfrazar siquiera su inhumanidad: estos han sido deportados hasta en Italia.

Después de haberlos botado en un país, que no es de su dominación, y renunciándolos como vasallos, la Corte de España, por una contradicción y un refinamiento inaudito de crueldades, con un furor que sólo puede inspirar a los tiranos el miedo de la inocencia sacrificada, la Corte se ha reservado el derecho de perseguirles y oprimirles continuamente. La muerte ha librado ya, a la mayor parte de estos desterrados, de las miserias que les han acompañado hasta el sepulcro. Los otros arrastran una vida infortunada y son una prueba de aquella crueldad de carácter que tantas veces se ha echado en cara a la nación española, aunque realmente esta mancha no deba caer sino sobre el despotismo de su gobierno.

Tres siglos enteros, durante los cuales este gobierno ha tenido sin interrupción ni variación alguna la misma conducta con nosotros, son la prueba completa de un plan meditado que nos sacrifica enteramente a los intereses y conveniencias de la España; pero, sobre todo, a las pasiones de su Ministerio. No obstante, esto es evidente, que a pesar de los esfuerzos multiplicados de una falsa e inicua política nuestros establecimientos han adquirido tal consistencia que Montesquieu, aquel genio sublime ha dicho: "Las Indias y la España son potencias bajo un mismo dueño; más las Indias son el principal y la España el accesorio. En vano la política procura atraer el principal al accesorio; las Indias atraen continuamente la España a ellas". Esto quiere decir, en otros términos, que las razones para tiranizarnos se aumentan cada día. Semejante a un tutor malévolo que se ha acostumbrado a vivir en el fausto y opulencia a expensas de su pupilo, la España con el más grande terror ve llegar el momento que la naturaleza, la razón y la justicia han prescrito para emanciparnos de una tutela tan tiránica.

El vacío y la confusión, que producirá la caída de esta administración, pródiga de nuestros bienes, no es el único motivo que anima a la Corte de España a perpetuar nuestra minoridad, a agravar nuestras cadenas. El despotismo que ella ejerce con nuestros tesoros, sobre las ruinas de la libertad española, podría recibir con nuestra independencia un golpe mortal, y la ambición debe prevenirlo con los mayores esfuerzos.

La pretensión de la Corte de España de una ciega obediencia a sus leyes arbitrarias está fundada principalmente sobre la ignorancia, que procura alimentar y entretener, acerca de los derechos inalienables del hombre y de los deberes indispensables de todo gobierno. Ella ha conseguido persuadir al pueblo que es un delito el razonar sobre los asuntos que importen más a cada individuo y, por consiguiente, que es una obligación continua la de extinguir la preciosa antorcha que nos dio el Creador para alumbrarnos y conducirnos. Pero -a pesar de los progresos de una doctrina tan funesta, toda la historia de España testifica constantemente contra su verdad y legitimidad.

Después de la época memorable del poder arbitrario y de la injusticia de los últimos reyes godos, que trajeron la ruina de su imperio y de la nación española, nuestros antepasados, cuando restablecieron el reino y su gobierno, pensaron en premunirse contra el poder absoluto a que siempre han aspirado nuestros reyes. Con este designio concentraron la supremacía de la justicia y los poderes legislativos de la paz, de la guerra, de los subsidios y de las monedas, en las Cortes que representaban la nación en sus diferentes clases y debían ser los depositarios y los guardianes de los derechos del pueblo.

A este dique tan sólido los aragoneses añadieron el célebre magistrado llamado el Justicia, para velar en la protección del pueblo contra toda violencia y opresión, como también para reprimir el poder abusivo de los reyes. En el preámbulo de una de aquellas leyes, los aragoneses dicen, según Ger6nimo Blanco en sus Comentarios, pág. 751, "que la esterilidad de su país y la pobreza de sus habitantes son tales, que, si la libertad no los distinguía de las otras naciones, el pueblo abandonarla su patria, e iría a establecerse en una región más fértil. Y a fin de que el rey no olvide jamás el manantial de dónde le viene la soberanía, el Justicia, en la ceremonia solemne de la coronación, le dirigía las palabras siguientes: "Nos que valernos cuanto vos, os hacernos nuestro rey y señor. con tal que guardéis nuestros fueros y libertades. y si no, nó"; tal como lo refiere el célebre Antonio Pérez, Secretario del Rey don Felipe II. Era pues un artículo fundamental de la Constitución de Aragón que, si el rey violaba los derechos y privilegios del pueblo, el pueblo podía legítimamente extrañarlo, y en su lugar nombrar otro, aunque fuese de la religión pagana, según el mismo Jerónimo Blanco.

A este noble espíritu de libertad es que nuestros antepasados debieron la energía que les hizo acabar tan grandes empresas, y que en medio de tantas guerras onerosas hizo florecer la nación y la colmó de prosperidades, como se observa hoy en Inglaterra y Holanda. Mas luego que el rey pasó los límites que la Constitución de Castilla y de Aragón le habían prescrito, la decadencia de la España fue tan rápida como había sido extraordinario el poder adquirido o, por mejor decir, usurpado por los soberanos. Y esto prueba bastante que el poder absoluto, al cual se junta siempre el arbitrario, es la mina de los Estados.

La reunión de los reinos de Castilla y de Aragón, como también los grandes Estados que al mismo tiempo tocaron por herencia a los reyes de España, y los tesoros de las Indias, dieron a la corona una preponderancia imprevista y tan fuerte, que en muy poco tiempo trastornó todos los obstáculos que la prudencia de nuestros abuelos había opuesto para asegurar la libertad de su descendencia. La autoridad real, semejante al mar cuando sale de sus márgenes, inundó toda la monarquía, y la voluntad del rey y de sus ministros se hizo la ley universal.

Una vez establecido el poder despótico tan sólidamente, la sombra misma de las antiguas Cortes no existió más, no quedando otra salvaguardia a los derechos naturales, civiles y religiosos de los españoles que la arbitrariedad de los ministros o las antiguas formalidades de justicia llamadas vías jurídicas. Estas últimas se han opuesto algunas veces a la opresión de la inocencia, sin estorbar por eso el que se verificase el proverbio de que allá van leyes donde quieren reyes,

Una invención dichosa sugirió al fin el medio más fecundo para desembarazarse de estas trabas molestas. La suprema potencia económica y los motivos reservados en el alma real (expresiones que asombrarán la posteridad), descubriendo al fin la vanidad y todas las ilusiones del género humano sobre los principios eternos de justicia, sobre los derechos y deberes de la naturaleza y de la sociedad, han desplegado de un golpe su irresistible eficacia sobre más de cinco mil ciudadanos españoles. Observad que estos ciudadanos estaban unidos en cuerpo, que, a sus derechos de sociedad en calidad de miembros de la nación, unían el honor de la estimación pública merecida por unos servicios tan útiles como importantes.

Omitiendo las reflexiones que nacen de todas las circunstancias de una ejecución tan extraña, y dejando aparte las desgraciadas víctimas de aquel bárbaro atentado, considerémosle solamente con respecto a toda la nación española.

La conservación de los derechos naturales y, sobre todo, de la libertad y seguridad de las personas y haciendas, es incontestablemente la piedra fundamental de toda sociedad humana, de cualquier manera, que esté combinada. Es pues una obligación indispensable de toda sociedad, o del gobierno que la representa, no solamente respetar sino aun proteger eficazmente los derechos de cada individuo.

Aplicando estos principios al asunto actual, es manifiesto que cinco mil ciudadanos que hasta entonces la opinión pública no tenía razón para sospechar de ningún delito, han sido despojados por el gobierno de todos sus derechos, sin ninguna denuncia de justicia y del modo más arbitrario. El gobierno ha violado solemnemente la seguridad pública, y hasta que no haya dado cuenta a toda la nación de los motivos que le hicieron obrar tan despóticamente, no hay particular alguno que en lugar de la protección que le es debida no tenga que temer opresión semejante, tanto cuanto su flaqueza individual le expone más fácilmente que a un cuerpo numeroso que en muchos respetos interesaba la nación entera. Un temor tan serio, y tan bien fundado, excluye naturalmente toda idea de seguridad. El gobierno culpable de haberla destruido en toda la nación ha convertido en instrumentos de opresión y de ruina los medios que se le han confiado para proteger y conservar los individuos.

Si el gobierno se cree obligado a hacer renacer la seguridad pública y confianza de la nación en la rectitud de su administración, debe manifestar, en la forma jurídica más clara, la justicia de su cruel procedimiento respecto de los cinco mil individuos de que se acaba de hablar. Y en el intervalo está obligado a confesar el crimen que ha cometido contra la nación, violando un deber indispensable y ejerciendo una implacable tiranía.

Mas si el gobierno se cree superior a estos deberes para con la nación, ¿qué diferencia hace pues entre ella y una manada de animales, que un simple capricho del propietario puede despojar, enajenar y sacrificarla? El cobarde y tímido silencio de los españoles acerca de este horrible atentado justifica el discernimiento del ministerio que se atrevió a una empresa tan difícil como injusta. Y si sucede en las enfermedades políticas de un Estado como en las enfermedades humanas, que nunca son más peligrosas que cuando el paciente se muestra insensible al exceso del mal que le consume, ciertamente la nación española en su situación actual tiene motivos para consolarse de sus penas.

El progreso de la grande revolución que acabamos de bosquejar, y que se ha perpetuado hasta nosotros en la constitución y gobierno de España, es conforme con la historia nacional. Pasemos ahora al examen de la influencia que nosotros debemos esperar o temer de esta misma revolución.

Cuando las causas conocidas de un mal cualquiera se empeoran sin relajación, sería una locura esperar de ellas el bien. Ya hemos visto la ingratitud, la injusticia y la tiranía, con que el gobierno español nos acaba desde la fundación de nuestras colonias, esto es cuando estaba él mismo muy lejos del poder absoluto y arbitrario a que ha llegado después. Al presente que no cono ce otras reglas que su voluntad, y que está habituado a considerar nuestra propiedad como un bien que le pertenece, todo su estudio consiste en aumentarle con detrimento nuestro, coloreando siempre, con el nombre de utilidad de la madre patria, el infame sacrificio de todos nuestros derechos y de nuestros más preciosos intereses. Esta lógica es la de los salteadores de caminos, que justifica la usurpación de los bienes ajenos, con la utilidad que de ella resulta al usurpador.

La expulsión y la ruina de los jesuitas no tuvieron, según toda apariencia, otros motivos que la fama de sus riquezas. Mas éstas hallándose agotadas, el gobierno, sin compasión a la desastrada situación a que nos había reducido, quiso aún agravarla con nuevos impuestos, particularmente en la América Meridional, en donde en 1780 costaron tanta sangre al Perú. Gemiríamos aún bajo esta nueva presión, si las primeras chispas de una indignación, sobrado tiempo reprimida, no hubieran forzado a nuestros tiranos a desistirse de sus extorsiones. ¡Generosos Americanos del Nuevo Reino de Granada! ¡Si la América Española os debe el noble ejemplo de la intrepidez que conviene oponer a la tiranía, y el resplandor que acompaña a su gloria, será en los fastos de la humanidad que se verá grabado con caracteres inmortales, que vuestras armas protegieron a los pobres indios, nuestros compatriotas, y que vuestros diputados estipularon por sus intereses con igual suceso que por los vuestros! ¡Pueda vuestra conducta magnánima servir de lección útil a todo el género humano!

El Ministerio está muy lejos de renunciar a sus proyectos de engullir el resto miserable de nuestros bienes; más, desconcertado con la resistencia inesperada, que encontró en Zipaquirá, ha variado de método para llegar al mismo fin. Adoptando, cuando menos se esperaba, un sistema contrario al que su desconfiada política había invariablemente observado ha resuelto dar armas a los españoles americanos, e instruirles en la disciplina militar. Espera, sin duda, obtener de las tropas regladas americanas el mismo auxilio, que halla en España de las bayonetas, para hacerse obedecer. Mas, gracias al cielo, la depravación de los principios de humanidad y de moral no ha llegado al colmo entre nosotros. Nunca seremos los bárbaros instrumentos de la tiranía, y antes de mancharnos con la menor gota de la sangre de nuestros hermanos inocentes, derramaremos toda la nuestra por la defensa de nuestros derechos y de nuestros intereses comunes.

Una marina poderosa, pronto a traernos todos los horrores de la destrucción, es el otro medio que nuestra resistencia pasada ha sugerido a la tiranía. Este apoyo es necesario al gobierno para la conservación de la Indias. El decreto de 8 de julio de 1787 ordena, que las rentas de la Indias (la del tabaco exceptuado) preparen los fondos suficientes para pagar la mitad, o el tercio de los enormes gastos que exige la marina real.

Nuestros establecimientos en el continente del Nuevo Mundo, aun en su estado de infancia, y cuando la potencia española estaba en su mayor declinación, han estado siempre al abrigo de toda invasión enemiga; y nuestras fuerzas, siendo ahora mucho más considerables, es claro que el aumento de tropas y de la marina, es para nosotros un gasto tan enorme como inútil a nuestra defensa. Así esta declaración formal, anunciada con tanta franqueza, no parece indicar otra cosa, sino que la vigilancia paternal, del gobierno por nuestra prosperidad (cuyas dulzuras nos ha hecho gustar hasta aquí), se propone darnos nuevas pruebas de su celo y de su amor. No escuchando sino las ideas de justicia, que se deben suponer a todo gobierno, se podrían creer que los fondos que debemos suministrar para el pago de los enormes gastos de la marina son destinados a proteger nuestro comercio y multiplicar nuestras riquezas, de suerte que nuestros puertos, de la misma manera que los de España, van a ser abiertos a todas las naciones, y que nosotros mismos podremos visitar las regiones más lejanas, para vender y comprar allí de la primera mano. Entonces nuestros tesoros no saldrán más, como torrentes, para nunca volver, sino que, circulando entre nosotros se aumentarán incesantemente con la industria.

Tanto más podríamos entregamos a estas bellas esperanzas, cuanto son más conformes al sistema de unión e igualdad, cuyo establecimiento, entre nosotros, y los españoles de Europa, desea el gobierno en su decreto real. ¡Qué vasto campo va, pues, a abrirse para obtener en la Corte, en los ejércitos, y en los tribunales de la monarquía los honores y riquezas que tan constantemente se nos ha rehusado! Los españoles europeos, habiendo tenido hasta aquí la posesión exclusiva de todas estas ventajas, es bien justo pues que el gobierno, para establecer esta perfecta igualdad empiece a ponerlos en el mismo pie en que nosotros hemos estado tan largo tiempo. Nosotros solos deberíamos frecuentar los puertos de la España, y ser los dueños de su comercio, de sus riquezas, y de sus destinos. No se puede dudar que los españoles, testigos de nuestra moderación, dejen de someterse tranquilamente a este nuevo orden. El sistema de igualdad, y nuestro ejemplo, lo justifica maravillosamente.

¿Qué diría la España y su gobierno si insistiésemos seriamente en la ejecución de este bello sistema? ¿Y para qué insultamos tan cruelmente hablando de unión y de igualdad? Sí, igualdad y unión, como la de los animales de la fábula; la España se ha reservado la plaza del león. ¿Luego no es sino después de tres siglos que la posesión del Nuevo Mundo, nuestra patria, nos es debida, y que oímos hablar de la esperanza de ser iguales a los españoles de Europa? ¿Y cómo y por qué título habríamos decaído de aquella igualdad? ¡Ah! nuestra ciega y cobarde sumisión a todos los ultrajes del gobierno, es la que nos ha merecido una idea tan despreciable e insultante. Queridos hermanos y compatriotas, si no hay entre vosotros quien no conozca y sienta sus agravios más vivamente que yo podría explicarlo, el ardor que se manifiesta en vuestras almas, los grandes ejemplos de vuestros antepasados, y vuestro valeroso denuedo, os prescriben la única resolución que conviene al honor que habéis heredado, que estimáis y de que hacéis vuestra vanidad. El mismo gobierno de España os ha indicado ya esta resolución, considerándoos siempre como un pueblo distinto de los españoles europeos, y esta distinción os impone la más ignominiosa esclavitud. Consintamos por nuestra parte a ser un pueblo diferente; renunciemos al ridículo sistema de unión y de igualdad con nuestros amos y tiranos; renunciemos a un gobierno, cuya lejanía tan enorme no puede procurarnos, aun en parte las ventajas que todo hombre debe esperar de la sociedad de que es miembro; a este gobierno que, lejos de cumplir con su indispensable obligación de proteger la libertad y seguridad de nuestras personas y propiedades, ha puesto el más grande empeño en destruirlas, y que en lugar de esforzarse a hacernos dichosos, acumula sobre nosotros toda especie de calamidades. Pues que los derechos y obligaciones del gobierno y de los súbditos son recíprocas, la España ha quebrantado, la primera, todos sus deberes para con nosotros: ella ha roto los débiles lazos que habrían podido unimos y estrecharnos.

La naturaleza nos ha separado de la España con mares inmensos. Un hijo que se hallaría a semejante distancia de su padre sería sin duda un insensato, si en la conducta de sus más pequeños intereses esperase siempre la resolución de su padre. El hijo está emancipado por el derecho natural; y en igual caso, un pueblo numeroso, que en nada depende de otro pueblo, de quien no tiene la menor necesidad, ¿deberá estar sujeto como un vil esclavo?

La distancia de los lugares, que por sí misma, proclama nuestra independencia natural, es menor aún que la de nuestros intereses. Tenernos esencialmente necesidad de un gobierno que esté en medio de nosotros para la distribución de sus beneficios, objeto de la unión social. Depender de un gobierno distante dos, o tres mil leguas, es lo mismo que renunciar a su utilidad; y este es el interés de la Corte de España, que no aspira a damos leyes, a dominar nuestro comercio, nuestra industria, nuestros bienes y nuestras personas, sino para sacrificarlas a su ambición, a su orgullo y a su avaricia.

En fin, bajo cualquier aspecto que sea mirada nuestra dependencia de la España, se verá que todos nuestros deberes nos obligan a terminarla. Debemos hacerlo por gratitud a nuestros mayores, que no prodigaron su sangre y sus sudores, para que el teatro de su gloria o de sus trabajos, se convirtiese en el de nuestra miserable esclavitud.

Debérnoslo a nosotros mismos por la obligación indispensable de conservar los derechos naturales, recibidos de nuestro Creador, derechos preciosos que no somos dueños de enajenar, y que no pueden sernos quitados sin injusticia, bajo cualquier pretexto que sea; ¿el hombre puede renunciar a su razón o puede ésta serle arrancada por fuerza? La libertad personal no le pertenece menos esencialmente que la razón. El libre uso de estos mismos derechos es la herencia inestimable que debemos dejar a nuestra posteridad.

Sería una blasfemia el imaginar, que el supremo Bienhechor de los hombres haya permitido el descubrimiento del Nuevo Mundo, para que un corto número de pícaros imbéciles fuesen siempre dueños de desolarle, y de tener el placer atroz de despojar a millones de hombres, que no les han dado el menor motivo de queja, de los derechos esenciales recibidos de su mano divina; el imaginar que su sabiduría eterna quisiera privar, al resto del género humano, de las inmensas ventajas que en el orden natural debía procurarles un evento tan grande, y condenarle a desear que el Nuevo Mundo hubiese quedado, desconocido para siempre. Esta blasfemia está sin embargo puesta en práctica por el derecho que la España se arroga sobre la América; y la malicia humana ha pervertido el orden natural de las misericordias del Señor, sin hablar de la justicia debida a nuestros intereses particulares para la defensa de la patria. Nosotros estamos obligados a llenar, con todas nuestras fuerzas, las esperanzas de que hasta aquí el género humano ha estado privado. Descubramos otra vez de nuevo la América para todos nuestros hermanos, los habitantes de este globo, de donde la ingratitud, la injusticia y la avaricia más insensata nos han desterrado. La recompensa no será menor para nosotros que para ellos.

Las diversas regiones de la Europa, a las cuales la Corona de España ha estado obligada a renunciar, tales como el reino de Portugal, colocado en el recinto mismo de la España, y la célebre República de las Provincias Unidas, que sacudieron su yugo de hierro, nos enseñan que un continente infinitamente más grande que la España, más rico, más poderoso, más poblado, no debe depender de aquel reino, cuando se halla tan remoto, y menos aun cuando está reducido a la más dura servidumbre.

El valor con que las colonias inglesas de la América han combatido por la libertad, de que ahora gozan gloriosamente, cubre de vergüenza nuestra indolencia. Nosotros les hemos cedido la palma, con que han coronado, las primeras, al Nuevo Mundo de una soberanía independiente. Agregad el empeño de las Cortes de España y Francia en sostener la causa de los ingleses americanos. Aquel valor acusa nuestra insensibilidad. Que sea ahora el estímulo de nuestro honor, provocado con ultrajes que han durado trescientos años.

No hay ya pretexto para excusar nuestra aparta si sufrimos más largo tiempo las vejaciones; que nos destruyan: se dirá con razón que nuestra cobardía las merece, Nuestros descendientes nos llenarán de imprecaciones amargas cuando mordiendo el freno de la esclavitud que habrán de la esclavitud que habrán heredado, se acordaren del momento en que para ser libres no era menester sino el quererlo.

Este momento ha llegado, aconsejémosle con todos los sentimientos de una preciosa gratitud, y por pocos esfuerzos que hagamos, la sabia libertad, don precioso del cielo, acompañada de todas las virtudes y seguida de la prosperidad, comenzará su reino en el Nuevo Mundo y la tiranía será inmediatamente exterminada.

Animados de un motivo tan grande y justo, podemos con confianza dirigirnos al principio eterno del orden y de la justicia, implorar en nuestras humildes oraciones su divina asistencia, y con la esperanza de ser oídos, consolarnos de antemano de nuestras desgracias.

Este glorioso triunfo será completo y costará poco a la humanidad. La flaqueza del único enemigo interesado en oponerse a ella, no le permite emplear la fuerza abierta sin acelerar su ruina total, Su principal apoyo está en las riquezas que nosotros le damos; que éstas le sean rehusadas, que ellas sirvan a nuestra defensa y entonces su rabia es impotente. Nuestra causa, por otra parte, es tan justa, tan favorable al género humano, que no es posible hallar entre las otras naciones ninguna que se cargue de la infamia de combatirnos o que, renunciando a sus intereses personales, ose contradecir los deseos generales en favor de nuestra libertad. El español sabio y virtuoso, que gime en silencio la opresión de su patria, aplaudirá en su corazón nuestra empresa. Se verá renacer la gloria nacional de un imperio inmenso, convertido en asilo seguro para todos los españoles, que además de la hospitalidad fraternal que siempre han hallado allí podrán respirar libremente bajo las leyes de la razón y de la justicia.

¡Plugiese a Dios que este día, el más dichoso que habrá amanecido jamás, no digo para la América, sino para el mundo entero; plugiese a Dios que llegue sin dilación! ¡Cuando a los horrores de la opresión y de la crueldad suceda el reino de la razón, de la justicia, de la humanidad; cuando el temor, las angustias y los gemidos de dieciocho millones de hombres hagan lugar a la confianza mutua, a la más franca satisfacción y al goce más puro de los beneficios del criador, cuyo nombre no se emplee más en disfrazar el robo, el fraude y la ferocidad; cuando sean echados por tierra los odiosos obstáculos que el egoísmo más insensato opone al bienestar de todo el género humano, sacrificando sus verdaderos intereses al placer bárbaro de impedir el bien ajeno, ¡qué agradable y sensible espectáculo presentarán las costas de la América, cubiertas de hombres de todas las naciones, cambiando las producciones de sus países por las nuestras! ¡Cuántos, huyendo de la opresión o de la miseria, vendrán a enriquecernos con su industria, con sus conocimientos, y a reparar nuestra población debilitada! De esta manera la América reunirá las extremidades de la tierra, y sus habitantes serán atados por el interés común de una sola grande familia de hermanos.

JUAN PABLO VISCARDO Y GUZMÁN

PROYECTO DE FRANCISCO DE MIRANDA DEL 2 DE MAYO DE 1801

BOSQUEJO DE GOBIERNO PROVISORIO

TODA AUTORIDAD emanada del gobierno
español queda abolida ipso facto.

COMICIOS

Los comicios estarán formados por todos los habitantes nativos o ya afincados en el país, cualquiera sea la casta a que pertenezcan, siempre que hayan cumplido los 21 años, que hayan jurado lealtad a la nueva reforma del gobierno y a la independencia americana, que tengan una renta anual de 36 piastras, que hayan nacido de padre y madre libres, que no ejerzan servidumbre doméstica ni hayan sufrido pena infamante.

CABILDOS

Las antiguas autoridades serán sustituidas por los Cabildos y Ayuntamientos de las diferentes ciudades. Estos aumentarán su número con un tercio de sus miembros elegidos entre los indios y las gentes de color de la provincia, y todos deberán ser confirmados por los comicios municipales. Los miembros no podrán ser menores de 25 años, y deberán ser propietarios de no menos de diez arpentes de tierra.

Los indios y las gentes de color serán dispensados, por el momento, de cumplir esta última condición.

Los Cabildos elegirán, entre sus miembros y el resto de los ciudadanos del distrito, a dos, que serán nombrados alcaldes, y que (como en el pasado) estarán encargados de administrar justicia, así como de la policía del distrito, durante la guerra. Se cuidará de que esta elección recaiga sobre ciudadanos de reconocida probidad, que tengan más de 30 años y una renta anual de 300 piastras.

ASAMBLEAS

Los Cabildos elegirán entre sus miembros y el resto de los ciudadanos del distrito a uno o varios representantes (según la población de la ciudad que representan), los cuales formarán una asamblea provincial, encargada del gobierno general de toda la provincia, hasta que se establezca el gobierno federal.

La edad de estos representantes no bajará de los treinta años, y la renta anual será de 400 piastras. Esta asamblea nombrará dos ciudadanos entre sus miembros y el resto de los ciudadanos de la provincia, con el nombre de Caracas. Estos estarán encargados de promulgar y hacer ejecutar las leyes provinciales durante la guerra. Deberán tener treinta años cumplidos y una renta anual de 500 piastras.

Las leyes existentes subsistirán tal como en el pasado, hasta la elaboración de otras nuevas. Sin embargo, serán abolidas ipso facto las siguientes:

1. Todo impuesto o tasa personal, tanto para los indios como para el resto de los ciudadanos.
2. Todos los derechos sobre las importaciones y las exportaciones del país. Sólo subsistirá un derecho del 5% sobre las importaciones y del 2% sobre las exportaciones. Se permite la entrada de todo tipo de manufacturas y mercadería.

3. Todas las leyes que se relacionan con el odioso tribunal de la Inquisición. Dado que la tolerancia religiosa es un principio del derecho natural, ésta será practicada. El pueblo americano reconoce siempre a la religión católica romana como su religión nacional.

MILICIA

La milicia, así como la totalidad de la fuerza armada, será colocada bajo la dirección de un ciudadano americano, que será nombrado por la Asamblea y confirmado por los comicios de la provincia. Llevará el título de Generalísimo del Ejército Americano, y su autoridad sólo será válida durante la guerra o hasta la formación del gobierno federal. Su deber principal será la organización del ejército y la defensa del país, y a ese efecto propondrá los nombramientos de funcionarios a la sanción de la Asamblea, a la que someterá igualmente todos los planes y operaciones militares, etc.

Los fondos necesarios para el mantenimiento y el equipamiento del ejército serán suministrados por la Asamblea. El General será responsable de la administración de todos estos intereses, así como del empleo que haga de sus poderes. El gobierno se reserva el derecho de pedirle rendición de cuentas al abandonar el cargo.

CLERO

Durante la guerra, el clero estará bajo la dirección de un vicario general nombrado por la Asamblea. Los curas de todas las provincias serán nombrados o confirmados por sus respectivos feligreses.

REGLAMENTO

Los extranjeros no afincados o casados en el país antes de la declaración de la independencia no gozarán de los derechos de los ciudadanos americanos, a menos que cumplan una residencia de seis años seguidos en el país o que sirvan en dos campañas del ejército americano. Sin embargo, la legislatura podrá, en ciertos casos, acordar esos derechos a quienes juzgue conveniente.

Aquellos habitantes, de la especie que fueren, que rehúsen prestar el juramento cívico, serán obligados a retirarse al interior del país, en los lugares designados por el gobierno, y sólo durante la guerra. Aquellos que soliciten abandonar el país, tendrán la autorización sin demora. La propiedad raíz, o cualquier otra que poseyera, será fielmente administrada durante su ausencia, deduciendo los gastos de administración, así como el importe general. Llegada la paz, serán libres de entrar en el país, en calidad de extranjeros, donde se los pondrá en posesión de sus bienes. Los que hayan tomado las armas contra su patria, serán excluidos a perpetuidad.

Todo ciudadano que, habiendo prestado juramento de lealtad a la patria, renga la desdicha de violarlo, será llevado a los tribunales y castigado severamente conforme a las leyes.

BOSQUEJO DE GOBIERNO FEDERAL

Son ciudadanos americanos:

1. Todos los nacidos en el país, de padre y madre libres.
2. Todos los extranjeros afincados y casados en el país que hayan prestado juramento de lealtad al nuevo gobierno, o que, siendo solteros, hayan participado en dos campañas por la independencia americana. En caso contrario, permanecerán en la clase de los extranjeros.

Sin embargo, la legislatura podrá, en ciertos casos, acordar esos derechos a quienes considere conveniente.

COMICIOS AMERICANOS

Estas asambleas estarán compuestas por todos los ciudadanos americanos que cumplan además los requisitos exigidos por la Constitución.

Estos requisitos son: una propiedad raíz de 10 arpentes de tierra como mínimo y más de 21 años. El gobierno cuidará de distribuir a cada indio (que no posea propiedad suficiente) diez arpentes de tierra si es casado y cinco si es soltero.

Los ciudadanos que no cumplan estos requisitos no podrán votar en los comicios, pero gozarán de los demás derechos, perteneciendo a la clase de los ciudadanos pasivos.

CUERPOS MUNICIPALES

Estarán formadas por cierto número de ciudadanos elegidos entre los ciudadanos activos del distrito y formarán un cuerpo de electores para la representación nacional.

Sus funciones serán las de velar por la vigencia y la administración de las leyes administrativas, las cuales no se extenderán más allá de las de los miembros que formen parte de las asambleas provinciales. Su edad no podrá sobrepasar los 25 años y deberán tener una renta anual de 500 piastras.

ASAMBLEAS PROVINCIALES

Estas asambleas estarán compuestas por un cierto número de miembros, elegidos entre los ciudadanos activos del imperio americano. Su función será la de velar por el bienestar y la administración de las provincias. A ese efecto, podrán promulgar leyes administrativas, que sólo tendrán vigencia en la provincia y que en ningún caso se opondrán a las leyes generales. Nombrarán, entre todos los ciudadanos americanos, a aquellos que integrarán el cuerpo legislativo, y gozarán del derecho de peticionar ante dicho cuerpo. Su edad será de treinta años y serán dueños de una propiedad raíz de 100 arpentes de tierra.

La duración de las autoridades será de un lustro, o cinco años.

Estos elegirán asimismo a dos ciudadanos, entre todos los ciudadanos americanos, que ejercerán el Poder Ejecutivo en la provincia durante cinco años. Su título será el de Curacas, la edad requerida superior a treinta años y deberán ser dueños de una propiedad raíz de 150 arpentes de tierra.

CUERPO LEGISLATIVO

El cuerpo legislativo se compondrá de representantes nombrados por las diferentes asambleas provinciales, en número correspondiente a la población de la provincia. Serán elegidos entre todos los ciudadanos de la provincia respectiva, deberán tener una propiedad raíz de 150 arpentes como mínimo y treinta y cinco años. Esta asamblea se denominará Dieta Imperial, y será la única responsable para legislar para toda la federación americana. Estas leyes se promulgarán por simple mayoría de sufragios, pero deberán ser sancionadas por el Poder Ejecutivo, el cual tendrá derecho a volver a enviar el proyecto Vedia, añadiendo sus observaciones. Si luego de esto, la Dieta insiste en la misma ley por una mayoría de los dos tercios de sus miembros, el poder ejecutivo deberá aceptarla y ponerla en ejecución sin demora, como ley gubernativa.

Si los dos tercios de la Dieta consideran que una ley constitucional determinada debe ser reformada o cambiada, el poder ejecutivo estará obligado a someterla a las diferentes asambleas provinciales, para que den su asentimiento, y si las tres cuartas partes de las asambleas la sancionan, será aprobada y puesta en ejecución. Viceversa, las asambleas podrán tomar la iniciativa al respecto, y si las tres cuartas partes de la Dieta lo aprueban, tendrá fuerza de ley y será puesta en ejecución.

La duración de los poderes de la Dieta será de un lustro (o cinco años). Sus miembros podrán ser reelegidos para la Dieta siguiente.

PODER EJECUTIVO

Este poder será nombrado por la Dieta Imperial, la que elegirá entre todos los ciudadanos del imperio a dos ciudadanos que tengan más de cuarenta años, una propiedad raíz de 200 arpentes de tierra, y que hayan ejercido uno de los grandes cargos del imperio.

El cargo durará un lustro, y la misma persona no podrá ser reelecta durante un intervalo de cinco años. Su título será el de Inca, nombre venerable en el país.

Uno de los Incas permanecerá constantemente junto al cuerpo legislativo, en la ciudad federal, mientras el otro recorre las provincias del imperio.

Los incas nombrarán asimismo dos ciudadanos para ejercer el cargo de Cuestores o Administradores del tesoro público; otros dos para el de ediles, que se encargarán principalmente de la construcción y reparación de las grandes rutas del imperio, etc., y otros dos con el título de Censores, que se encargarán de levantar el census del imperio, de velar por la instrucción pública y por las buenas costumbres. La edad requerida para todos los cargos será de treinta y dos años, y la duración de un lustro.

Los censores tendrán representantes en todas las provincias (Provinciales) que se encargarán de enrolar a todos los ciudadanos según la forma prescrita por aquéllos. Este census, repetido puntualmente cada cinco años, permitirá que el gobierno conozca a fondo el estado del imperio. Además, deberán vigilar si los ciudadanos cultivan bien su tierra, si pasan excesivo tiempo sin casarse, si se comportan valientemente en la guerra, etc.

También habrá varios cuestores en las provincias, así como en las armas (provinciales militares) que se encargarán de percibir en su totalidad la renta pública, del pago del ejército, etc., todo conforme a las leyes y reglamentos del imperio. En todas las provincias habrá también ediles, que al igual que los de la capital (Urbani) se encargarán del cuidado de las ciudades, de los edificios públicos, templos, acueductos, cloacas, así como de los mercados públicos, las pesas y medidas, etc. También examinarán las obras dramáticas antes de su representación, y tendrán a su cargo la dirección de las festividades públicas y juegos de artificio.

Todos estos magistrados podrán ser removidos a voluntad por el Poder Ejecutivo, en caso de faltas graves o de negligencia en el ejercicio de su función. En ese caso, éste propondrá otros candidatos o la Dieta, a fin de llenar los cargos vacantes.

Ninguno de los cargos que se acaban de enumerar, ni ningún otro que emane de un nombramiento del Poder Ejecutivo, podrá ser llenado por los miembros del cuerpo legislativo, a menos que hayan pasado dos años desde su abandono de sus cargos.

Los Incas serán responsables ante la nación por todos los actos en su administración, y aunque sus personas sean sagradas e inviolables durante el tiempo de su magistratura, podrán ser llevados luego ante la Corte Suprema Nacional.

¡El Poder Ejecutivo tiene como función esencial la de velar por la seguridad de! imperio: podrá declarar la guerra defensiva con el consentimiento de la Dieta, pero jamás podrá llevar la guerra fuera de las fronteras del imperio sin el acuerdo de las asambleas, el cual deberá contar con mayoría de sufragios.

PODER JUDICIAL

Este poder estará compuesto por los jueces encargados de presidir los diferentes tribunales de las provincias. Estos serán nombrados en los comicios de las provincias respectivas, y en el número que el poder ejecutivo considere conveniente; teniendo en cuenta a este efecto la opinión de las Asambleas Provinciales con respecto al número de tribunales que sea necesario establecer. El Inca debe dar su aprobación. En caso de que rechace el nombramiento del comicios, la Dieta debe confirmar dicho rechazo, y los comicios elegirán otros candidatos. Si la Dieta no lo confirma, el nombramiento quedará firme y el juez será puesto en posesión de su cargo. Los jueces deberán cumplir los requisitos de un ciudadano activo y tener como mínimo treinta y dos años.

Estos cargos son inamovibles y de por vida, excepto en caso de prevaricato. Entonces dichos jueces serán llevados ante la Corte Suprema Nacional, que es el único organismo que puede destituirlos.

La forma de los tribunales y las sentencias emitidas por jurado serán similares en todo a las de Inglaterra y Estados Unidos de América. Al principio se nombrará un jurado especial, hasta el momento en que la masa de los ciudadanos esté al tanto de los usos de un país libre. Todo asunto civil o criminal será juzgado por ellos únicamente.

El Poder Ejecutivo nombrará la Corte Suprema Nacional, que estará compuesta por un presidente y dos jueces, elegidos entre los jueces nacionales. Esta corte juzgará todos los asuntos relacionados con el derecho de gentes, con los tratados con potencias extranjeras y también juzgará a todos los magistrados y funcionarios acusados de prevaricato u otros crímenes contra el Estado.

CULTO

La religión católica romana será la religión nacional, y la jerarquía del clero americano será regulada por un concilio provincial convocado a ese efecto. La tolerancia religiosa está aceptada por la Constitución y ningún ciudadano será molestado jamás por sus opiniones religiosas. Los sacerdotes y ministros del evangelio no podrán ser molestados de ningún modo en el ejercicio de sus funciones. A este efecto serán excluidos de toda función militar o civil.

Aquellos que enajenen sus tierras, perderán el derecho invalorable de ser ciudadanos, hasta que adquieran la parcela necesaria para serlo, Los que descuiden el cultivo de la tierra durante tres años consecutivos, serán condenados por los magistrados, etc.

La Ciudad Federal será construida en el punto central (tal vez en el Istmo) y llevará el augusto nombre de Colombo, a quien el mundo debe el descubrimiento de esta hermosa región de la tierra.

Londres, 2 de mayo de 1801

FRANCISCO DE MIRANDA

CONSTITUCIÓN FEDERAL PARA LOS ESTADOS DE VENEZUELA, DEL 21 DE DICIEMBRE DE 1811

Hecha por los Representantes de Margarita, de Mérida, de Cumaná, de Barinas, de Barcelona, de Trujillo y de Caracas, reunidos en Congreso General.

En el nombre de Dios Todo Poderoso, nos, el Pueblo de los Estados de Venezuela, usando de nuestra Soberanía y deseando establecer entre nosotros la mejor administración de justicia, procurar el bien general, asegurar la tranquilidad interior, proveer en común a la defensa exterior, sostener nuestra Libertad e Independencia política, conservar pura e ilesa la sagrada religión de nuestros mayores, asegurar perpetuamente a nuestra posteridad el goce de estos bienes y estrecharnos mutuamente con la más inalterable unión y sincera amistad, hemos resuelto confederarnos solemnemente para formar y establecer la siguiente Constitución Federal Para Los Estados De Venezuela Constitución, por la cual se han de gobernar y administrar estos Estados.

Preliminar.
Bases del Pacto federativo que ha de constituir la
Autoridad general de la Confederación.

En todo lo que por el Pacto Federal no estuviere expresamente delegado a la Autoridad general de la Confederación, conservará cada una de las Provincias que la componen, su Soberanía, Libertad e Independencia: en uso de ellas, tendrán el derecho exclusivo de arreglar su Gobierno y Administración territorial, bajo las leyes que crean convenientes, con tal que no las sean comprehendidas en esta Constitución, ni se opongan o perjudiquen a los mismos Pactos Federativos que por ellas se establecen. Del mismo derecho gozarán todos aquellos territorios que por división del actual o por agregación a él, vengan a ser parte de esta Confederación cuando el Congreso General reunido les declare la representación de tales o la obtengan por aquella vía y forma que él establezca para las ocurrencias de esta clase cuando no se halle reunido.

Hacer efectiva la mutua garantía y seguridad que se prestan entre sí los Estados, para conservar su libertad civil, su independencia política y su culto religioso es la más sagrada de las facultades de la Confederación, en quien reside exclusivamente la Representación Nacional. Por ella está encargada de las relaciones extranjeras, de la defensa común y general de los Estados Confederados, de conservar la paz pública contra las conmociones internas o los ataques exteriores, de arreglar el comercio exterior y el de los Estados entre sí, de levantar y mantener Ejércitos, cuando sean necesarios para mantener la libertad, integridad, e independencia de la Nación, de construir y mantener bajeles de guerra, de celebrar y concluir tratados y alianzas con las demás Naciones, de declararles la guerra y hacer la paz, de imponer las contribuciones indispensables para estos fines, u otros convenientes a la seguridad, tranquilidad y felicidad común, con plena y absoluta autoridad para establecer las Leyes generales de la unión, juzgar y hacer ejecutar cuanto por ellas queda

Resuelto y determinado.

El ejercicio de esta autoridad confiada a la Confederación no podrá jamás hallarse reunido en sus diversas funciones. El Poder Supremo debe estar dividido en Legislativo, Ejecutivo y Judicial y confiado a distintos Cuerpos independientes entre sí, en sus respectivas facultades.

Los individuos que fueren nombrados para ejercerlas se sujetarán inviolablemente al modo y reglas que en esta Constitución se les prescriben para el cumplimiento y desempeño de sus destinos.

Capítulo primero
De la religión

Art. 1 – La Religión, católica, Apostólica, Romana, es también la del Estado y la única y exclusiva de los habitantes de Venezuela. Su protección, conservación, pureza e inviolabilidad será uno de los primeros deberes de la Representación nacional, que no permitirá jamás en todo el territorio de la Confederación, ningún otro culto público, ni privado, ni doctrina contraria a la de Jesucristo.

Art. 2 – Las relaciones que en consecuencia del nuevo orden político deben entablarse entre Venezuela y la Silla Apostólica, serán también peculiares a la de Confederación, como igualmente las que deban promoverse con los actuales Prelados Diocesanos, mientras no se logre acceso directo a la autoridad Pontificia.

Capítulo segundo
Del Poder Legislativo
Sección primera
División, límites y funciones de este poder

Art. 3 – El Congreso general de Venezuela, estará dividido en una Cámara de Representantes y un Senado, a cuyos dos Cuerpos se confía el Poder legislativo, establecido por esta Constitución.

Art. 4 – En cualquiera de los dos podrán tener principio las leyes; y cada uno respectivamente podrá proponer al otro reparos, alteraciones o adicciones o rehusar a la ley propuesta, su consentimiento por una negativa absoluta.

Art. 5 – Sólo las leyes sobre contribuciones, tasas e impuestos están exceptuadas de esta regla. Éstas no pueden tener principio sino en la

Cámara de Representantes; quedando al Senado el derecho ordinario de adicionarlas, alterarlas o rehusarlas.

Art. 6 – Cuando el proyecto de ley haya sido admitido conforme a las reglas de debate que se hayan prescripto estas Cámaras, sufrirá tres discusiones en sesiones distintas con el intervalo de un día a lo menos entre cada una, sin lo cual no podrá pasarse a deliberar sobre él.

Art. 7 – Las proposiciones urgentes están exceptuadas estos trámites; pero para ello debe discutirse y declararse previamente la urgencia en cada una de las Cámaras.

Art. 8 – Ninguna proposición rechazada por una de ellas podrá repetirse hasta después de un año; pero podrán hacerse otras que contengan parte de las rechazadas.

Art. 9 – Ningún proyecto de ley o proposición constitucionalmente aceptado, discutido y deliberado en ambas Cámaras, podrá tenerse por Ley del Estado, hasta que presentado al Cuerpo Ejecutivo sea firmado por él. Si no lo hiciere, enviará el proyecto con sus reparos a la Cámara, donde hubiere tenido su iniciativa; y en esta se tomará razón integra de los reparos en el registro de sesiones y pasará a examinar de nuevo la materia; que resultando segunda vez aprobada por pluralidad de dos terceras partes, pasará bajo iguales tramites a la otra Cámara y obtenida en ella igual aprobación, tendrá desde entonces el proyecto de fuerza de Ley. En todos estos casos se expresarán los votos de las Cámaras por sí o no, quedando registrados los nombres de los que votaron en pro o en Contra.

Art. 10 – Si el Cuerpo Ejecutivo no volviese el proyecto a la Cámara de su origen dentro del término de diez días contados desde su recibo, con exclusión de los feriados, tendrá fuerza de Ley y deberá ser promulgada como tal constitucionalmente; pero si por emplazamiento suspensión o receso del Congreso, no pudiese volver a él el proyecto antes del término señalado, quedará sin efecto, a menos que el Poder

Ejecutivo no resuelva sin aprobarlo sin reparos o adiciones; pero en caso de ponerlas, podrá presentarse el proyecto con ellas a la Cámara en la Inmediata Asamblea siguiente a la expiración del plazo.

Art. 11 – Las demás resoluciones, decretos, dictámenes y actas de la Cámaras (excepto las de emplazamiento) deberán también pasarse al Poder Ejecutivo para su conformidad antes de tener efecto. En el caso de que éste no se conforme, volverán a seguir los trámites prescritos para las leyes; y siendo de nuevo confirmados como ellas, deberán llevarse a ejecución. Las Leyes, decretos, dictámenes, actas y resoluciones urgentes están también sujetas a esta regla; pero el Poder Ejecutivo debe poner sus reparos sobre la urgencia y sobre lo substancial de la misma ley simultáneamente dentro de dos días después de su recibo y no haciéndolo se tendrán como aprobadas por él.

Art. 12 – La fórmula de redacción con que han de pasar las leyes, actos, decretos y resoluciones de una a otra Cámara y al Poder Ejecutivo, será un preámbulo que contenga: el día de la sesión en que se discutió en cada Cámara la materia; la fecha de las respectivas resoluciones, inclusa la de urgencia cuando la haya; y la exposición de las razones y fundamentos que han motivado la resolución. Cuando se omita algunos de estos requisitos, deberá volverse el acto dentro de dos días a la Cámara donde se note la omisión o a la del origen si hubiera ocurrido en ambas.

Art. 13 – Estos requisitos no acompañarán a la ley en su promulgación: ella saldrá entonces redactada clara, sencilla, precisa y uniformemente, sin otra cosa que un membrete que explique su contenido con la nominación de ley, acto o decreto, bajo la fórmula de estilo siguiente:

El Senado y la Cámara de Representantes de los Estados Unidos de Venezuela, juntos en Congreso decretaron; y, enseguida, la parte dispositiva de la ley, acto o decreto. Estas fórmulas podrán variarse si las circunstancias y la conformidad de los pueblos que se agreguen a esta confederación lo creyesen necesario.

Sección segunda
Elección de la Cámara de Representantes

Art. 14 – Los que compongan la Cámara de Representantes deben ser nombrados por los electores populares de cada Provincia para servir por cuatro años este encargo; y el número total respectivo se renovará cada dos por mitad, sin que ninguno de ellos pueda ser reelegido

Inmediatamente.

Art. 15 – Nadie podrá ser elegido antes de la edad de veinticinco años: si no ha sido por cinco inmediatamente antes de la elección ciudadano de la Confederación de Venezuela; y si no goza en ella una propiedad de cualquiera clase.

Art. 16 – La condición de domicilio y residencia requerida aquí para los Representantes, no excluye a los que hayan estado ausentes en servicio del Estado, ni a los que hayan permanecido fuera de él con permiso del Gobierno en asuntos propios, con tal que su ausencia no haya pasado de tres años; ni a los naturales del territorio de Venezuela, que habiendo estado fuera de él, se hubiesen restituido y hallado presentes a la declaratoria de su absoluta Independencia y la hubiesen reconocido y jurado.

Art. 17 – La población de las Provincias será la que determine el número de Representantes que les corresponda, debido a uno por cada veinte mil almas de todas condiciones, sexos y edades. Por ahora servirá para el cómputo el censo civil practicado últimamente, que en lo sucesivo se renovará cada cinco años; y si hechas las divisiones de veinte mil, resultare algún residuo que pase de diez mil, habrá por él un Representante más.

Art. 18 – Esta proporción de uno por veinte mil, continuará siendo la regla de representación, hasta que el número de los Representantes llegue a sesenta; y aunque aumentase la población no se aumentará por eso el número, sino se elevará la proporción hasta que corresponda un Representante a cada treinta mil almas. En este estado continuará la proporción de uno por treinta mil, hasta que lleguen a ciento los Representantes; y entonces como en el caso anterior, se elevará la proporción a cuarenta mil por uno hasta que lleguen a doscientos por el aumento progresivo de la población, en cuyo caso se procederá de modo que la regla de proporción no suba de uno por cincuenta mil almas.

Art. 19 – Cuando por muerte, renuncia u otra causa vacare alguna plaza de Representante, entrará a servirla el que en las últimas elecciones hubiese obtenido la segunda mayoría de votos y se considerará nombrado por el tiempo que falte al primero. Si éste fuese menos de un año, no se le contará como obstáculo para poder ser elegido en las inmediatas elecciones.

Art. 20 – Éstas se ejecutarán con uniformidad en todo el territorio de la Confederación, procediendo para ello del modo siguiente:

Art. 21 – El día primero de noviembre de cada dos años, se reunirán los sufragantes en todas las parroquias del Estado, para elegir libre y espontáneamente los electores parroquiales que han de nombrar el Representante o Representantes que correspondan aquel bienio a su Provincia.

Art. 22 – A cada mil almas de población y a cada Parroquia, aunque no llegue a este número, se dará un elector; luego que estén nombrados se disolverá la Congregación parroquial; y los Electores se hallarán reunidos indefectiblemente el quince de noviembre en la Ciudad o Villa que fuera cabeza del Partido capitular, para nombrar Representantes.

Art. 23 – El resultado de la Congregación electoral, se remitirá por ahora inmediatamente al Gobierno provincial; y cuando éste se reforme popularmente, al Presidente del Senado o primera Cámara del Cuerpo legislativo de ella, que en todas deberá hallarse reunido en los primeros días de diciembre.

Art. 24 – El Jefe del Gobierno actual o el Presidente del Senado cuando lo haya, abrirá a presencia de la Legislatura provincial que se hallará reunida, las votaciones que se remiten de los Partidos para contar los votos. Se tendrán por elegidos para Representantes los que hayan reunidos a su favor la mayoría del número total de los Electores nombrados; y en caso de igualdad entre ellos la Legislatura; pero si ninguna llegase a reunir la mitad, la Legislatura entonces escogerá de los que hayan tenidos más votos, un número triple o doble si fuere preciso de los Representantes que toquen a su Provincia, para elegir entre éstos los que deban serlo. Para esta elección podrá atenderse a cualquiera especie de mayoría, añadiendo a los votos de la Legislatura los que cada uno hubiese obtenido desde las Congregaciones electorales de las cabezas de partido. En caso de igualdad en la última elección de la Legislatura, decidirá el voto del Presidente.

Art. 25 – Mientras no se organizan constitucional y uniformemente las Legislaturas de las Provincias, podrán hacer sus Gobiernos actuales lo prevenido anteriormente, juntándose en un lugar determinado todos sus miembros en unión de las Municipalidades de la Capital y doce personas de arraigo conocido elegidas previamente por las mismas Municipalidades.

Art. 26 – Todo hombre libre tendrá derecho de sufragio en las Congregaciones Parroquiales, si a esta calidad añade la de ser Ciudadano de Venezuela, residente en la Parroquia o Pueblo donde sufraga: si fuere mayor de veintiún años, siendo soltero o menor siendo casado y velado y si poseyere un caudal libre del valor de seiscientos pesos en la Capitales de Provincia siendo soltero y de cuatrocientos siendo casado, aunque pertenezcan a la mujer o de cuatrocientos siendo en las demás poblaciones en el primer caso y doscientos en el segundo; o si tuviere grado, u aprobación pública en una ciencia o arte liberal o mecánica; o si fuere propietario o arrendador de tierras, para sementeras o ganado con tal que sus productos sean los asignados para los respectivos casos de soltero u casado.

Art. 27 – Serán excluidos de este derecho los dementes, los sordomudos, los fallidos, los deudores a caudales públicos con plazo cumplido, los extranjeros, los transeúntes, los vagos públicos y notorios, los que hayan sufrido infamia no purgada por la Ley, los que tengan causa criminal de gravedad abierta y los que siendo casados no vivan con sus mujeres, sin motivo legal.

Art. 28 – Además de las cualidades referidas para los sufragantes parroquiales, deben los que han de tener voto en las Congregaciones electorales, ser vecinos del Capitular donde votaren y poseer una propiedad libre de seis mil pesos en la Capital de Caracas, siendo solteros y de cuatro mil siendo casados, cuya propiedad será en las demás Capitales, Ciudades y Villas, de cuatro mil siendo soltero y tres mil siendo casado.

Art. 29 – También se conceden los mismos derechos a los Empleados públicos con sueldo del Estado, con tal que este sea de trescientos pesos anuales para votar en las Congregaciones parroquiales y de mil para los Electores capitulares. Pero todos ellos están inhábiles para ser miembros de las Cámaras de Representantes y senadores mientras no renuncien al ejercicio de sus empleos y al goce de sus respectivos sueldos por todo el tiempo que duren la representación.

Art. 30 – Es un derecho exclusivo y propio de las respectivas Municipalidades, el convocar

Conforme a la Constitución las Asambleas primarias y electorales y todas las demás que resolviere el Gobierno de su Provincia.

Art. 31 – Cualquiera de sus miembros o de los Jueces y personas notables de los Pueblos de su distrito podrán ser autorizados por ellas presidir y concluir las Asambleas parroquiales; pero las Electorales las presidirá uno de los Alcaldes y las autorizará el Escribano municipal.

Art. 32 – Si hubiese por parte de las Municipalidades omisión en hacer oportunamente estas convocatorias, podrán los Ciudadanos reunirse espontáneamente en los días señalados por la Constitución para ellas y hacer con orden, tranquilidad y moderación lo que no hubiese hecho el Cuerpo Municipal, hasta comunicar después de disueltas las Congregaciones, el resultado al Gobierno Provincial respectivo.

Art. 33 – El uso de esta facultad, tanto por parte de las Municipalidades, como de los Ciudadanos, fuera de los casos y tiempos prevenidos en la Constitución, será un atentado contra la seguridad pública y una traición a las leyes del Estado; y nunca pasarán las funciones de estas Congregaciones del nombramiento de Electores o Representantes del Congreso General o Legislatura Provincial respectiva sin tratar en manera alguna de otra cosa que no prevenga la Constitución.

Art. 34 – Las calificaciones de propiedad serán peculiares a las respectivas Municipalidades que llevarán permanentemente un registro civil de los Ciudadanos aptos para votar en las congregaciones parroquiales y electorales de su partido, en la forma que estableciere las respectiva Constitución Provincial.

Art. 35 – La falta actual que hay del registro civil ordenado por el Artículo anterior para establecer las calificaciones de los Ciudadanos, podrá suplirse autorizando los Cabildos a los mismos que nombren para presidir las Asambleas primarias o parroquiales para formar un censo en cada Parroquia con vista del último formado para el actual Congreso y del Eclesiástico autorizado por el Cura o su Teniente y cuatro vecinos honrados, padres de familia y propietarios del Pueblo, que bajo juramente testifiquen tener los comprehendidos en el censo las calidades requeridas para ser sufragantes o electores.

Art. 36 – Obtenida por este medio la población total de la Parroquia, se sabrá el Elector o Electores que le correspondan y se formará una lista por ella de los Ciudadanos que resulten con derecho a sufragio y otras de uso que estén hábiles para ser Electores en la Congregación capitular.

Art. 37 – Estas tres listas se llevarán por el comisionado a la Asamblea primaria o parroquial, para que los sufragantes con conocimiento de ella proceden a nombrar de los de la última lista el Elector o Electores que correspondan a la Parroquia.

Art. 38 – Verificado esto se presentará todo ello por el comisionado al Cuerpo Municipal del partido, para que sirva a formar el registro civil provisional, mientras por el Congreso no se establezca otra fórmula.

Art. 39 – El acto de elección parroquial y electoral será público, como es propio de un Pueblo libre y virtuoso y en él se procederá del modo siguiente.

Art. 40 – Los Electores primarios o sufragantes parroquiales llevarán sus votos en persona por escrito o de palabra al Alcalde de cuartel o Juez que se nombrare dentro del término de ocho días, desde aquél que se abriese la elección; y en el primero de noviembre se procederá al escrutinio ante el mismo Juez con seis personas respetables de la Parroquia, a cuyas puertas se fijará la votación y su resultado.

Art. 41 – En las Congregaciones electorales dará su voto cada Elector en un billete firmado o en secreto a la voz al Presidente de la Congregación que lo hará escribir en el acto por el Secretario a presencia de dos testigos. Reunidos los votos en secreto, se practicará en público el escrutinio, firmando lista por orden alfabético y se leerán luego en voz alta los votos con el nombre de cada Elector.

Art. 42 – Las dudas o dificultades que se susciten en las Asambleas primarias u electorales sobre cualidades o formas, se decidirán en las primeras por el Presidente y sus asociados y en las segundas por la misma Congregación; pero ambas podrán apelarse en último recurso a la Legislatura provincial, sin que entre tanto se suspenda por eso el efecto de la elección respectiva.

Art. 43 – La Cámara de Representantes al principiar sus Sesiones elegirá para el tiempo que duraren estas, un Presidente y Vicepresidente de sus miembros que podrá mudar en caso de prorroga o convocación extraordinaria; también nombrará fuera de su seno el Secretario y demás Oficiales que juzgue necesarios para el desempeño de sus trabajos, siendo de su autoridad la asignación de sueldos o gratificaciones de los referidos empleados.

Art. 44 – Todos los empleados de la confederación están sujetos a la inspección de la Cámara de Representantes en el desempeño de sus funciones y por ella ser acusados ante el Senado de todos los casos de traición, colusión o malversación y éste admitirá oirá, rechazará y juzgará estas acusaciones, sin que puedan someterse a su juicio por otro órgano que el de la Cámara, a quien toca exclusivamente este derecho.

Sección tercera
Elección de los Senadores

Art. 45 – El Senado de la Confederación lo compondrá por ahora un número de individuos, cuya proporción no pasará de la tercera, ni será menos de la quinta parte de los Representantes: cuando éstos pasen de ciento, estará la proporción de aquéllos entre la cuarta y la quinta: y cuando doscientos entre la quinta y la sexta.

Art. 46 – Este cálculo indica al presente que debe haber de cada Provincia un Senador por cada setenta mil almas de todas condiciones, sexos y edades con arreglos a los censos que rigen; pero siempre nombrará uno la que no llegue al número señalado y otro la que deducida la cuota o cuotas de setenta mil tenga un resido de treinta mil almas.

Art. 47 – El término de las funciones de Senador será el de seis años y cada dos se renovará el Cuerpo por terceras partes. Siendo los primeros a quienes toque este turno a los dos años de la primera reunión, a los de las Provincias que hubieren dado mayor número y así sucesivamente, de modo que ninguno pase de los seis años asignados.

Art. 48 – La elección originaria y sucesiva en los años de turno, se hará por la Legislatura provincial, según la forma que ellas se prescriban; pero con las condiciones de que:

Art. 49 – Para ser Senador ha de tener el elegido treinta años; diez años de ciudadano avecindado en el territorio de Venezuela inmediatamente antes de la elección con las excepciones comprehendidas en el parágrafo dieciséis y ha de gozar en él una propiedad de seis mil pesos.

Art. 50 – El Senado elegirá fuero de su seno un Secretario y los demás Oficiales y empleados que necesite, siendo privativa al mismo Cuerpo la asignación de sueldos ascensos y gratificaciones de estos empleados y también un Presidente y Vice, como previene el párrafo 43 para los Representantes.

Art. 51 – Cuando vacare alguna plaza de Senador por muerte, renuncia u otra causa durante el receso de la Legislatura provincial a que corresponda la vacante, el Poder Ejecutivo de ella podrá nombrar interinamente quien la sirva hasta la próxima reunión de Legislatura, en que habrá de proveerse en propiedad.

Sección cuarta
Funciones y facultades del Senado

Art. 52 – El Senado tiene todo el poder natural, e incidente de una Corte de Justicia para admitir oír, juzgar y sentenciar a cualesquiera de los empleados principales en servicio de la Confederación, acusados por la Cámara de Representantes de felonía, mala conducta, usurpación o corrupción en el uso de sus funciones, arreglándose a la evidencia y a la justicia de estos procedimientos y prestando para ello un juramento especial sobre los evangelios antes de empezar la actuación.

Art. 53 – También podrá juzgar y sentenciar a cualquiera otro de los empleados inferiores, cuando instruido de sus faltas o delitos advierta omisión de sus respectivos Jefes para hacerlo, precediendo siempre la acusación de la Cámara.

Art. 54 – Inmediatamente pasará al acusado copia legal de la acusación y le señalará tiempo y lugar para evacuar juicio, sirviéndose para esto del Ministro o comisionado que tenga a bien elegir y teniendo consideración a la distancia en que resida el acusado y a la naturaleza del juicio que va a sufrir.

Art. 55 – Luego que haya tenido su efecto la citación y emplazamiento del Senado compareciendo en fuerza de ella el acusado, se le oirán libremente las pruebas y testigos que presentare y la defensa que hiciere por sí o por Letrado. Pero si por renuncia u omisión dejare de comparecer, examinará el Senado los cargos y pruebas que haya contra él y pronunciará un juicio tan válido y efectivo, como si el acusado hubiese comparecido y respuesta a la acusación.

Art. 56 – En estos juicios, si no hubiese Letrado en el Cuerpo del Senado, deberá este citar para que dirija el juicio, a alguno de los Ministros de la Alta Corte de Justicia u a otro Letrado de crédito que merezca su confianza, a los cuales sólo se concederá voto consultivo en la materia.

Art. 57 – Para que puedan tener efecto y validación las sentencias pronunciadas por el Senado en estos juicios, han de concurrir precisamente a ellas las dos terceras partes de los votos de los Senadores que se hallaren presentes en el número necesario para formar sesión constitucionalmente.

Art. 58 – Estas sentencias no tendrán otro efecto que el deponer al acusado de su empleo, en fuerza de la verdad conocida por averiguación previa, declarándolo incapaz de obtener cargo honorífico o lucrativo en la Confederación, sin que esto lo releve de ser ulteriormente perseguido, juzgado y sentenciado por los competentes Tribunales de Justicia.

Sección quinta
Funciones económicas y prerrogativas comunes a ambas Cámaras

Art. 59 – La calificación de elecciones, calidades y admisión de sus respectivos miembros, será del resorte privativo de cada Cámara, como igualmente la resolución de las dudas que sobre esto puedan ocurrir. Del mismo modo podrán fijar el número constitucional para las sesiones, que nunca podrá ser menos de las dos terceras partes; y en todo caso el número existente, aunque sea menor, podrá compeler a los que falten a reunirse bajo las penas que ellas establecieren.

Art. 60 – El presidente de cada una de las Cámaras será siempre el conducto por donde se verifiquen tanto estas medidas coactivas, como las demás convocaciones extraordinarias que constitucionalmente exijan las circunstancias.

Art. 61 – El proceder de cada Cámara en sus sesiones, debates y deliberaciones, será establecido por ellas mismas y bajo estas reglas podrá castigar a cualquiera de sus miembros que las inflija o que de otra manera se haga culpable con las penas que establezca, hasta expelerlos de su seno, cuando reunidas las dos terceras partes de sus miembros, lo decida la unanimidad de los dos tercios presentes.

Art. 62 – Las Cámaras gozarán en el lugar de sus sesiones el derecho exclusivo de Policía y tendrán a sus órdenes una guardia nacional capaz de mantener el decoro de su representación y el sosiego orden y libertad de sus resoluciones.

Art. 63 – En uso de este derecho podrán también castigar con arresto que no exceda de treinta días a cualquiera individuo que desordenada y vilipendiosamente faltase al respeto en su presencia o que amenazare de cualquier modo atentar contra el Cuerpo o contra la persona o los bienes de alguno de sus individuos durante las sesiones o yendo y viniendo a ellas por cualquiera cosa que hubiese dicho o hecho en los debates o que embarazase o perturbase sus deliberaciones, molestando y deteniendo a los Oficiales o empleados de las Cámaras en la excusión de sus órdenes o asaltase y detuviese cualquier testigo u otra persona citada y esperada por cualquiera de las dos Cámaras o que pusiese en libertad a cualquiera de las dos Cámaras o que pusiese en libertad a cualquiera persona detenida por ellas, conociendo y constándole ser tal.

Art. 64 – El proceder de cada Cámara constará solemnemente de un Registro diario en que se asienten sus debates y resoluciones; de éstas se promulgarán las que no deban permanecer ocultas, según el acuerdo de cada una; y siempre que lo reclame la quinta parte de los miembros presentes, deberán expresarse nominalmente los votos de sus individuos sobre toda moción o deliberación.

Art. 65 – Ninguna de las dos Cámaras, mientras se hallen reunidas, podrá suspender sus sesiones más de tres días, sin el consentimiento de la otra, ni emplazarse o citarse para otro lugar distinto de aquél en que residieren las dos sin el mismo consentimiento.

Art. 66 – Los Representantes y Senadores recibirán por sus servicios la indemnización que la ley les

Señale sobre los fondos comunes de la Confederación, computándose por el Congreso el tiempo que deben haber invertido en venir de sus domicilios al lugar de la reunión y restituirse a ellos concluidas las sesiones.

Sección sexta
Tiempo, lugar y duración de las sesiones
legislativas de ambas Cámaras

Art. 67 – El día quince de enero de cada año se verificará la apertura del Congreso en la ciudad Federal que está señalada por ley particular y que nunca podrá ser la capital de ninguna Provincia y sus sesiones no podrán exceder del término ordinario de un mes; pero si se creyese necesario prorrogarlas extraordinariamente, deberá preceder una resolución expresa del Congreso, señalando un término definido que no podrá exceder tampoco de otro mes prorrogable del mismo modo; y si antes de concluirse cualquiera de estos determinados periodos hubiere dado evasión a los negocios que llamaron su atención, podrá terminar desde luego sus sesiones.

Art. 68 – Durante éstas, podrá también disolverse y emplazarse para otro tiempo y lugar, expresa y previamente designados; y el Poder Ejecutivo no podrá tener otra intervención en estas resoluciones, sino la de fijar, en caso de discordia entre las Cámaras, sobre el tiempo y lugar, un término que no exceda el mayor de la disputa para la reunión en el mismo lugar en que se encontraren entonces.

Art. 69 – La inmunidad personal de los Representantes y Senadores, en todos los casos, excepto los prevenidos en el párrafo setenta y uno y los de traición o perturbación de la paz pública, se reduce a no poder ser aprisionados durante el tiempo que desempeñan sus funciones sus funciones legislativas y el que gastarán en venir a ellas o restituirse a sus domicilios y no poder ser responsables de sus discursos u opiniones en otro lugar que en la Cámara en que los hubiesen expresado.

Art. 70 – Ninguno de ellos durante el tiempo para que haya sido elegido y aunque no esté en ejercicio de sus funciones, podrá aceptar empleos, ni cargo alguno, civil que hayan sido creado o aumentado en sueldos o emolumentos durante el tiempo de su autoridad legislativa.

Sección séptima
Atribuciones especiales del Poder Legislativo

Art. 71 – El Congreso tendrá pleno poder y autoridad:

De levantar y mantener ejércitos para la defensa común y disminuirlos oportunamente;

De construir, equipar y mantener una marina nacional;

De formar reglamentos y ordenanzas para el gobierno, administración y disciplina de las referidas tropas de tierra y mar;

De hacer reunir las milicias de todas las Provincias o parte de ellas, cuando lo exija la ejecución de las leyes de la unión y sea necesario contener las insurrecciones y repeler las invasiones;

De disponer la organización, armamento y disciplina de las referidas milicias y la administración y Gobierno de la parte de ella que estuviere empleada en servicio del Estado, reservando a las Provincias la nominación de sus respectivos Oficiales, en la forma que prescribieren sus constituciones particulares y la facultad de dirigir, citar y ejecutar por sí mismas la enseñanza de la disciplina ordenada por el Congreso;

De establecer y percibir toda suerte de impuestos, derechos y contribuciones que sean necesarios para sostener los ejércitos y escuadras, siempre que lo exijan la defensa y seguridad común y el bien general del Estado, con tal que las referidas contribuciones se impongan y perciban uniformemente en todo el territorio de la Confederación;

De contraer deudas por medio de empréstito de dinero sobre el crédito del Estado;

De reglar el comercio con las naciones extranjeras, determinando la cuota de sus contribuciones y la recaudación e inversión de sus productos en las exigencias comunes y para reglar el de las Provincias entre sí;

De disponer absolutamente del ramo del tabaco, mí y chimó, derechos de importación y exportación, reglando y dirigiendo en toda la inversión de los gastos y la recolección de los productos que han de entrar por ahora a la Tesorería nacional, como renta privilegiada de la Confederación y la más propia para servir a la defensa y seguridad común;

De acuñar y batir moneda, determinar su valor y el de las extranjeras, introducir la de papel si fuere necesario y fijar uniformemente los pesos y medidas en toda la extensión de la Confederación;

De arreglar y establecer las postas, correos generales del Estado y asignar la contribución para ellas y para designar los grandes caminos, dejando al cargo y deliberación de las Provincias las ramificaciones secundarias que faciliten la comunicación de sus pueblos interiores entre sí y con las vías generales;

De declarar la guerra y hacer la paz, conceder en todo tiempo patentes de corso y de represalias y establecer reglamentos para presas de tierra y de mar; sea para conocer y decidir sobre su legalidad, como para determinar el modo con que deban dividirse y emplearse;

De hacer leyes sobre el modo de juzgar y castigar las piraterías y todos los atentados cometidos en alta mar contra el derecho de gentes;

De constituir Tribunales inferiores, que conozcan de los asuntos propios de la Confederación en todo el territorio del Estado, bajo la autoridad y jurisdicción del Supremo Tribunal de Justicia y detallar los Agentes subalternos del Poder Ejecutivo en el mismo territorio que no expresare esta Constitución;

De establecer una forma permanente de naturalización en todas las provincias de la unión y leyes sobre las bancarrotas;

De formar las relativas al castigo de los falsificadores de efectos públicos y de la moneda corriente del Estado;

De ejercer su derecho exclusivo de legislación en todos los casos, sobre toda suerte de objetos del resorte legislativo, federal o provincial en el lugar donde, por consentimiento de los Representantes de los Pueblos que componen y se unieren a la Confederación, se determinare fijar en último resorte la residencia del Gobierno federal;

De examinar todas las leyes que formasen las Legislaturas provinciales y exponer su dictamen sobre si oponen o no a la autoridad de la Confederación; y de hacer todas las leyes y ordenanzas que sean necesarias y propias a poner en ejecución los poderes antecedentes y todos los otros concedidos por esta Constitución al Gobierno de los Estados Unidos.

Capítulo tercero
Del Poder Ejecutivo
Sección primera
De su naturaleza, cualidades y duración

Art. 72 – El Poder Ejecutivo constitucional de la Confederación residirá en la Ciudad federal depositado en tres individuos elegidos popularmente y los que lo fueren deberán tener las cualidades siguientes.

Art. 73 – Han de ser nacidos en el continente Colombiano o sus islas (llamado antes América Española) y han de haber residido en el territorio de la unión diez años inmediatamente antes de ser elegidos con las excepciones prevenidas en el parágrafo dieciséis, sobre residencia y domicilio para los Representantes, debiendo además gozar alguna propiedad de cualquiera clase en bienes libres.

Art. 74 – No están excluidos de la elección los nacidos en la Península Española e Islas Canarias, que, hallándose en Venezuela al tiempo de su Independencia política, la reconocieron, juraron y contribuyeron a sostenerla y que tengan además la propiedad y años de residencia prescritas en el anterior (parágrafo).

Art. 75 – La duración de sus funciones será de cuatro años y al cabo de ellos serán reemplazados los tres individuos del Poder Ejecutivo en la misma forma que ellos fueron elegidos.

Sección segunda
Elección del Poder Ejecutivo

Art. 76 – Luego que se hallen reunidas el día quince de noviembre cada cuatro años las Congregaciones electorales que para la elección de Representantes designa el parágrafo veintidós y hayan hecho la de éstos, procederán el día siguiente a dar su voto los mismos electores por escrito u de palabra, para los individuos que han de componer el Poder Ejecutivo federal.

Art. 77 – Cada Elector nombrará tres personas, de las cuales una, cuando menos, ha de ser habitante de otra Provincia distinta de la en que vota.

Art. 78 – Concluida la votación, verificado el cálculo y escrutinio y publicado en voz alta como en la elección de Representantes, se formarán con distinción las listas de las personas en quienes se hubiere votado para miembros del Poder Ejecutivo con expresión del número de votos que cada uno hubiese obtenido.

Art. 79 – Estas listas se firmarán. Y certificarán por el Presidente, Electores y Secretario de las respectivas Congregaciones y se remitirán cerradas y selladas al Presidente que fuere del Senado de la Confederación.

Art. 80 – Luego que éste las haya recibido, las abrirá todas a presencia del Senado y Cámara de

Representantes, que a este fin se hallarán reunidos en una sala para contar los votos.

Art. 81 – Las tres personas que hubieran reunido mayor número de votos para miembros del Poder Ejecutivo lo serán, si el tal número compusiese las tres mayorías del número total de los Electores presentes en todas las Congregaciones del Estado; si ninguno hubiese obtenido esta mayoría, se tomarán entonces las nueve personas que hubiesen reunido mayor número de votos y de ellos escogerá tres por cédulas la Cámara de Representantes para componer el Poder Ejecutivo que lo serán aquellas. Que obtuvieran una mayoría de la mitad de los miembros de la Cámara que se hallaren presentes a la elección.

Art. 82 – Si alguno obtuviese esta mayoría escogerá el Senado por cédulas tres entre las seis personas que hubiesen sacado más votos en la Cámara y quedarán elegidos los que reúnan mayor número en el Senado. Todas estas operaciones de las cámaras se harán también quedando no los tres, sino uno o dos, sean los que no hayan obtenidos la mayoría absoluta, escogiéndose en tales casos el número doble o triple que esta designado para los tres, en su proporción respectiva.

Art. 83 – El ascendiente y descendiente en línea recta, los hermanos, el tío y el sobrino, los primos hermanos y los aliados por afinidad en los referidos grados, no podrán ser a un mismo tiempo miembros del Poder Ejecutivo. En caso de resultar electos dos parientes en los grados insinuados quedará excluido el que hubiere obtenido menor número de votos; y en caso de igualdad decidirá la suerte la exclusión.

Art. 84 – El que obtenga en el cálculo de ambas Cámaras la mayoría más inmediata a las tres requeridas para los miembros del Poder Ejecutivo, se tendrá por elegido para Lugar teniente de éste en las ausencias, enfermedades, muerte, renuncia o deposición de algunos de los miembros; y si resultasen dos con igualdad de votos, sorteará la Cámara el que haya de quedar en este caso.

Art. 85 – Cuando por alguno de las causas indicadas faltase alguno de los miembros del Poder Ejecutivo y entrase en su lugar el Teniente de que habla el parágrafo anterior, se entenderá nombrado desde luego para reemplazarle el que hubiese obtenido en las elecciones la inmediata mayoría de votos, que valdrá del mismo modo a los demás en las faltas y reemplazos sucesivos.

Sección tercera
Atribuciones de Poder Ejecutivo

Art. 86 – El Poder Ejecutivo tendrá en toda la confederación el mando supremo de las armas de mar y tierra y las milicias nacionales cuando se hallen en servicio de la Nación.

Art. 87 – Podrá pedir y deberán darle los principales oficiales del resorte Ejecutivo en todos sus ramos, cuantos informes necesitare por escrito o de palabra relativos a la buena administración general Estado y desempeño de la confianza respectiva que depositare en los empleados públicos de todas clases.

Art. 88 – En favor y amparo de la humanidad podrá perdonar y mitigar la pena, aunque sea capital en los crímenes de Estado y no en otros; pero debe consultar al Poder Judicial expresándole las razones de conveniencia política que lo inducen a ello y sólo podrá tener efecto el perdón o conmutación cuando sea favorable el dictamen de los Jueces que hayan actuado en el proceso.

Art. 89 – Sólo en el caso de injusticia evidente y notoria, que irrogue perjuicio irreparable, podrá rechazar y dejar sin efecto las sentencias que le pase el Poder Judicial, procurando por sólo su dictamen crea que éstas son contrarias a la ley, deberá pasar en consulta sus reparos al Senado, cuando está reunido o a la comisión que él dejará autorizada en su receso para ocurrir a estos casos.

Art. 90 – El Senado o sus Delegados en estas consultas, servirán de Jueces y pronunciarán sobre ellas definitivamente, declarando si tiene lugar o no la negativa del Poder Ejecutivo al cumplimiento de la sentencia que deberá ejecutarse en el segundo caso inmediatamente y en el primero devolverse al Poder Judicial para que asociado con dos miembros más elegidos por el Senado o su comisión, se vea la causa y reforme dicha sentencia.

Art. 91 – Pero si la sentencia hubiese recaído sobre acusación hecha por la Cámara de Representantes, sólo podrá el Poder Ejecutivo suspenderla hasta la próxima reunión del Congreso, a quien sólo compete en estos casos el perdón o relajamiento de la pena.

Art. 92 – Cuando una urgente utilidad y seguridad pública lo exijan, podrá el Poder Ejecutivo decretar y publicar indultos generales durante el receso del Congreso.

Art. 93 – Con previo aviso, consejo y conocimiento del Senado, sancionado por el voto de las dos terceras partes de los Senadores, que se hallaren presentes en número constitucional, podrá el Poder Ejecutivo concluir tratados y negociaciones con otras Potencias o Estados extraños a esta Confederación.

Art. 94 – Bajo las mismas condiciones y requisitos nombrará los Embajadores, Enviados, Cónsules y Ministros, los Jueces de la Alta Corte de Justicia y todos los demás Oficiales y Empleados en el Gobierno del Estado, que no estén expresamente indicados en la Constitución o por alguna Ley establecida o que se establezca por el Congreso.

Art. 95 – Por leyes particulares podrá este descargar al Poder Ejecutivo y al Senado del ímprobo trabajo de nombrar todos los subalternos del Gobierno, cometiendo su nombramiento a solo el Poder Ejecutivo, a las Cortes de Justicia o a los jefes de los varios ramos de administración según lo estimare conveniente.

Art. 96 – También necesitará el Poder Ejecutivo del previo aviso, consejo y consentimiento del Senado para conceder grados militares y otras recompensas honoríficas, compatibles con la Naturaleza del gobierno, aunque sea por acciones de guerra u otros servicios importantes; y si estas recompensas fuesen pecuniarias deberá preceder el consentimiento de la Cámara de Representantes para su consecución.

Art. 97 – Pero durante el receso del Senado, podrá el Poder Ejecutivo proveer por sí solo los empleos que vacasen, concediéndolos como en comisión hasta la Sesión siguiente, si antes no se reuniese por acaso el Senado.

Art. 98 – Por sí solo podrá el Poder Ejecutivo elegir y nombrar los sujetos que han de servir las Secretarias que el Poder Legislativo hayan creído necesarias para el despacho de todos los ramos del Gobierno federal y nombrará también los Oficiales y empleados en ellas cuando sean ciudadanos de la Confederación; pero no siéndolo deberá consultar y seguir el dictamen y deliberaciones del Senado en semejantes nombramientos.

Art. 99 – Como consecuencia de esta facultad podrá removerlos también de sus destinos cuando lo juzgue conveniente; pero si esta remoción la hiciere no por faltas o crímenes indecorosos sino por ineptitud, incapacidad u otros defectos compatibles con la inocencia e integridad, deberá entonces recomendar al Congreso el mérito anterior de estos Empleados, para que sean recompensados e indemnizaos competentemente en otros destinos, con utilidad de la Nación.

Sección cuarta
Deberes del Poder Ejecutivo

Art. 100 – El Poder Ejecutivo conformándose a las leyes y resoluciones que en varias ocurrencias le comunique el Congreso, proveerá con todos los recursos del resorte de su autoridad, a la seguridad interior y exterior del Estado, dirigiendo para esto proclamas a los pueblos del interior, intimaciones, órdenes y todo cuanto crea conveniente.

Art. 101 – Aunque por una consecuencia de estos principios puede hacer una guerra defensiva para repeler cualquier ataque imprevisto, no podrá continuarla sin el consentimiento del Congreso, que convocará inmediatamente, si no se hallare reunido y nunca podrá sin este consentimiento hacer guerra fuera del territorio de la Confederación.

Art. 102 – Todos los años presentará al Congreso en sus dos Cámaras, una razón circunstanciada del estado de la nación en sus rentas, gastos y recursos, indicándole las reformas que deban hacerse en los ramos de la administración pública y todo lo demás que en general deba tomarse en consideración por las Cámaras, sin presentarle nunca proyectos de ley, formados o redactados como tales.

Art. 103 – En todo tiempo dará también a las Cámaras las cuentas, informes e ilustraciones que por ellas se le pidan, pudiendo reservar las que por entonces no sean de publicar y en igual caso podrá reservar también del conocimiento de la Cámara de Representantes aquellas negociaciones o tratados secretos que hubiere entablado con aviso, consejo y consentimiento del Senado.

Art. 104 – En toda ocurrencia extraordinaria deberá convocar al Congreso o a una de sus Cámaras; y en caso de diferencia entre ellas sobre la época de su emplazamiento, podrá fijarles un término para su reunión, como se previene en el parágrafo 68.

Art. 105 – Será uno de sus principales deberes velar sobre la exacta, fiel e inviolable ejecución de las leyes; y para esto y cualquiera otra medida del resorte de su autoridad, podrá delegarla en los oficiales y empleados del Estado que se estimare conveniente al mejor desempeño de esta importante obligación.

Art. 106 – Para los mismos fines y arreglándose a la forma que prescribiere el Congreso, podrá el Poder Ejecutivo comisionar cerca de los Tribunales y Cortes de justicia de la Confederación, Agentes o Delegados para requerirlas sobre la observancia de las formas legales y exacta aplicación de las leyes antes de terminarse los juicios, comunicando al Congreso las reformas que crea necesarias, según el informe de estos comisionados.

Art. 107 – El Poder Ejecutivo como jefe permanente del Estado, será el que reciba a nombre suyo los Embajadores y demás Enviados y Ministro públicos de las naciones extranjeras.

Sección quinta
Disposiciones generales relativas al Poder Ejecutivo

Art. 108 – Los Poderes Ejecutivos provinciales o los Jefes encargados del gobierno de las Provincias, serán en ella los Agentes naturales e inmediatos del Poder Ejecutivo federal, para todo aquello que por el Congreso general no estuviere cometido a Empleados particulares en los ramos de Marina, Ejército y Hacienda Nacional en los puertos y plazas de las Provincias.

Art. 109 – Inmediatamente que el Poder Ejecutivo o alguno de sus miembros sean acusados y convencidos ante el Senado de traición, venalidad o usurpación, serán desde luego destituidos de sus funciones y sujetos a las consecuencias de este juicio que se expresan en el parágrafo 58.

Capítulo cuarto
Del Poder Judicial
Sección primera
Naturaleza, elección y duración de este Poder

Art. 110 – El Poder Judicial de la Confederación estará depositado en una Corte Suprema de justicia, residente en la ciudad federal y los demás Tribunales subalternos y juzgados inferiores que el Congreso estableciere temporalmente en el territorio de la unión.

Art. 111 – Los ministros de la Corte Suprema de justicia y los de las demás Cortes subalternas, serán nombrados por El Poder Ejecutivo en la forma prescripta en el parágrafo 94.

Art. 112 – El Congreso señalará y determinará el número de Ministros que deben componer las Cortes de Justicia, con tal que los elegidos sean de edad de treinta años para la Suprema y de veinticinco para las demás y tengan las calidades de vecindad, concepto, probidad y sean Abogados recibidos en el Estado.

Art. 113 – Todos ellos conservarán sus empleos por el tiempo que no se hagan incapaces de continuar en ellos por su mala conducta.

Art. 114 – En periodos fijos determinados por la ley, recibirán por este servicio los sueldos que se les asignaren y que no podrán ser en manera alguna disminuidos, mientras permanecieren en sus respectivas funciones.

Sección segunda
Atribuciones del Poder Judicial

Art. 115 – El Poder Judicial de la Confederación estará circunscripto a los casos cometidos por ella; y son:

Todos los asuntos contenciosos, civiles o criminales que se deriven del contenido de esta Constitución;
Los tratados o negociaciones hechas bajo su autoridad;
Todo lo concerniente a Embajadores, Ministros, Cónsules;
Los asuntos pertenecientes a Almirantazgo y jurisdicción marítima;
Las diferencias en que el Estado federal tenga o sea parte;
Las que se susciten entre dos o más Provincias;

Entre una Provincia y uno o muchos ciudadanos de otra;

Entre ciudadanos de una misma Provincia que disputaren tierras concedidas por diferentes Provincias;

Entre una Provincia o ciudadanos de ella y otros Estados, ciudadanos o vasallos extranjeros.

Art. 116 – En estos casos ejercerá su autoridad la Suprema Corte de justicia por apelación, según las reglas y excepciones que le prescribiere el Congreso; pero en todos los concernientes a Embajadores, Ministros y Cónsules y en los que alguna Provincia fuere parte interesada, la ejercerá exclusiva y originalmente.

Art. 117 – Todos los juicios criminales ordinarios que no se deriven del derecho de acusación concedido a la Cámara de Representantes por el parágrafo cuarenta y cuatro, se terminarán por jurados luego que se establezca en Venezuela este sistema de legislación criminal, cuyo delito; pero cuando el crimen sea fuera de los límites de la Confederación contra el derecho de gentes, determinara el Congreso por una ley particular el lugar en que haya seguirse el juicio.

Art. 118 – La Suprema Corte de justicia tendrá el derecho exclusivo de examinar, aprobar y expedir títulos a todos los Abogados de la Confederación que acrediten sus estudios con testimonio de su respectivo Gobierno; y los que los obtengan en esta forma, estarán autorizados para abogar en toda ella, aun donde haya colegios de Abogados, cuyos privilegios exclusivos para actuación, quedan derogados y tendrán opción a los empleos y comisiones propias esta profesión; siendo presentados los referidos títulos el Poder Ejecutivo de la unión, antes de ejercerla, para que les ponga el correspondiente pase; lo que igualmente se practicará con los Abogados que habiendo sido recibidos fuera de Venezuela, quieran abogar en ella.

Capítulo quinto
Sección primera
De las provincias.

Límites de la autoridad de cada una

Art. 119 – Ninguna provincia particular puede ejercer acto alguno que corresponda a las atribuciones concedidas al Congreso y al Poder Ejecutivo de la Confederación, ni hacer ley que comprometa los contratos generales de ella.

Art. 120 – Por consiguiente, ni dos, ni más Provincias, pueden formar alianzas o Confederaciones entre sí, concluir tratados particulares sin el consentimiento del Congreso; y para obtenerlo deben especificarle el fin, términos y duración de esos tratados o convenciones particulares.

Art. 121 – Tampoco pueden sin los mismos requisitos y consentimiento, levantar ni mantener tropas o bajeles de guerra en tiempos de paz, ni entablar o concluir pactos, estipulaciones, ni convenios con ninguna potencia extranjera.

Art. 122 – De los mismos requisitos y anuencia necesitan para poder establecer derechos de tonelada, importación y exportación al comercia extranjero en sus respectivos Puertos y al comercio interior y de cabotaje entre sí; pues las leyes generales de la unión deben procurar uniformarlo en la

Libertad de toda suerte de trabas funestas a su prosperidad.

Art. 123 – Sin los mismos requisitos y consentimiento no podrán emprender otra guerra que la puramente defensiva en un ataque repentino o riesgo inminente, e inevitable de ser atacadas, dando inmediatamente parte de estas ocurrencias al Gobierno Federal para que provea a ellas oportunamente.

Art. 124 – Para que las leyes particulares de las Provincias no puedan nunca entorpecer la marcha de las federales, se someterán siempre al juicio del Congreso antes de tener fuerza y valor de tales en sus respectivos departamentos, pudiéndose entre tanto llevar a ejecución mientras las revele el Congreso.

Sección segunda
Correspondencia recíproca entre sí

Art. 125 – Los actos públicos de todas clases y las sentencias judiciales sancionadas por los Poderes Magistrados y Jueces de un Provincia, tendrán entera fe y crédito en todas las demás conforme a las leyes generales que el Congreso estableciere para el uniforme e invariable efecto de estos actos y documentos.

Art. 126 – Todo hombre libre de una Provincia, sin nota de vago o reato judicial, gozara en las demás de todos los derechos de ciudadano libre de ellas; y los habitantes de una, tendrán libre y franca la entrada y salida en las otras y gozarán en ellas de todas las ventajas y beneficios de su industria, comercio e instrucción, sujetándose a las leyes, impuestos y restricciones del territorio en que se hallaren, con tal que estas leyes no se dirijan a impedir la traslación de una propiedad en una Provincia, para cualquiera de las otras que quisiere el propietario.

Art. 127 – Las Provincias a requerimiento de sus respectivos Poderes Ejecutivos, se entregarán recíprocamente cualesquiera de los reos acusados de crimen de Estado, hurto, homicidio u otros graves, refugiados en ellas, para que sean juzgados por autoridad provincial a que corresponda.

Sección tercera
Aumento sucesivo de la Confederación

Art. 128 – Luego que libres de la opresión que sufren las Provincias de Coro, Maracaibo y Guayana, puedan y quieran unirse a la Confederación, serán admitidas a ella, sin que la violenta separación en que a su pesar y el nuestro han permanecido, pueda alterar para con ellas los principios de igualdad, justicia y fraternidad, de que gozarán luego como todas las demás Provincias de la unión.

Art. 129 – Del mismo modo y bajo los mismos principios serán también admitidas e incorporadas cualesquiera otras del continente Colombiano (antes América Española) que quieran unirse bajo las condiciones y garantías necesarias para fortificar la unión con en el aumento y enlace de sus partes integrantes.

Art. 130 – Aunque el conocimiento, examen y resolución de estas materias y cualesquiera otras que tengan relación con ellas, es del exclusivo resorte del Congreso, durante el tiempo de su seceso podrá el Poder Ejecutivo promover y ejecutar cuanto convenga a los progresos de la Unión, bajo las reglas que para ello le prescribiere el Congreso.

Art. 131 – A éste toca también conocer exclusivamente de la formación o establecimiento de nuevas Provincias en la Confederación ya sea por división del territorio de otra o por la reunión de dos o más o de partes de cada una de ellas; pero nunca quedará concluido el establecimiento sin el acuerdo y consentimiento del Congreso y de las Provincias interesadas en la reunión o división.

Art. 132 – El Congreso será igualmente arbitro para disponer de todo el Territorio y propiedad del Estado bajo las leyes, reglamentos y ordenanzas que para ello expidiere, con tal que en ellas no se altere, ni interprete parte alguna de esta Constitución, de modo que dañe a los derechos generales de la Unión o a los particulares de las Provincias.

Sección cuarta
Mutua garantía de las Provincias entre sí

Art. 133 – El Gobierno de la Unión asegura y garantiza a las Provincias la forma de Gobierno Republicano que cada una de ellas adoptare para la administración de sus negocios domésticos: sin aprobar

Constitución alguna Provincial que se oponga a los principios liberales, francos de representación admitidos en ésta, ni consentir que en tiempo alguno se establezca otra forma de Gobierno en toda la Confederación.

Art. 134 – También afianza a las mismas Provincias su libertad e independencia recíprocas en la parte de su Soberanía que se han reservado; y siendo justo y necesario protegerá y auxiliará a cada una de ellas contra toda invasión o violencia doméstica, con la plenitud de poder y fuerza que se le confía para la conservación de la paz y seguridad general; siempre que fuere requerido para ello por la Legislatura provincial o por el Poder Ejecutivo cuando el Legislativo no estuviere reunido, ni pudiere ser convocado.

Capítulo sexto
Revisión y reforma de la Constitución

Art. 135 – En todos los casos en que las dos terceras partes de cada una de las Cámaras del Congreso o de las Legislaturas provinciales se propusieren y aprobaren original y recíprocamente algunas reformas o alteraciones que crean necesarias en esta Constitución, se tendrán éstas por válidas y harán desde entonces parte de la misma Constitución.

Art. 136 – Ya provenga la reforma del Congreso o de las Legislaturas, permanecerán los Artículos sometidos a la reforma en toda su fuerza y vigor, hasta que uno de los Cuerpos autorizando para ella, haya aprobado y sancionado lo propuesto por el otro en la forma prevenida en el parágrafo anterior.

Capítulo séptimo
Sanción o ratificación de la Constitución

Art. 137 – El pueblo de cada Provincia por medio de convenciones particulares, reunidas

Expresamente para el caso o por el órgano de sus Electores capitulares, autorizados determinadamente al intento o por la voz de los Sufragantes parroquiales que hayan formado las Asambleas primarias para la elección de Representantes, expresará solemnemente su voluntad libre y espontánea de aceptar, rechazar o modificar en todo o en parte esta Constitución.

Art. 138 – Leída la presente Constitución a las Corporaciones que hubiere hecho formar cada gobierno provincial según el Artículo anterior, para su aprobación y verificada ésta con las modificaciones o alteraciones que ocurrieren por pluralidad, se jurará su observancia solemnemente y se procederá dentro de tercero día a nombrar los funcionarios que les correspondan de los poderes que formen la Representación nacional, cuya elección se hará en todo caso por los Electores que van designados.

Art. 139 – El resultado de ambas operaciones se comunicará por las respectivas Municipalidades al Gobierno de su Provincia, para que presentándolo al Congreso cuando se reúna, se resuelva por él lo conveniente.

Art. 140 – Las Provincias que se incorporen de nuevo a la Confederación, llenarán en su oportunidad estas mismas formalidades; aunque el no hacerlo ahora por causas poderosas o insuperables, no será obstáculo para reunirse en el momento en que sus Gobiernos lo pidan por Comisionados o Delegados al Congreso, cuando esté reunido o al Poder Ejecutivo durante el receso.

Capítulo octavo
Derechos del hombre que se reconocerán y
respetarán en toda La extensión del Estado
Sección primera
Soberanía del pueblo

Art. 141 – Después de constituidos los hombres en sociedad, han renunciados a aquella libertad ilimitada y licenciosa a que fácilmente los conducían a sus pasiones propias sólo del estado salvaje. El establecimiento de la sociedad presupone la renuncia de estos derechos funestos, la adquisición de otros más dulces y pacíficos, y la sujeción a ciertos deberes mutuos.

Art. 142 – El pacto social asegura a cada individuo el goce y posesión de sus bienes, sin lesión del derecho que los demás tengan a los suyos.

Art. 143 – Una sociedad de hombres reunidos bajo unas mismas leyes, costumbres y gobierno, forma una soberanía.

Art. 144 – La soberanía de un país o supremo poder de reglar y dirigir equitativamente los intereses de la comunidad reside, pues, esencial y originariamente en la masa general de sus habitantes y se ejercita por medio de Apoderados o Representantes de éstos, nombrados y establecidos conformes a la Constitución.

Art. 145 – Ningún individuo, ninguna familia, ninguna porción o reunión de ciudadanos, ninguna corporación particular, ningún pueblo, ciudad o partido, puede atribuirse la soberanía de la sociedad, que es imprescriptible, inajenable e indivisible en su esencia y origen, ni persona alguna podrá ejercer cualquiera función pública del gobierno, sino la ha obtenido por la Constitución.

Art. 146 – Los Magistrados y oficiales del Gobierno, investidos de cualquiera especie de autoridad, sea en el Departamento Legislativo, en el Ejecutivo o en el Judicial, son de consiguientes meros Agentes y representantes del pueblo en las funciones que ejercen y en todo tiempo responsables a los hombres o habitantes de su conducta pública por vías legítimas y constitucionales.

Art. 147 – Todos los ciudadanos tienen derecho indistintamente a los empleos públicos, del modo, en las formas y con las condiciones prescriptas por la ley, no siendo aquéllos la propiedad exclusiva de alguna clase de hombres en particular; y ningún hombre, corporación o asociación de hombres, tendrá otro título para obtener ventajas y consideraciones particulares, distintas de las de los otros en la opción a los empleos que forman una carrera pública: sino el que proviene de los servicios hechos al Estado.

Art. 148 – No siendo estos títulos ni servicios en manera alguna hereditarios por la naturaleza, ni transmisibles a los hijos, descendientes u otras relaciones de sangre, la idea de un hombre nacido magistrado, legislador, juez, militar o empleado de cualquiera suerte, es absurda y contraria a la naturaleza.

Art. 149 – La ley es la expresión libre de la voluntad general o de la mayoría de los ciudadanos, indicada por el órgano de sus Representantes legalmente constituidos. Ella se funda sobre la justicia y la utilidad común y ha de proteger la libertad pública e individual contra toda opresión o violencia.

Art. 150 – Los actos ejercidos contra cualquiera persona fuera de los casos y contra las formas que la ley determina, son inicuos y si por ellos se usurpa la autoridad constitucional o la libertad del pueblo, serán tiránicos.

Sección segunda
Derechos del hombre en sociedad

Art. 151 – El objeto de la sociedad, es la felicidad común y los Gobiernos han sido instituidos para asegurar al hombre en ella, protegiendo la mejora y perfección de sus facultades físicas y morales, aumentando la esfera de sus goces y procurándoles el más justo y honesto ejercicio de sus derechos.

Art. 152 – Estos derechos son la libertad, la igualdad, la propiedad y la seguridad.

Art. 153 – La libertad es la facultad de hacer todo lo que no daña los derechos de otros individuos, ni el cuerpo de la sociedad, cuyos límites sólo pueden determinarse por la ley, porque de otra suerte serían arbitrarios y ruinosos a la misma libertad.

Art. 154 – La igualdad consiste en que la ley sea una misma para todos los Ciudadanos, sea que castigue o que proteja. Ella no reconoce distinción de nacimiento, ni herencia de poderes.

Art. 155 – La propiedad es el derecho que cada uno tiene de gozar y disponer de los bienes que haya adquirido con su trabajo e industria.

Art. 156 – La seguridad existe en la garantía y protección que da la sociedad a cada uno de sus miembros sobre la conservación de su persona, de sus derechos y de sus propiedades.

Art. 157 – No se puede impedir lo que no está prohibido por la ley y ninguno podrá ser obligado a hacer lo que ella no prescribe.

Art. 158 – Tampoco podrán los Ciudadanos ser reconvenidos en juicio, acusados, presos ni detenidos, sino en los casos y en las formas determinadas por la ley; y el que provocare, expidiere, suscribiere, ejecutare o hiciere ejecutar órdenes y actos arbitrarios, deberá ser castigado; pero todo Ciudadano que fuese llamado o aprehendido en virtud de la ley, debe obedecer al instante, pues se hace culpable por la resistencia.

Art. 159 – Todo hombre debe presumirse inocente hasta que no haya sido culpable con arreglo a las leyes; y si entre tanto se juzga indispensable asegurar su persona; cualquier rigor que no sea para esto sumamente necesario, debe ser reprimido.

Art. 160 – Ninguno podrá ser juzgado, ni condenado al sufrimiento de alguna pena en materias criminales, sino después que haya sido oído legalmente, Toda persona en semejante casos tendrá derecho para pedir el motivo de la acusación intentada contra ella y conocer de su naturaleza para ser confrontada con sus acusadores; y testigos contrarios, para producir otros en su favor y cuantas pruebas puedan serle favorables dentro de los términos reglares, por sí, por su poder o por defensor de su elección y ninguna será compelida, ni forzada en ninguna causa a dar testimonio contra sí misma como tampoco los ascendientes, ni colaterales, hasta el cuarto grado civil de consanguinidad y segunda de afinidad.

Art. 161 – El Congreso, con la brevedad posible, establecerá por una ley detalladamente el juicio por jurados para los casos criminales u civiles, a que comúnmente se aplica en otras naciones, con todas las formas propias de este procedimiento y hará entonces las declaraciones que aquí correspondan en favor de la libertad y seguridad personal, para que sean parte de ésta y se observen en todo el Estado.

Art. 162 – Toda persona tiene derecho a estar segura de que no sufrirá pesquisa alguna, registro, averiguación, capturas o embargos irregulares o indebidos de su persona, su casa y sus bienes; y cualquiera orden de los Magistrados para registrar lugares sospechosos sin probabilidad de algún hecho grave que los exija, ni expresa designación de los referidos lugares o para apoderarse de alguna o algunas personas y de sus propiedades, sin nombrarlas, ni indicar los motivos del procedimiento, ni que haya precedido testimonio o disposición jurada de personas creíbles, será contraria a aquel derecho, peligrosa a la libertad y no deberá expedirse.

Art. 163 – La casa de todo Ciudadano es un asilo inviolable. Ninguno tiene derecho de entrar en ella, sino en los casos de incendio, inundación o reclamación que provenga del interior de la misma casa o cuando lo exija algún procedimiento criminal conforme a las leyes, bajo la responsabilidad de las autoridades constituidas que expidieron los decretos: las visitas domiciliarias y ejecuciones civiles sólo podrán hacerse de día, en virtud de la ley y con respecto a la persona y objetos, expresamente indicados en el acta que ordenare la visita; o la ejecución.

Art. 164 – Cuando se acordaren por pública autoridad semejantes actos, se limitarán éstos a la persona y objetos expresamente indicados en los decretos en que se ordena la visita y ejecución, el cual no podrá extenderse al registro y examen de los papeles particulares, pues éstos deben mirarse como inviolables; igualmente que las correspondencias epistolares de todos los Ciudadanos que no podrán ser interceptados por ninguna autoridad, ni tales documentos probarán nada en juicio, sino es que se exhiban por la misma persona a quien se hubiesen dirigido por su autor y nunca por otra tercera, ni por el reprobado medio de la interceptación. Se exceptúan los delitos de alta traición contra el Estado, el de falsedad y demás que se cometen y ejecuten precisamente por la escritura, en cuyo caso se procederá al registro, examen y aprehensión de tales documentos con arreglo a lo dispuesto por las leyes.

Art. 165 – Todo individuo de la sociedad teniendo derecho a ser protegido por ella en goce de su vida, de su libertad y de sus propiedades con arreglo a las leyes, está obligado por consiguiente a contribuir por su parte a las expensas do esta protección y a prestar sus servicios personales o un equivalente de ellos cuando sea necesario; pero ninguno podrá ser privado de la menor porción de su propiedad, ni ésta podrá aplicarse a usos públicos, sin su propio consentimiento o el de los Cuerpos Legislativos representantes del Pueblo; y cuando alguna pública necesidad legalmente comprobada exigiere que la propiedad de algún Ciudadano se aplique a usos semejantes, deberá recibir por ella una justa indemnización.

Art. 166 – Ningún subsidio carga, impuesto, tasa o contribución podrá establecerse, ni cobrarse, bajo cualquiera pretexto que sea, sin el consentimiento del Pueblo expresado por órgano de sus Representantes. Todas las contribuciones tienen por objeto la utilidad general y los Ciudadanos el derecho de vigilar sobre su inversión y de hacerse dar cuenta de ellas por el referido conducto.

Art. 167 – Ningún género de trabajo, de cultura, de industria o de comercio serán prohibidos a los ciudadanos, excepto aquéllos que ahora forman la subsistencia del Estado, que después oportunamente se libertarán cuando el Congreso lo considere útil y conveniente a la causa pública.

Art. 168 – La libertad de reclamar cada ciudadano sus derechos ante los depositarios de la autoridad pública, con la moderación y respeto debidos, en ningún caso podrá impedirse ni limitarse. Todos, por el contrario, deberán hallar un remedio pronto y seguro, con arreglo a las leyes, de las injurias y daños que sufrieren en sus personas, en sus propiedades, en su honor y estimación.

Art. 169 – Todos los extranjeros, de cualquiera nación, se recibirán en el Estado. Sus personas y propiedades gozarán de la misma seguridad que las de los demás ciudadanos, siempre que respeten la Religión Católica, única del País y que reconozcan la independencia de estos pueblos, su soberanía y las autoridades constituidas por la voluntad general de sus habitantes.

Art. 170 – Ninguna ley criminal, ni civil podrá tener efecto retroactivo y cualquiera que se haga para juzgar o castigar acciones cometidas antes que ella exista será tenida por injusta opresiva e inconforme con los principios fundamentales de un Gobierno libre.

Art. 171 – Nunca se exigirán cauciones excesivas ni se impondrán penas pecuniarias desproporcionadas con los delitos, ni se condenarán los hombres a castigos, crueles, ridículos y desusados. Las leyes sanguinarias deben disminuirse, como que su frecuente aplicación es inconducente a la salud del Estado y no menos injusta que impolítica, siendo el verdadero designio de los castigos, corregir y no exterminar el género humano.

Art. 172 – Todo tratamiento que agrave la pena determinada por ley, es un delito.

Art. 173 – El uso de la tortura queda abolida perpetuamente.

Art. 174 – Toda persona que fuere legalmente detenida o presa, deberá ponerse en libertad luego

Que dé caución o fianza suficiente, excepto en los casos en que haya pruebas evidentes o grande presunción de delitos capitales. Si la prisión proviene de deudas y no hubiere evidencia o vehemente presunción de fraude, tampoco deberá permanecer en ella, luego que sus bienes se hayan puesto a la disposición de sus respectivos acreedores, conforme a las leyes.

Art. 175 – Ninguna sentencia pronunciada por traición contra el Estado o cualquiera otro delito arrastrará infamia a los hijos, descendientes del reo.

Art. 176 – Ningún ciudadano de las Provincias del Estado, excepto los que estuvieron empleados en el ejército, en la marina o en las milicias, que se hallaren en actual servicio, deberá sujetarse a las leyes militares, ni sufrir castigos provenidos de ellas.

Art. 177 – Los militares en tiempo de paz, no podrán acuartelarse, ni tomar alojamiento en las casas de los demás ciudadanos sin el consentimiento de sus dueños, ni en tiempo de guerra, sino por orden de los Magistrados civiles, conforme a las leyes.

Art. 178 – Una milicia bien reglada e instruida, compuesta de los ciudadanos, es la defensa natural más conveniente y más segura a un Estado libre. No deberá haber por tanto tropas veteranas en tiempo de paz, sino las rigurosamente precisas para la seguridad del país, con el consentimiento del Congreso.

Art. 179 – Tampoco se impedirá los ciudadanos el derecho de tener y llevar armas lícitas y permitidas para su defensa; y el Poder Militar en todos casos se conservará en una exacta subordinación a la autoridad civil y será dirigido por ella.

Art. 180 – No habrá fuero alguno personal: sólo la naturaleza de las materias determinará los Magistrados a que pertenezca su conocimiento; y los empleados de cualquier ramo, en los casos que ocurren sobre asuntos que no fueran propios de su profesión y carrera, se sujetarán al juicio de los Magistrados y Tribunales ordinarios, como los demás ciudadanos.

Art. 181 – Será libre el derecho de manifestar los pensamientos por medio de la imprenta; pero cualquiera que lo ejerza se hará responsable a las leyes, si ataca y perturba con sus opiniones la tranquilidad pública, el dogma, la moral cristiana, la propiedad y estimación de algún ciudadano.

Art. 182 – Las Legislaturas provinciales tendrán el derecho de petición al Congreso y no se impedirá a los habitantes a reunirse ordenada y pacíficamente en sus respectivas Parroquias para consultarse y tratar sobre sus intereses, dar instrucciones a sus Representantes en el Congreso o en la Provincia o dirigir peticiones al o al otro Cuerpo legislativo, sobre reparación de agravios o males que sufran en sus propios negocios.

Art. 183 – Para todos estos casos deberá preceder necesariamente solicitud expresa por escrito de los padres de familia y hombres buenos de la Parroquia, cuando menos en número de seis, pidiendo la reunión a la respectiva Municipalidad y ésta determinará el día, comisionará algún Magistrado o persona respetable del partido para que presida la Junta y después de concluida y extendida la acta, la remita a la Municipalidad que dará la dirección conveniente.

Art. 184 – A estas Juntas sólo podrán concurrir los ciudadanos sufragantes o electores y las Legislaturas no están absolutamente obligadas a conceder las peticiones, sino a tomarlas en consideración para proceder sus funciones del modo que pareciere más conforme al bien general.

Art. 185 – El poder suspender las leyes o de detener su ejecución, nunca deberá ejercitarse, sino por las Legislaturas respectivas o por autoridad dimanada de ellas para sólo aquellos casos particulares que hubieren expresamente provisto fuera de los que se expresa la Constitución; y toda suspensión o detención que se haga en virtud de cualquiera autoridad sin el consentimiento de los Representantes del Pueblo, se rechazará como un atentado a sus derechos.

Art. 186 – El Poder Legislativo suplirá provisionalmente a todos los casos en que la Constitución respectiva estuviera muda y proveerá con oportunidad arreglándose a la misma Constitución la adicción o reforma que pareciere necesario hacer en ella.

Art. 187 – El derecho del Pueblo para participar en la Legislatura es la mayor seguridad y el más firme fundamento de un gobierno libre; por tanto, es preciso que las elecciones sean libres y frecuentes y que los ciudadanos en quienes concurran las calificaciones de moderadas propiedades y demás que procuran un mayor interés a la comunidad, tengan derecho para sufragar y elegir los miembros de la Legislatura a épocas señaladas y poco distantes como previene la Constitución.

Art. 188 – Una dilatada continuación en los principales funcionarios del Poder Ejecutivo, es peligrosa a la libertad; y esta circunstancia reclama poderosamente una rotación periódica entre los miembros del referido Departamento para asegurarla.

Art. 189 – Los tres departamentos esenciales del Gobierno, a saber: el Legislativo; el Ejecutivo y el Judicial, es preciso que se conserven tan separados, e independientes el uno del otro, cuando lo exija la naturaleza de un Gobierno libre o cuanto es conveniente con cadena de conexión que liga toda la fábrica de la Constitución en un modo indisoluble de amistad y unión.

Art. 190 – La emigración de unas Provincias a otras será enteramente libre.

Art. 191 – Los Gobiernos se han constituidos para la felicidad común, para la protección y seguridad de los Pueblos que los componen y no para el beneficio, honor o privado interés de algún hombre, de alguna familia; o de alguna clase de hombres en particular, que sólo son una parte de la comunidad. El mejor de todos los Gobiernos será el que fuere más propio para producir la mayor suma de bien y de felicidad y estuviere más a cubierto del peligro de una mala administración; y cuantas veces se reconociere que un Gobierno es incapaz de llenar estos objetos o que fuere contrario a ellos la mayoría de la nación, tiene indubitablemente el derecho inajenable, e imprescriptible de abolirlo, cambiarlo o reformarlo, del modo que juzgue más propio para procurar el bien público. Para obtener esta indispensable mayoría, sin daño de la justicia ni de la libertad general, la Constitución presenta y ordena los medios más razonables, justos y regulares en el Capítulo de la revisión y las provincias adoptarán otros semejantes o equivalentes en sus respectivas constituciones.

Sección tercera
Deberes del hombre en la sociedad

Art. 192 – La declaración de los derechos contiene las obligaciones de los legisladores; pero la conservación de la sociedad pide que los que la componen conozcan y llenen igualmente las suyas.

Art. 193 – Los derechos de otros son el límite moral de los nuestros y el principio de nuestros deberes relativamente a los demás individuos del Cuerpo Social. Ellos reposan sobre dos principios que la naturaleza ha grabado en todos los corazones, a saber: «Haz siempre a los otros el bien que quisieras recibir de ellos. No hagas a otro lo que no quisieras que se te hiciese».

Art. 194 – Son deberes de cada individuo para con la sociedad vivir sometido a las leyes obedecer y respetar los magistrados y autoridades constituidas, que son sus órganos, mantener la libertad y la igualdad de derechos; contribuir a los gastos públicos y servir a la Patria cuando ella lo exige, haciéndole el sacrificio de sus bienes y de su vida, si es necesario.

Art. 195 – Ninguno es hombre de bien, ni buen ciudadano, si no observa las leyes fiel y religiosamente, si no es buen hijo, buen hermano, buen amigo, buen esposo y buen padre de familia.

Art. 196 – Cualquiera que traspasa las leyes abiertamente o que sin violarla a las claras, las elude con astucia o con rodeos artificiosos y culpables, es enemigo de la sociedad ofende a los intereses de todos y se hace indigno de la benevolencia y estimación pública.

Sección cuarta
Deberes del Cuerpo Social

Art. 197 – La sociedad afianza a los individuos que la componen el gozo de su vida, de su libertad, de sus propiedades y demás derechos naturales; en esto consiste la garantía social que resulta de la acción reunida de los miembros del Cuerpo y depositada en la Soberanía nacional.

Art. 198 – Siendo constituidos los Gobiernos para el bien y felicidad común de los hombres, la Sociedad debe proporcionar auxilios a los indigentes y desgraciados y la instrucción a todos los Ciudadanos.

Art. 199 – Para precaver toda transgresión de los altos poderes que nos han sido confiados, declaramos: que todas y cada una de las cosas constituidas en la anterior declaración de derechos, están exentas y fuera del alcance del Poder general ordinario del Gobierno y que conteniendo o apoyándose sobre los indestructibles y sagrados principios de la naturaleza, toda ley contraria a ellas que se expida por la Legislatura federal o por las provincias, será absolutamente nula y de ningún valor.

Capítulo nono
Disposiciones generales

Art. 200 – Como la parte de ciudadanos que hasta hoy se han denominado Indios, no han conseguido el fruto apreciable de algunas leyes que la Monarquía Española dictó a su favor, porque los encargados del gobierno en estos países tenían olvidada su ejecución; y como las bases del sistema de gobierno que en esta Constitución ha adoptado Venezuela, no son otras que la de la justicia y la igualdad, encarga muy particularmente a los Gobiernos provinciales, que así como han de aplicar sus fatigas y cuidados para conseguir la ilustración de todos los habitantes del Estado, proporcionarles escuelas, academias y colegios en donde aprendan todos los que quieran los principios de Religión, de la sana moral, de la política, de las ciencias y artes útiles y necesarias para el sostenimiento y prosperidad de los pueblos, procuren por todos los medios posibles atraer a los referidos ciudadanos naturales a estas casa de ilustración y enseñanza, hacerles comprehender la íntima unión que tiene con todos los demás ciudadanos, las consideraciones que como aquellos merecen del Gobierno y los derechos de que gozan por el solo hecho de ser hombres iguales a todos los de su especie, a fin de conseguir por este medio sacarlos del abatimiento y rusticidad en que los ha mantenido el antiguo estado de cosas y que no permanezcan por más tiempo aislados y aun temerosos de tratar a los demás hombres; prohibiendo desde ahora que puedan aplicarse involuntariamente a prestar sus servicios a Tenientes o Curas de sus parroquias, ni a otra persona alguna y permitiéndoles el reparto en propiedad de las tierras que les estaban concedidas y de que están en posesión, para que a proporción entre los padres de familia de cada pueblo, las dividan y dispongan de ellas como verdaderos señores, según los términos y reglamentos que formen los Gobiernos provinciales.

Art. 201 – Se revocan por consiguiente y quedan sin valor alguno leyes que en el anterior gobierno concedieron ciertos tribunales, protectores y privilegios de menor a dichos naturales, las cuales dirigiéndose al parecer a protegerlos, les han perjudicado sobre manera, según ha acreditado la experiencia.

Art. 202 – El comercio inicuo de negros prohibido por decreto de la Junta Suprema de Caracas, en 14 de agosto de 1810, queda solemnemente abolido en todo el territorio de la unión, sin que puedan de modo alguno introducirse esclavos de ninguna especie por vía de especulación mercantil.

Art. 203 – Del mismo modo quedan revocadas y anuladas en todas sus partes, las leyes antiguas que imponían degradación civil a una parte de la población libre de Venezuela, conocida hasta ahora bajo la denominación de pardos: éstos quedan en posesión de su estimación natural y civil y restituidos a los imprescriptibles derechos que le corresponden como a los demás ciudadanos.

Art. 204 – Quedan extinguidos todos los títulos concedidos por el anterior Gobierno y ni el Congreso, ni las Legislaturas provinciales podrán conceder otro alguno de nobleza, honores o distinciones 63 hereditarias, ni crear empleos u oficio alguno, cuyos sueldos o emolumentos puedan durar más tiempo que el de la buena conducta de los que les sirvan.

Art. 205 – Cualquiera persona que ejerza algún empleo de confianza u honor, bajo la autoridad del Estado, no podrá aceptar regalo, título o emolumento de algún Rey, Príncipe o Estado extranjero, sin el consentimiento del Congreso.

Art. 206 – El Presidente y miembros que fueren del Ejecutivo: los Senadores, los Representantes, los militares y demás empleados civiles, antes de entrar en el ejercicio de sus funciones, deberán prestar juramento de fidelidad al Estado, de sostener y defender la Constitución, de cumplir bien y fielmente los deberes de sus oficios y de proteger y conservar pura e ilesa, en estos pueblos, la Religión católica, apostólica, romana, que aquéllos profesan.

Art. 207 – El Poder Ejecutivo prestará el juramento en manos del Presidente del Senado, presencia de las dos Cámaras; y los Senadores y Representantes en manos del Presidente en turno del Ejecutivo y a presencia de los otros dos individuos que lo componen.

Art. 208 – El Congreso determinará la fórmula del juramento y ante que personas deban prestarlo

Los demás oficiales y empleados de la Confederación.

Art. 209 – El Pueblo de cada Provincia tendrá facultad para revocar la nominación de sus Delegados en el Congreso o algunos de ellos en cualquier tiempo del año y para enviar otros en lugar de los primeros, por el que a éstos el tiempo de la revocación.

Art. 210 – El medio de inquirir y saber la voluntad general de los Pueblos, sobre estas revocaciones, será del resorte exclusivo y peculiar de las Legislaturas provinciales, según lo que para ello establecieren sus respectivas Constituciones.

Art. 211 – Se prohíbe a todos los Ciudadanos asistir con armas a las Congregaciones parroquiales y electorales que prescribe la Constitución y a las reuniones pacificas que habla el parágrafo 182 y siguiente, bajo la pena de perder por diez años el derecho de votar y concurrir a ellas.

Art. 212 – Cualquier que fuere legítimamente convencido de haber comprado o vendido sufragios en las referidas Congregaciones o de haber procurado la elección de algún individuo con amenazas, intrigas, artificios u otro género de seducción, será excluido de las mismas Asambleas y del ejercicio de toda función pública por espacio de veinte años; y en caso de reincidencia, la exclusión será perpetua, publicándose una y otra en el distrito del Partido capitular, por una proclama de la Municipalidad que circulará en los papeles públicos.

Art. 213 – Ni los sufragantes Parroquiales, ni los Electores capitulares recibirán recompensa alguna del Estado por concurrir a sus respectivas Congregaciones y ejercer en ellas lo que previene la Constitución, aunque sea necesario a veces emplear algunos días para concluir lo que ocurriere.

Art. 214 – Los Ciudadanos sólo podrán ejercer sus derechos políticos en las Congregaciones parroquiales y electorales y en los casos y formas prescriptas por la Constitución.

Art. 215 – Ningún individuo o asociación particular podrá hacer peticiones a las autoridades constituidas en el nombre del Pueblo, ni menos abrogarse la calificación de Pueblo Soberano; y el ciudadano, ciudadanos que contravinieren a este parágrafo, hollando el respeto y veneración debidas a la representación y voz del Pueblo, que sólo se expresa por la voluntad general o por órgano de sus Representantes legítimos en las Legislaturas, serán perseguidos, presos y juzgados con arreglo a las leyes.

Art. 216 – Toda reunión de gente armada, bajo cualquier pretexto que se forme, si no emana de ordenes de las autoridades constituidas, es un atentado contra la seguridad pública y debe dispersarse inmediatamente por la fuerza; y toda reunión de gente sin armas que no tenga el mismo origen legítimo, se disolverá primero por órdenes verbales; y siendo necesario, se destruirá por las armas en caso de resistencia o de tenaz obstinación.

Art. 217 – Al Presidente y miembros del Poder Ejecutivo, Senadores, Representantes y demás empleados por el Gobierno de la Confederación, se abonarán sus respectivos sueldos del tesoro común de la unión.

Art. 218 – No se extraerá de él cantidad alguna de numerario en plata oro, papel u otra forma equivalente, sino para los objetos e inversiones ordenadas por ley y anualmente se publicará por el Congreso un estado y cuenta regular de entradas y gastos de los fondos públicos para conocimiento de todos, luego que el Poder Ejecutivo verifique lo dispuesto en el parágrafo 102.

Art. 219 – Nunca se impondrá capitación, u otro impuesto directo sobre las personas de los Ciudadanos, sino en razón del número de población de cada Provincia, según lo indicaren los censos que el Congreso dispondrá se ejecuten cada cinco años, en toda la extensión del Estado.

Art. 220 – No se dará preferencia a los puertos de una Provincia sobre los de otra, por reglamento alguno de comercio o de rentas, ni se concederán privilegios o derechos exclusivos a compañías de comercio o corporaciones industriales, ni se impondrán otras limitaciones a la libertad de comercio y al ejercicio de la agricultura y de la industria, sino las que previene expresamente la Constitución.

Art. 221 – Toda Ley prohibitiva sobre estos objetos, cuando las circunstancias la hagan necesaria, deberá estimarse por pura y esencialmente provisional; y para tener efecto por más de un año, se deberá renovar con formalidad al cabo de este periodo, repitiéndose lo mismo sucesivamente.

Art. 222 – Mientras el Congreso no determinare una fórmula permanente de naturalización para los extranjeros, adquirirán estos derechos de Ciudadanos y aptitud para votar, elegir y tomar asiento en la representación nacional, si habiendo declarado su intención de establecerse en el país ante una Municipalidad, hecho se inscribir en el registro civil de ella y renunciado al derecho de ciudadano en su patria, adquirieren un domicilio y residencia en el territorio del Estado, por el tiempo de siete años y llenaren las demás condiciones prescriptas en la Constitución para ejercer las funciones referidas.

Art. 223 – En todos los actos públicos se usará de la Era Colombiana y para evitar toda confusión en los cómputos al comparar esta época con la vulgar Cristiana, casi generalmente usada en todos los pueblos cultos, comenzará aquella a contarse desde el día primero de Enero, del año de N. S. Mil ochocientos once que será el primero de nuestra Independencia.

Art. 224 – El Congreso suplirá con providencias oportunas, a todas las partes de esta Constitución que no puedan ponerse en ejecución inmediatamente y de un modo general, para evitar los prejuicios e inconvenientes que de otra surte pudieren resultas al Estado.

Art. 225 – El que hallándose en una Provincia violare sus leyes, será juzgado con arreglo a ellas por sus Magistrados provinciales; pero si infringiese las de la Unión, lo será conforme a éstas los funcionarios de la misma Confederación; y para que no sea necesario que en todas partes haya Tribunales de la Confederación, ni que sean extraídos de sus vecindarios los individuos comprehendidos en estos casos, el Congreso determinará por ley, los Tribunales y la forma con que éstos darán comisiones para examinar y juzgar las ocurrencias en las mismas Provincias.

Art. 226 – Nadie tendrá en la Confederación de Venezuela otro título, ni tratamiento público que el de ciudadano, única denominación de todos los hombres libres que componen la Nación; pero a las Cámaras representativas, al Poder Ejecutivo y a la Suprema Corte de Justicia se dará por todos los Ciudadanos el mismo tratamiento con la adición de Honorable para las primeras, Respetable para el segundo y Recto para la tercera.

Art. 227 – La presente Constitución, las leyes que en su consecuencia se expidan para ejecutarla y todos los tratados que se concluyan bajo la autoridad del Gobierno de la Unión, serán la ley suprema del Estado en toda la extensión de la Confederación y las autoridades y habitantes de las Provincias, estarán obligados a obedecerlas y observarlas religiosamente sin excusa, ni pretexto alguno; pero las leyes que se expidieren contra el tenor de ella, no tendrán ningún valor, sino cuando hubieren llenado las condiciones requeridas para una justa y legítima revisión y sanción.

Art. 228 – Entre tanto que se verifica la composición de un código civil y criminal, acordado por el Congreso en 8 de marzo último, adaptable a la forma de Gobierno establecido en Venezuela, se declara en su fuerza y vigor, el código que hasta aquí nos ha regido en todas las materias y puntos que, directa o indirectamente, no se opongan a lo establecido en esta Constitución.

Y por cuanto el Supremo Legislador del Universo ha querido inspirar en nuestros corazones, la amistad y unión más sinceras entre nosotros mismos y con los demás habitantes del Continente Colombiano, que quieran asociársenos para defender nuestra Religión, nuestra Soberanía natural y nuestra Independencia.

Por tanto, nosotros, el referido Pueblo de Venezuela, habiendo ordenado con entera libertad la Constitución precedente que contiene las reglas, principios y objetos de nuestra Confederación y alianza perpetua tomando a la misma Divinidad por testigo de la sinceridad de nuestras intenciones, e implorando su poderoso auxilio para gozar por siempre las bendiciones de la libertad y de los imprescriptibles derechos que hemos merecido a su beneficencia generosa nos obligamos y comprometemos a observar y cumplir inviolablemente todas y cada una de las cosas que en ellas se comprehenden, desde que sea ratificada en la forma que ella misma previene; protestando sin embargo alterar y mudar en cualquier tiempo estas resoluciones, conforme a la mayoría de los Pueblos de Colombia que quieran reunirse en un Cuerpo nacional para la defensa y conservación de su libertad e Independencia política, modificándolas, corrigiéndolas y acomodándolas oportunamente y a pluralidad y de común acuerdo entre nosotros mismos, en todo lo que tuviere relaciones directas con los intereses generales de los referidos Pueblos y fuere convenido por el órgano de sus legítimos Representantes reunidos en un Congreso general de la Colombia o de alguna parte considerable de ella y sancionada por los comitentes; constituyéndonos entretanto en esta unión, todas y cada una de las Provincias que concurrieron a formarla, garantes las unas a las otras de la integridad de nuestros respectivos territorios y derechos esenciales, con nuestras vidas, nuestras fortunas y nuestro honor; y confiamos y recomendamos la inviolabilidad y conservación de esta Constitución a la fidelidad de los Cuerpos Legislativos, de los Poderes Ejecutivos, Jueces y Empleados de la Unión y de las Provincias y a la vigilancia y virtudes de los padres de familia, madres, esposas y ciudadanos del Estado.

Dada en el Palacio Federal de Caracas, a veintiuno de diciembre del año del Señor mil ochocientos once, primero de nuestra independencia.

Juan Toro, Presidente – Isidoro Antonio López Méndez – Juan José de Maya – Nicolás de Castro Lino de Clemente – José María Ramírez – Domingo de Alvarado – Manuel Placido Maneyro – Francisco Javier de Maíz – Antonio Nicolás Briceño – Francisco X. Yanes – Manuel Palacio – José de Sata y Bussy – José Ignacio Briceño – José Gabriel de Alcalá – Bartolomé Blandin – Francisco Policarpo Ortiz – Martín Tovar – Felipe Fermín Paúl – José Luis Cabrera – Francisco Hernández – Francisco del Toro – José Ángel de Alamo – Gabriel Pérez de Pagola – Francisco X. Ustariz – Juan Germán Roscio – Fernando Peñalver.

(L. S.)

Bajo los reparos que se expresan al pie de esta Acta n.º 2, firmo esta Constitución.

Francisco de Miranda, Vicepresidente.

Suscribo a todo, menos al Artículo 180, reiterando mi protesta hecha en 5 del corriente.

Juan Nepomuceno Quintana.

Suscribo a todo, menos al Artículo 180 que trata de abolir el fuero personal de los clérigos, sobre el que he protestado solemnemente, lo que insertará a continuación de esta Constitución.

Manuel Vicente de Maya.

Suscribo en los mismos términos que el Sr. Maya, acompañándose la protesta que he entregado hoy.

Luis José Cazorla.

Suscribo a toda la Constitución, menos al Capítulo del fuero.

Luis José de Rivas y Tovar.

Bajo mi protesta del acuerdo de dieciséis de los corrientes.

Salvador Delegado.

Suscribo a todo, excepto el desafuero.

José Vicente Unda.

Suscribo la Presente Constitución, con exclusión del Artículo 180 y con arreglo a la protesta que hice en 5 del corriente y acompaña la Constitución; y en los mismos términos que corre la de don Juan Quintana.

Luis Ignacio Mendoza.

Suscribo a todo, menos lo sancionado en esta Constitución, a excepción del Capítulo que habla del fuero eclesiástico, según las protestas que he hecho en las actas del 5 del presente.

Juan Antonio Díaz Argote.

Francisco Isnardi, Secretario.

ALOCUCIÓN

Venezolanos: Antes de cumplirse los dos primeros años de vuestra libertad, vais a fijar el destino de la patria, pronunciando sobre la Constitución que os presentan vuestros Representantes.

Ni las revoluciones del otro hemisferio, ni las convulsiones de los grandes imperios que lo dividen, ni los intereses opuestos de la política Europea, han venido a detener la marcha pacífica y moderada que emprendisteis el memorable 19 de abril, de 1810.

El interés general de la América, puesto en acción por vuestro glorioso ejemplo, el patriotismo guiado por la filantropía y la libertad ayudada de la justicia, han sido los agentes que han dirigido vuestra conducta para dar al mundo el primer ejemplo de un pueblo libre, sin los borradores de la anarquía, ni los crímenes de las pasiones revolucionarias.

Eterno será en los fastos de América, el corto período en que habéis hecho lo que ha costado a todas las naciones épocas funestas de sangre y desolación; y se la consterna Europa no tuviese que admirar nada en vuestra Constitución, confesará, al menos que son dignos de ella los que han sabido conseguirla sin devorarse y sabrán sancionarla con la dignidad de los hombres libres.

Llegó el momento: Venezolanos, que tengáis un gobierno, que la exactitud de sus elementos contenga la garantía de su duración y asegure con ella, vuestra unión y felicidad.

Tal fue el deber que impusisteis a vuestros mandatarios el 2 de marzo: A vosotros toca juzgar si lo han cumplido; y a ellos el aseguraros que sus fervorosos deseos, su infatigable constancia y su buena fe, es lo único que puede hacerles esperar la aprobación de unas tareas, emprendidas y consumadas sólo para vuestro bien.

Patriotas del 19 de abril, que habéis permanecido incontrastables en los reveses de la fortuna e inaccesibles a los choques de las facciones. Guerreros generosos, que habéis derramado vuestra sangre por la patria; ciudadanos que amáis el orden y la tranquilidad, aceptad como prenda de tantos bienes, el gobierno que os ofrecen vuestros Representantes.

Él sólo puede señalándoos vuestros derechos y vuestros deberes, proporcionaros la garantía social y con ella la libertad, la paz, la abundancia y la felicidad. Independencia política y felicidad social, fueron vuestros votos el 5 de julio de 1811; independencia política y felicidad social, han sido los principios que han dirigido desde entonces a los que para llenar el destino a que los elevó vuestra confianza, han sacrificado su existencia a tan ardua como importante empresa.

Venezolanos: Ciudadanos todos, unión y confianza es lo único que os pedimos en recompensa de los desvelos y sacrificios que nos han merecido vuestra suerte. Reuníos todos en una sola familia por los intereses de una patria y caiga un velo impenetrable sobre todo lo que sea anterior a la época augusta que vais a establecer.

Siglos enteros de gloria han pasado para la América, desde que resolvisteis ser libres, hasta que conseguisteis serlos por medio de la Constitución, sin la cual aún no habíais expresado solemnemente al mundo vuestra voluntad, ni el modo de llevarlas a efecto.

El término de la revolución se acerca: Apresuraos a llegar a él por medio de la Constitución que os ofrecemos, si queréis sumir en la nada los proyectos de vuestros enemigos y apartar para siempre de nosotros, los males que ellos nos han causado. Pueblo soberano oye la voz de tus mandatarios, el proyecto de contrato social que ellos te ofrecen fue sugerido sólo por el deseo de tu felicidad. Tú sólo debes sancionarlo: colócate antes entre lo pasado y lo futuro: consulta tu interés y tu gloria y la patria quedara a salvo.

Juan Toro, Presidente.

Francisco Isnardi, Secretario.

Protesta por parte de Francisco de Miranda

Considerando que en la presente Constitución los Poderes no se hallan en el justo equilibrio, ni la estructura u organización general suficientemente sencilla y clara, para que pueda ser permanente; que por otra parte no está ajustada con la población, usos y costumbres de estos países, de que en lugar de 76 reunirnos en una masa general o Cuerpo social, nos divida y separe, en perjuicio de la seguridad común y de nuestra Independencia; pongo estos reparos en cumplimiento de mi deber:

Francisco de Miranda.

PROYECTO DE GOBIERNO PROVISORIO DE FRANCISCO DE MIRANDA DEL 5 DE MARZO DE 1790

Propuesta al Primer Ministro William Pitt: en consecuencia de la conferencia tenida en Hollwood en 14 de febrero de 1790

"Preámbulo a la primera solicitud formal hecha a las autoridades de la Gran Bretaña para obtener su ayuda en la realización de la independencia de la América Hispana"

La América española desea que la Inglaterra le ayude a sacudir la opresión infame en que la España la tiene......constituida; negando a sus naturales de todas clases el que puedan obtener empleos militares, civiles o eclesiásticos de alguna consideración, y confiriéndolos sólo a españoles europeos de baja esfera por lo general, que vienen allí únicamente para enriquecerse, ultrajar, y oprimir los infelices habitantes, con una rapacidad increíble, prohibiendo aun a la nobleza americana, el que pase a España ni a ningún otro país extranjero, sin licencia particular del Rey, que rarísima vez se concede; verificándose así el tenerlos aprisionados sin causa ni motivo alguno, y lo que es más aún, oprimir también en entendimiento, con el infame tribunal de la Inquisición, que prohíbe cuantos libros o publicación útil parezca, capaz de ilustrar el entendimiento humano, que así procuran degradar, haciéndole supersticioso, humilde y despreciable, por pura crasa ignorancia.

Los pueblos de varias Provincias de la América en la desesperación, con el exceso de tributos, injusticias, y toda suerte de abusos, se han sublevado en diversos períodos; más sin conseguir el alivio que buscaban, porque viniendo a someterse al fin, han aumentado más bien sus calamidades (a). Caracas se levantó por los años de 1750. Quito en 1764. México trataba su Independencia con la Inglaterra en 1773. El Perú estuvo sublevado en marzo de 1781 y en el mes de junio de este propio año (1781) el Reino de Santa Fe de Bogotá en Rebelión, expulsó al Virrey y tropas europeas, quedándose el pueblo dueño del país. Vinieron a una capitulación después en que el Rey se sometió a todo, ofreciéndoles cuanto deseaban; y luego que recobró el poder, rompió dicha estipulación, faltó a su palabra, y les ha tratado con la mayor crueldad, propasándose aun a hacer aprisionar otros sujetos de primera distinción en aquellos países, por órdenes arbitrarias, o «Lettres de Cachet», sin que estas personas hubiesen dado el menor motivo para ello.

En esta situación, pues, la América se cree con todo derecho a repeler una dominación igualmente opresiva que tiránica y formarse para sí un gobierno libre, sabio, y equitable; con la forma que sea más adaptable al país, clima e índole de sus habitantes, etc. Tanto más que en ello no se usurpa, ni hace la menor injusticia a los Reyes de España, que todo el mundo sabe cuan poco contribuyeron a los gastos del Descubrimiento del nuevo mundo, y en nada seguramente para las conquistas... por lo cual, sin embargo, se han hecho pagar sobradísimamente; si no es que se quiera alegar por derecho fundamental de los herederos y sucesores de D. Fernando el Católico, la donación curiosa del Papa español Alejandro VI, cuyo asunto más es tratado jocosamente en el día que en una discusión seria.

Por sí sola podría América verificar la expulsión antecedente, siendo superior en populación, y mucho más en riquezas a la España, más si se considera la extensión de aquel Continente, y las grandes distancias que hay de una capital a otra, si se observa que no hay caminos para comunicarse por tierra, siendo preciso el ir por mar de una a otra parte, y lo que es más aún, el no haber en todos los dominios españoles de aquel hemisferio una sola gaceta por donde comunicar las ocurrencias de una a otra Provincia; se ve que es imposible obrar de acuerdo, y que por consecuencia es indispensable para ello una fuerza marítima que preserve las comunicaciones libres, y resista a las que la España envíe a fin de obstruir estos designios.

A ninguna potencia le es esto más fácil que a la Inglaterra, y bajo los principios de justicia, reciprocidad perfecta hacia la España, y propios intereses. La América tiene un vastísimo comercio que ofrecer con preferencia a la Inglaterra; tiene tesoros con qué pagar puntualmente los servicios que le hagan, y aun para pagar una parte esencial de la deuda nacional de esta Nación; por cuyas razones, juzgando de mutuo interés estos importantes asuntos espera la América que, uniéndose por un pacto solemne a la Inglaterra, estableciendo un gobierno libre, y semejante, y combinando un plan de comercio recíprocamente ventajoso, vengan estas dos naciones a formar el más respetable y preponderante cuerpo político del Mundo.

Si se considera la analogía de carácter que hay entre estas dos naciones, y los efectos inmediatos que es necesario produzca la libertad y el buen gobierno, dando una instrucción general a la masa de la Nación, que expela progresivamente las preocupaciones religiosas en que están imbuidos aquellos pueblos, por otra parte honrados, hospitables y generosos, no se debe dudar que formarán en breve una nación respetable, ilustre, y digna de ser el aliado íntimo de la potencia más sabia y más célebre de la tierra.

El estado adjunto manifiesta la populación, riquezas, y productos actuales de la América Española, como asimismo sus consumos de Europa, etc., y un plano comparativo de la España presentemente; por donde se puede inferir la disparidad que hay en favor de la primera, y la imposibilidad en que está la segunda de hacer una oposición eficaz, siempre que la combinación antecedente se llevase a debido efecto.

La practicabilidad de todas las operaciones militares (para lo cual se requieren sólo 12 ó 15.000 hombres de Infantería y 15 navíos de línea) será asunto para explicarlo después, si fuese necesario. Como asimismo la posibilidad de formar sin mayor dificultad un Canal de navegación en el Istmo de Panamá, que facilite el comercio de la China, y del Mar del Sur, con innumerables ventajas para la Inglaterra, América... (b).

En Londres a 5 de marzo de 1790.

FRANCISCO DE MIRANDA

[1] Sebastián Francisco de Miranda y Rodríguez: creador de la bandera de Venezuela. Es considerado el "Precursor" de la Independencia Hispanoamericana, "el criollo más culto de su tiempo", "el primer criollo universal" gracias a su empresa emancipadora por lograr la independencia Hispanoamericana del yugo español. El Libertador Simón Bolívar, lo llamó "… el más ilustre colombiano…". Su nombre está grabado en el Arco del Triunfo en París, su retrato forma parte de la galería de los Personajes en el Palacio de Versalles y su estatua se encuentra frente a la del general Kellerman en el campo de Valmy. Participó en los 3 acontecimientos magnos de su hora: la Independencia de los Estados Unidos, la Revolución Francesa y la lucha por la libertad de Hispanoamérica.

Fue el primero en propagar la Carta a los españoles americanos del jesuita peruano Juan Pablo Vizcardo y Guzmán al darse cuenta de su valor y del efecto que produciría en el ánimo de sus compatriotas. Todos los historiadores coinciden en afirmar que Miranda es el traductor de la Carta.

Dominó 6 idiomas: francés, inglés, alemán, ruso, conocía suficientemente el árabe y el italiano, además traducía del latín y griego.

Su obra escrita comprende un vasto archivo de documentos conocidos como la *Colombeia*; cartas, manifiestos, proclamas, ideas de gobierno, planes militares, expresan en cada una de sus palabras el inquebrantable proyecto de la libertad suramericana que encontró, en este prócer, uno de sus representantes más comprometidos y perseverantes.

Printed in the United States
by Baker & Taylor Publisher Services